AIDA
SELECTION
Land & Leute erleben
• Außergewöhnliche Routen
• Lange Landaufenthalte
• Persönliche Atmosphäre
• Landestypische Kultur
• Regionale Spezialitäten
AIDA

Seit 11 Jahren für Sie an Bord:
Uwe Bahn und Johannes Bohmann

Finden Sie „Ihr Schiff“!

Plan a Cruise – planen Sie eine Kreuzfahrt!“ Mit diesem Slogan wirbt der internationale Kreuzfahrtverband CLIA derzeit in einer weltweiten Kampagne für den Urlaub auf dem Wasser. Zum ersten Mal wendet sich die Branche damit in einem gemeinsamen Auftritt an eine globale Öffentlichkeit – selbstbewusst und in dem Wissen, dass die Kreuzfahrt ihr Nischendasein endgültig beendet hat. Auch in Deutschland ist das der Fall: Erstmals, so lässt sich schon jetzt im Oktober 2016 sagen, werden in diesem Jahr mehr als zwei Millionen Deutsche eine Flussreise oder eine Hochseekreuzfahrt erlebt haben.

Waren Sie mit von der Partie? Oder liebäugeln Sie erstmals mit einem Schiffsabenteuer? Egal ob Neuling oder erfahrener Cruiser: Dieses Buch richtet sich an alle. Denn fest steht: Das Angebot ist heute so bunt und so vielfältig, dass man Orientierung braucht, um die Reise wählen zu können, die dem eigenen Geschmack entspricht. Und mehr denn je lautet die wichtigste Frage, die jeder Buchung vorausgeht: Welches Schiff passt wirklich zu mir?

Wir sind zuversichtlich, dass Sie auf den folgenden 300 Seiten „Ihr Schiff“ finden werden. Und wir wünschen Ihnen unvergessliche Reisen – mit Erlebnissen und Momenten, wie nur ein Urlaub auf dem Wasser sie bieten kann.

Herzlichst, Ihre

FOTOS: privat (1), A. Haug (1); TITEL: Arbieter; ILLUSTRATION: G. Zbinden

Kochstunde im Weingut in der Toskana in Livorno Italien

Spezialitätenrestaurant Jacques an Bord von Oceania Cruises

The Finest Cuisine at Sea™

Kulinarische Meisterwerke

Oceania Cruises ist für die "Beste Küche auf See" bekannt - und wird dank des legendären Meisterkochs Jacques Pépin täglich diesen hohen Ansprüchen gerecht.
Als kulinarischer Leiter inspiriert er zu kulinarischen Meisterwerken. Ein unvergessliches Abendessen beginnt mit freier Platzwahl und ohne feste Tischzeiten - und auch die Spitzenerlebnisse in den Spezialitätenrestaurants sind bei Oceania Cruises bereits im Kreuzfahrtpreis inklusive: von einmaligen authentisch italienischen Gerichten im Toscana über Steaks und Meeresfrüchte im Polo Grill sowie kulinarische asiatische Meisterwerke im Red Ginger - bis hin zu hervorragend exquisiter französischer Küche im Jacques. Abgerundet wird das Gastronomieangebot der Spitzenklasse durch das La Reserve by Wine Spectator mit einer unvergleichbaren Kombination von Gourmet-Speisen und den jeweils korrespondierenden privaten Jahrgangsweinen.

Fast jeden Ort der Welt - bequem und stilvoll mit den mittelgroßen Schiffen von Oceania Cruises - entdecken.

www.OceaniaCruises.com
Telefon +49 69 2222 33 00

DER Life UNTERSCHIED

- Erstklassige Küche serviert in unvergleichbaren Restaurants - *ohne Aufpreis*
- Gourmetküche, zusammengestellt von Meisterkoch Jacques Pépin
- Kulinarische Weiterbildungsprogramme, einschließlich unvergesslicher Culinary Discovery Tours™
- Außergewöhnliche Reiserouten mit mehr als 330 beeindruckenden Reisezielen
- Luxusschiffe mit gemütlicher Atmosphäre für maximal 684 oder 1250 Gäste
- Herausragender persönlicher Service
- Elegant legeres Ambiente

Auf See zu Hause
Unvergessliche Momente, atemberaubende Reiseziele und die Feinste Küche auf See. Genießen Sie Luxus auf eine neue Art.
Besuchen Sie uns auf www.OceaniaCruises.com oder rufen Sie unter +49 69 2222 33 00 an
OCEANIA CRUISES®
Your World. Your Way.®

Inhalt Seereisen

FOTOS: J. Bohmann (3), U. Bahn (1), J. Müssig (1), Anbieter (3)

CHECK-IN & REPORTAGEN

178

FOTOS: J. Lemcke (1), P. Günther (1), Anbieter (2)

REPORTAGEN

SCHIFFE & REVIERE

PUR checken im September auf der Mein Schiff 3 ein

FOTOS: Live Act Music, TUI Cruises/Stephan Pick, Hapag-Lloyd Cruises, Stars at Sea, Costa Crociere/Jonah Mohr

Promis an Bord

Kreuzfahrten liegen auch bei Prominenten im Trend. Diese Stars treffen Sie 2017 an Bord

Was haben Udo Lindenberg und Tim Mälzer gemeinsam? Sie reisen gern mit Kreuzfahrtschiffen. Mälzer eröffnete auf der **AIDAprima** sogar ein Kochstudio, das er 2017 öfter besuchen will. Ob privat oder beruflich – die Reedereien freut's, schließlich sind Promis eine gute Referenz.

David Hasselhoff (Foto links unten) geht jedenfalls davon aus, dass er im November 2017 auf der **Costa Luminosa** eine „Official World Fan Cruise" füllen wird. Baywatch und Knight Rider sind dann ebenso Pflichtprogramm wie der Song „Looking for Freedom". Fans deutscher Musik kommen bei Hapag-Lloyd Cruises auf ihre Kosten: Im November gibt es mit der **Europa** eine Kreuzfahrt mit dem Schlagersänger Andy Borg als Gaststar.

Immer wieder sind auch bekannte Sportler auf Schiffen mit von der Partie. So können etwa bei **AIDA** die Gäste mit der Leichtathletin Heike Drechsler (links, 2. von unten) oder dem Beachvolleyballer Julius Brink trainieren. Und an Bord der **Europa 2** wird es auf einer „BE.YOU-Reise" mit Ski-Star Maria Höfl-Riesch (links, 2. von oben) sportlich.

TUI Cruises setzt unterdessen bei der ersten „Kiez meets Comedy"-Kreuzfahrt mit der **Mein Schiff 2** auf Lachmuskeltraining durch Comedian Matze Knop (links oben). Auch auf den Transatlantikpassagen von Cunard dürfen die deutschen Gäste schmunzeln: Im August sind Bernhard Hoecker und Oliver Kalkofe an Bord der **Queen Mary 2**. Und bei AIDA Cruises haben sich 2017 unter anderem Birgit Schrowange und Bettina Tiedjen für Lesungen angekündigt. Welcher prominente Gast ist Ihr Favorit? PG

Kleine Europas? Hapag-Lloyd Cruises baut bis 2019 zwei neue Schiffe

Das Comeback der Kleinen

Immer größer, immer bunter? Nein, es gibt auch den Gegentrend! Der Blick in die Orderbücher der Weften zeigt: Kleine Luxusschiffe feiern ein Comeback

Explorer-Klasse von Ponant

Mit **Crystal Esprit** und **Seven Seas Explorer** sind zwei neue Luxuskreuzer soeben gestartet; mit **Seabourn Encore** (Dez. 2016), **Silver Muse** (April 2017) und **Seabourn Ovation** (Frühjahr 2018) sind es bald schon deren fünf. Und mit erstaunlichem Tempo geht es im Segment der Boutique- und Expeditionsschiffe weiter: **Ponant** aus Frankreich und **Hurtigruten** aus Norwegen haben je vier neue Schiffe in Auftrag gegeben. Die Crystal-Mutter **Genting** hat vier deutsche Werften aufgekauft – und plant dort den Bau von ebenfalls vier noblen Hochseekreuzern. Auch den Segler **Flying Clipper** (S. 120) kann man mit seinen rund 300 Gästen zum Boutiquesegment zählen. Und sogar ein amerikanischer Flussreisenanbieter hat für 2018 ein Hochseeschiff angekündigt: die **Scenic Eclipse**.

Der Befund liegt also auf der Hand: Neben der Welle gigantischer Neubauserien im Segment der „Volumenschiffe" von bis zu 5.000 Passagieren oder mehr gibt es offenbar jetzt eine Renaissance der Kleinen. Und mit ihnen eine Rückkehr zu jenem Kreuzfahrtkonzept, das außergewöhnliche Routen und luxuriöses Bordambiente im kleinen Kreis in den Mittelpunkt stellt.

„Small is beautiful": Dafür stand und steht im deutschen Markt seit jeher **Hapag-Lloyd**. Und siehe da, auch die Hamburger melden Zuwachs: Im Frühjahr und Herbst 2019 stoßen zwei baugleiche neue Fünf-Sterne-Cruiser zur Flotte: kleine Europas, den ersten Entwürfen zufolge, eisverstärkt, also als Expeditionsschiffe gedacht. Und mit je nur 240 Gästen an Bord. JB

GEPLANTE NEUBAUTEN

Hapag-Lloyd Cruises 2 Expeditionsschiffe für je 240 Passagiere; Ablieferung Frühjahr und Herbst 2019

Ponant 4 Yachten der neuen Explorer-Klasse, Passagierzahl noch unbekannt; Ablieferung 2018 bis 2019

Hurtigruten 4 Expeditionsschiffe für je ca. 600 Passagiere, Ablieferung ab Sommer 2018

Crystal Cruises 1 Hochseeschiff für ca. 250 Gäste (2019) und 4 Hochseeschiffe mit je knapp 1.000 Gästen ab 2019

Costa
Norwegen oder Italien?
Beides! Mit Costa.
Geirangerfjord
Jetzt Katalog anfordern!

FOTOS: P. Günther (2)

Kennzeichen der „Alex“: Die grünen Segel wurden vom Bierbrauer Beck’s spendiert

Kreuzfahrt als Leichtmatrose

Wer auf einem Segelschulschiff anheuert, bezahlt dafür, mitarbeiten zu dürfen. Der Lohn ist ein unvergleichliches Naturerlebnis mit Gemeinschaftsgefühl

Um halb vier ist die Nacht zu Ende. Jedenfalls bei den Mitgliedern der 04-08-Wache an Bord der **Alexander von Humboldt 2**. Dafür erleben die Trainees an Bord des Großseglers je nach Jahreszeit alle Sonnenauf- und -untergänge. Und mit Glück sogar Delfine im Mondlicht. Sie lernen, 250 Seile auseinanderzuhalten, und übernehmen am Ruder Verantwortung für den Kurs. Zwischendurch müssen sie aber auch das Geschirr der gesamten Mannschaft spülen oder die Toilette schrubben. Und: Wer sich auf einem Segelschulschiff einbucht, darf keinen Komfort erwarten. Die Kojen sind eng, die Spinde klein. Der Enthusiasmus der Stamm-Crew hingegen ist groß – oft fährt sie ehrenamtlich mit, um den Trainees die Abläufe auf einem traditionellen Segler zu vermitteln. Trotzdem sind die Betreibergesellschaften auf Spenden angewiesen, um einen kostendeckenden Betrieb zu gewährleisten.

Schwindelfrei in die Masten

Etwa ein Dutzend solcher Segelschulschiffe kann man von Deutschland aus buchen, darunter so bekannte „Tall Ships“ wie die **Kruzenshtern** und die **Sedov**; regelmäßig kreuzen diese beiden russischen Viermaster beim Hamburger Hafengeburtstag auf. Unter deutscher Flagge ist die Bark Alexander von Humboldt 2 der Stiftung „Sail Training“ das größte Exemplar, außerdem gibt es noch die Brigantine **Greif**, die Brigg **Roald Amundsen** und den Dreimast-Toppsegelschoner **Thor Heyerdahl**. Auf Letzterer leben im Winterhalbjahr übrigens immer Zehntklässler im Rahmen des Projekts „Klassenzimmer unter Segeln“. Weitere Informationen zu allen Schiffen liefert der Verein Tall-Ship Friends Deutschland (www.tallshipfriends.de). PG

FOTOS: J. Bohmann (2)

Vorreiter Norwegian Epic: Studio-Kabine (l.) und Lounge für Alleinreisende

Allein auf dem Schiff

Die Nachfrage nach Urlaubsangeboten für Singles steigt – auch in der Kreuzfahrt. Mittlerweile reagieren die Reedereien mit entsprechenden Angeboten

Es liegt auf der Hand: Schiffsreisen bieten Alleinreisenden ideale Möglichkeiten, in Kontakt zu kommen – beim Landgang, im Theater, beim Dinner. Das Problem dabei: Das klassische Kabinenkonzept der Kreuzfahrt geht von Doppelkabinen für Paare aus. Alleinreisende müssen da wohl oder übel beide Betten zahlen, sprich: Aufpreise von bis zu 100 Prozent berappen. Doch es kommt Bewegung in die Sache. Diverse Schiffsneubauten werden heute mit echten Singlekabinen geplant, und auch das Angebot an Aktivitäten für Alleinreisende wächst.

AIDA und **TUI Cruises** etwa kümmern sich um Alleinreisende mit reservierten Tischen, Schiffsführungen oder Partys nur für Singles. Und: Auf ausgewählten Reisen liegt der Kabinenzuschlag bei AIDA bei nur zehn bis 25, bei TUI grundsätzlich bei 30 Prozent.

Bei **Cunard** gibt es noch den klassischen „Gentleman Host", der alleinreisende Damen zum Tanz bittet oder zum Dinner begleitet. Und auf allen drei „Queens", jetzt auch der **Queen Mary 2**, gibt es Einzelkabinen.

Hapag-Lloyd Cruises umwirbt Singles, indem der Zuschlag auf bestimmten Reisen ganz entfällt oder bei moderaten 35 bis 45 Prozent festgesetzt wird. Zudem gibt es, etwa an Bord der **Europa**, auf Reisen ab sieben Tagen den Treff „Kunst & Kaffee" für Singles.

Lange Tradition hat das „Single Partners Program" der **Holland America Line**. Es bringt Alleinreisende vor Reiseantritt zur gemeinsamen Nutzung einer Doppelkabine zusammen. Zudem verfügen **Prinsendam** und **Koningsdam** auch über Einzelkabinen.

Vorreiter in Sachen Single-Kabinen war aber die **Norwegian Cruise Line**. Erstmals auf der **Norwegian Epic** und seither auch auf **Breakaway**, **Getaway** und **Escape** gibt es „Studios" für Singles – mitsamt einer schicken Lounge zum Kennenlernen – in einem abgetrennten Bereich des Schiffs.

Single-Reisen ohne Zuschlag gibt es immer wieder bei **Plantours**, bei Last-Minute-Buchungen fällt er oft sogar ganz weg. Gestaffelt sind die Single-Zuschläge bei **Phoenix Reisen**; sie reichen von fünf über 26 bis 48 Prozent. Und bei beiden Veranstaltern gibt es Gemeinschaftstische, Info-Abende, Alleinreisenden-Treffs und Ähnliches mehr.

Schließlich **Royal Caribbean**: Mit den **Quantum Class**-Schiffen und der neuen **Harmony of the Seas** haben auch die Amerikaner die Singles als Zielgruppe entdeckt: Für sie gibt es „Studios", Innenkabinen und sogar Balkonkabinen zur Einzelbenutzung.

Kurzum, liebe Singles: Auf die Schiffe, fertig, los ... JB/AR

FOTO: Royal Caribbean International

Highspeed-Surfen auf hoher See

Die Kosten für Internet an Bord fallen, die Verbindungen werden immer schneller – und mit neuen Abrechnungsmodellen endlich smartphonetauglich

Der Trend ist klar erkennbar: Die einst hohen Preise für die Nutzung des Internets an Bord von Kreuzfahrtschiffen purzeln. Und auch das Tempo ändert sich erfreulich: Die Daten fließen nicht mehr wie früher in gemächlichem Schneckentempo auf den Laptop oder das Handy, sondern teils schon recht rasant.

Allerdings werden damit auch die Tarife der Reedereien unübersichtlicher. Manche rechnen noch im Minuten-Takt ab, bei anderen gibt es alternativ verschiedene Flatrates. Gelegentlich sind auch zeitunabhängige Pakete mit einem bestimmten Datenvolumen im Angebot.

Sowohl Volumenpakete als auch Flatrates sind für Internetabrufe mit dem Smartphone gut geeignet, weil damit das ständige An- und Abmelden im Schiffs-WLAN entfällt. Immer häufiger gibt es deswegen auch günstige Flatrates, die auf E-Mail sowie Facebook, WhatsApp & Co. beschränkt sind. Wer im Web surfen oder gar YouTube-Videos ansehen will, bezahlt mehr. Flatrates gibt es bei **AIDA, Azamara, Carnival Cruise Line, Celebrity, Costa, MSC, Norwegian Cruise Line, Phoenix Reisen, Royal Caribbean, Seabourn** und **SeaDream** sowie auf einigen Schiffen von **TUI Cruises** und **Holland-America Line**.

Wem Internet an Bord trotz der jüngsten Preissenkungen noch zu teuer ist, der kann – wie bisher – nur warten, bis das Schiff in einem Hafen anlegt. Denn bei vielen Mobilfunkverträgen fallen inzwischen – zumindest innerhalb der EU – keine Datenroaming-Gebühren mehr an. Außerdem finden sich heute in jedem Hafen zahlreiche Cafés und Shops mit kostenloser WLAN-Verbindung. **FN**

Preise & Besonderheiten

Die Preisstrukturen sind recht vielfältig, deshalb hier lediglich einige Beispiele (Stand: Oktober 2016): Flatrates kosten ab 4 Euro pro Tag bei **AIDA** und **Costa**, 3,90 Euro bei **MSC** und 7,50 Euro bei **TUI Cruises** auf der **Mein Schiff 5**. Die **Norwegian Cruise Line** nimmt 29,99 Dollar am Tag, **Royal Caribbean** ab 12,99 Dollar.

Kostenlos online

Kostenloses Internet gibt es bei **Regent Seven Seas** und **Hurtigruten**. **Crystal**, **Silversea** und **Oceania Cruises** gewähren großzügige Freiminuten, **Royal Caribbean**, Silversea und Oceania auch Gratis-Internet in teureren Kabinenkategorien, ebenso wie **TUI Cruises**, wo Internet für Suitengäste gratis ist. Freikontingente gewähren viele Reedereien außerdem für Stammkunden in höheren Status-Stufen. **Hapag-Lloyd Cruises** stellt für jede Kabine eine E-Mail-Adresse an Bord bereit. Wer seine E-Mails darauf umleitet, bleibt kostenlos auf dem Laufenden.

BESTE KREUZFAHRTLINIE
13 JAHRE IN FOLGE
DAS ERLEBNIS IHRES LEBENS
BY Royal CARIBBEAN
Verbringen Sie eine unvergessliche Kreuzfahrt voller einmaliger Erlebnisse, spektakulärer Unterhaltung und einzigartiger Aktivitäten.
Gleich informieren & buchen:
0800 / 724 0345 | www.RoyalCaribbean.de | In Ihrem Reisebüro
RoyalCaribbean
INTERNATIONAL
RCL Cruises Ltd. Zweigniederlassung Frankfurt | Lyoner Str. 20 | D-60528 Frankfurt/Main | Reiseveranstalter der beworbenen Schiffe ist entweder (a) Royal Caribbean Cruises Ltd. in Miami, Florida oder (b) ihre Tochtergesellschaften RCL Cruises Ltd. oder RCL (UK) Ltd. im Vereinigten Königreich. Frankfurt ist Handelsvertreter und Absatzmittler der Royal Caribbean International und Celebrity Cruises.

FOTO: Costa Crociere

Inklusive oder nicht?

Getränke, Landausflüge, Trinkgelder – die Liste der Kosten, die auf einer Kreuzfahrt entstehen können, ist lang. Und die Konzepte der Reedereien sind unterschiedlich

Die Deutschen behalten ihr Urlaubsbudget gern fest im Blick. **TUI Cruises** erkannte diese Vorliebe früh – und fährt seither höchst erfolgreich mit dem „Premium alles inklusive"-Konzept. Das heißt nicht, dass die Passagiere auf den Schiffen kein Geld mehr ausgeben. Aber die Grundversorgung steht. Und so können die Gäste selbst entscheiden, wo sie sich ein Extra gönnen wollen – oder nicht.

Auch die anderen deutschen Anbieter achten auf geringe Nebenkosten, um ihre Kunden nicht zu vergraulen. So sind etwa bei **AIDA Cruises** Tischweine und Trinkgelder im Reisepreis inkludiert; **Hapag-Lloyd**, **Plantours** und **Phoenix** berechnen günstige Preise. **Hansa Touristik** macht ab der Saison 2017 alle Reisen auch als All-inclusive-Version buchbar – und **FTI Cruises** bietet drei verschiedene Getränkepakete an.

Ähnlich machen es auch die großen europäischen Anbieter: Sie bieten preisgünstige Getränkepakete für die gesamte Reise an. Bei **MSC** und **Costa Kreuzfahrten** sind sie bei Vorabbuchung im Reisebüro oder übers Internet übrigens günstiger. Dasselbe gilt bei AIDA Cruises für die Landausflüge.

Die meisten amerikanischen Reedereien halten unterdessen an ihrem Konzept der hohen Nebenkosten fest. Eine Ausnahme im mittleren Preissegment bildet mittlerweile **Norwegian**. Seit 2016 fährt die Freestyle-Flotte ebenfalls mit „Premium All Inclusive"-Konzept – aber nur auf dem europäischen Markt.

Wer hingegen mit einer Luxusreederei unterwegs ist, zahlt von vornherein mehr, hat aber die meisten Leistungen an Bord, zum Teil sogar Landausflüge (**Regent Seven Seas**) inkludiert. Zum Landgang übrigens dieser Tipp: Wer nicht mit der Masse schwimmen will, kann in vielen Häfen die Stadt auch auf eigene Faust entdecken. PG

NEBENKOSTEN-KONZEPTE

Welche Kosten bereits im Reisepreis enthalten sind, hängt von der Kalkulation der Reederei ab. Dabei gibt es große Unterschiede, wie dieser Überblick zeigt:

Alles inklusive: Azamara Club Cruises, Crystal Cruises, Ponant, Regent Seven Seas Cruises, SeaDream Yacht Club, Seabourn Cruise Line, Silversea Cruises

Erweitertes Inklusiv-Angebot: TUI Cruises, Norwegian

Moderate Nebenkosten: AIDA, Costa Kreuzfahrten, MSC Kreuzfahrten, Hansa Touristik, Phoenix Reisen, Hapag-Lloyd Cruises, FTI Cruises, Plantours Kreuzfahrten, Sea Cloud Cruises, Star Clippers

Hohe Nebenkosten: Carnival Cruise Lines, Cunard Line, Princess Cruises, Royal Caribbean International, Celebrity Cruises

FOTOS: Tallink Silja (1), Viking Line (2)

Vorreiter in Sachen LNG-Antrieb: die Tallink Megastar (l.) und die Viking Grace (r.)

Trendsetter in der Fährschiffswelt

Das Thema Umweltschutz auf Passagierschiffen gewinnt zunehmend an Bedeutung. Viele Fährreedereien gehen bereits beispielhaft voran

Die Vorgaben der Politik stehen fest: Die erlaubten Grenzwerte für den Schadstoffausstoß von Schiffen werden immer strenger. Das gilt insbesondere für Nord- und Ostee: Die Kreuzfahrtreedereien haben sich dort darauf eingestellt, mit Abgaswäschern und/oder teurem Marinediesel (statt Schweröl) zu fahren. Technologisch weit voraus sind ihnen hier die Fährreedereien. Da sie stets dieselben Häfen ansteuern, können sie die Versorgung mit alternativen Energien vorausschauend planen.

Flüssigerdgas (LNG) liegt dabei voll im Trend. Die **Viking Grace** der finnischen **Viking Line** verkehrt schon seit 2013 ausschließlich mit LNG zwischen Stockholm, Mariehamn und Turku. Auch die jüngsten Fähren von **Fjord Line** sind für den LNG-Betrieb konstruiert. Die norwegische Reederei baut derzeit gemeinsam mit dem Hafen Hirtshals die erste LNG-Produktionsanlage in Dänemark. Auch das neue Flaggschiff von **Tallink & Silja**, die **Tallink Megastar**, verbraucht auf der Route Tallinn–Helsinki ebenfalls LNG, kann aber auch auf Diesel umschalten.

Für weltweit eingesetzte Kreuzfahrtschiffe ist LNG zurzeit noch keine Alternative, da der Treibstoff nur an ausgewählten Orten verfügbar ist. Es gibt aber auch noch andere Lösungen: **Scandlines** fährt seit 2013 mit Hybridfähren, einer Kombination aus traditionellem Dieselantrieb und elektrischen Batterien, auf der Strecke Puttgarden–Rødby. Sie speichern überschüssige Energie, so dass bis zu 15 Prozent an Emissionen eingespart werden können. Zusätzlich kommen Abgaswäscher zum Einsatz. Langfristiges Ziel ist ein emissionsfreier Betrieb, der nur über Batterien erfolgt, die im Hafen geladen werden. Und die **Color Line** nutzt in Kiel und Oslo während der Hafenliegezeiten Landstrom und setzt auf See Abgaswäscher ein.

Übrigens: Viele Fährreedereien bieten auch kreuzfahrtähnliche Kombinationsrouten an. So kann man auf den „Minicruises“ von **Tallink & Silja** von Stockholm aus die Metropolen der Ostsee kennenlernen; für die Anreise ab Deutschland gibt es eine Kooperation mit **Stena Line** ab Kiel. Die Minicruises von **DFDS** zwischen Amsterdam und Newcastle widmen sich Themen wie Gourmet oder Fußball. Und die **Color Line**-Fähren zwischen Kiel und Oslo bieten auch an Bord alles, was das Kreuzfahrerherz begehrt: eine Wellness- und Badelandschaft, diverse Restaurants und Bars sowie Theater, Casino und Disco.

PG

“MISEREOR wirkt. Weltweit. Das hat mich überzeugt.”
Johannes Zurnieden
Geschäftsführer Phoenix Reisen
MISEREOR-Spender
Phoenix Reisen engagiert sich für das Hilfswerk MISEREOR
Mehr Informationen finden Sie hier:
www.PhoenixReisen.com/Misereor
Lassen Sie sich überzeugen!

FOTOS: Plantours & Partner (3)

Jede Menge Platz: Die 22 Master-Suiten der Inspire sind je 27 Quadratmeter groß

Schnuppern bei den Amerikanern

Opulente Kabinen, großzügige Salons, herausragende Küche: US-amerikanische Flussschiffe bieten einfach mehr. Wie viel, das kann man jetzt erstmals erleben

Von außen unterscheiden sie sich gar nicht so sehr. Doch wer mal beim „Päckchen-Liegen" durch eine Lobby gehen oder in Fenster spähen konnte, der weiß: Kreuzfahrtschiffe, die mit US-Gästen auf Europas Flüssen unterwegs sind, sind größer, luxuriöser, opulenter. Der Grund? Für Amerikaner sind Flussreisen in „Old Europe" eine „Grand Tour", oft verbunden mit aufwendigen Vor- und Nachaufenthalten – für Europäer dagegen ist es oft „nur" der Zweit- oder Dritturlaub. Der ergo nicht zu teuer sein sollte – weshalb wiederum die Schiffe nicht so luxuriös zu sein brauchen.

Aber warum nicht mal mit dem Gewohnten brechen? **Plantours & Partner** aus Bremen bietet Gelegenheit dazu! Für seine Silvesterprogramme 2016/17 sowie 2017/18 hat Geschäftsführer Oliver Steuber einen echten Coup geholt: Mit der 2013 in Basel gebauten **Inspire**, gechartert vom US-Spezialisten **Tauck**, stellt er auf einer Festtagsreise ab/bis Düssldorf ein mit sechs Sternen bewertetes Schiff vor, wie es der deutsche Markt (noch) nicht kennt. In nur 71 Kabinen, davon 30 Suiten, bietet es seinen maximal 142 Gästen weit mehr Platz als hierzulande gewohnt. Alle Kabinen liegen außen, bis auf 17 haben alle einen französischen Balkon, und auf dem Diamantdeck gibt es 22 Master-Suiten mit stolzen 27 Quadratmetern. Die Silvesterparty steigt an Bord in Amsterdam. Schon jetzt: ein frohes, neues Flussreisejahr! JB

Der Panoramasalon

In Fahrt auf dem Rhein

Kreuzfahrten auf den schönsten Flüssen Europas
CroisiEurope
z.B. Elbe und Loire exklusiv mit dem Schaufelrad-Kreuzfahrtschiff
Vollpension PLUS
Wein, Bier, Softgetränke, Wasser und Espresso zu den Mahlzeiten und Getränke an der Bar inklusive
VP PLUS = ALLE GETRÄNKE INKL.
z.B. Exklusiv mit dem Schaufelrad-Kreuzfahrtschiff auf der Elbe (9 Tage)
Landausflüge inklusive
ab € 1908.-
z.B. Exklusiv mit dem Schaufelrad-Kreuzfahrtschiff auf der Loire (7 Tage)
Landausflüge inklusive
ab € 1398.-
z.B. Auf Saar, Mosel und Rhein. Von Saarbrücken nach Amsterdam (6 Tage)
Landausflüge inklusive
ab € 748.-
Mehr Routen
✔ Flusskreuzfahrten auf den schönsten Flüssen: Donau • Rhône & Saône • Seine • Rhein, Main, Mosel, Saar • Kanäle in Holland & Belgien • Elbe, Havel, Oder, Peene • Douro • Mekong (Vietnam) • Kanäle von Burgund, Elsass, Provence, Champagne & Paris • Po und die Lagune von Venedig • Loire • Gironde, Dordogne & Garonne • Guadalquivir & Guadiana
✔ 40 eigene, nahezu baugleiche Schiffe der Prestigeklasse
✔ Jährlich über 200.000 Gäste
Mehr Gastronomie
✔ Französische Gastronomie an Bord
✔ Getränke zu den Mahlzeiten und an der Bar inklusive
Die schönsten Flussreisen auf allen europäischen Flüssen.
Katalog unter Tel:
0800 4638836
kostenlos anfordern
Mehr Inklusivleistungen
✔ WiFi kostenlos auf allen Schiffen
✔ Fast alle Kreuzfahrten inklusive Landausflüge
✔ Vollcharter mit deutschsprachigen Gästen – Deutsch sprechender Gästeservice an Bord und bei den Ausflügen
✔ Getränke zu den Mahlzeiten und an der Bar inklusive
✔ Audio-Kommunikationssystem bei Ausflügen
✔ Live-Musik an Bord auf allen Kreuzfahrten
Mehr Bequemlichkeit
✔ Anreise per Bus, günstigem Bahnticket oder per Flug – direkt vom Veranstalter
41 JAHRE ERFAHRUNG
Jetzt in Ihrem Reisebüro!
CroisiEurope wird in Deutschland, Österreich, Schweiz exklusiv vertreten durch:
Anton Götten GmbH, Saarbrücken · Tel. 0681 3032-555 · Fax 0681 3032-217
info@croisieurope.de · www.croisieurope.de

Bei der Elbe Princesse liegen die Schaufelräder im Heck, ...

FOTOS: CroisiEurope (2)

Rückkehr eines Klassikers

Alte Technik als Lösung für ein – ebenfalls altes – Problem: Flussschiffe mit Schaufelradantrieb können auch bei niedrigem Wasserstand fahren

Man kennt sie vom Mississippi – und aus dem Hamburger Hafen: Dort fahren zwei Ausflugsschiffe, an denen sich Schaufelräder pittoresk drehen, allerdings eher aus optischen als aus technischen Gründen. Ganz anders ist es bei zwei Schiffen, mit denen **CroisiEurope** aus Straßburg für breite Aufmerksamkeit sorgt: der **Loire Princesse**, die 2015 in Fahrt ging, und der 2016 getauften **Elbe Princesse**. Beide fahren mit echtem Schaufelradantrieb – und bei beiden ist die alte, wiederbelebte Technik die geniale Lösung des ärgerlichen Problems, dass Flüsse nun mal wechselnde Wasserstände haben, je nach Niederschlagsmenge in ihrem Zuflussgebiet. Berüchtigt ist in dieser Hinsicht die Elbe: Sie führt im Sommer oft so wenig Wasser, dass Flussfahrten schon mal zu Busfahrten werden. Und bei der Loire ist das Problem noch grundsätzlicher: Ihr Bett ist so flach und zudem mit wandernden Sandbänken versehen, dass lange galt: Für Passagierschiffe ist die Loire unbefahrbar.

Tempi passati – dank der Idee der Straßburger und ihrer aus Stuttgart stammenden Techniktüftler: Zwei seitlich am Schiff angebrachte Antriebsräder, unterstützt von zwei Jetstreams, ersetzen die übliche Schraube unter dem Schiffsrumpf. Nur 70 Zentimeter beträgt dadurch der Tiefgang – völlig ausreichend bei einer Wassertiefe von 1,20 Metern, wie die Loire sie auf ihren ersten 137 Kilometern von der Mündung in Saint-Nazaire bis Angers im Schnitt hat. Diese Strecke befährt die Prinzessin nun – eine Premiere, auf die man zu Recht stolz sein darf.

Und mit der Elbe Princesse (S. 264) hat sie nun eine Schwester erhalten, mit allerdings schmalerer Silhouette: Hier wurden die Schaufelräder am Heck angebracht und nicht seitlich, damit auch enge Schleusen passiert werden können. Und so kann das Schiff den ganzen Sommer über von Berlin aus über Havel, Elbe und Moldau bis Prag fahren – weitestgehend unabhängig von den Wasserständen der launischen Flüsse. JB

... bei der Loire Princesse befinden sie sich an den Seiten

Bestes Info- und Entertainment: Harmony of the Seas

Bestes Sport- und Wellness-angebot: AIDAprima

Beste Gastronomie: Europa 2

Bestes Schiff für Familien: AIDAprima

Bester Service: SeaDream I & II

Bestes Routing: Amadea

Flussschiff des Jahres: Elbe Princesse

Grund zu feiern, jedes Jahr im November: die Gewinner der Kreuzfahrt Guide Awards 2015

Die Schiffe des Jahres

Es gibt nicht *das* beste Schiff – *die* besten Schiffe nach definierten Kriterien aber schon. Die Kreuzfahrt Guide-Jury kürt sie jedes Jahr

Zum ersten Mal wurden sie im März 2008 im Rahmen der Internationalen Tourismus-Börse in Berlin vergeben: die **Kreuzfahrt Guide Awards** für die besten Schiffe des Jahres. Sie werden seither alljährlich gekürt – von einer Expertenjury, einberufen von den Hauptautoren des Kreuzfahrt Guides. Diese Jury, im Jahr 2016 bestehend aus zwölf namhaften Fachjournalisten und Kreuzfahrtprofis aus Deutschland und der Schweiz, benennt in den vom Kreuzfahrt Guide bewerteten Kategorien sechs „Beste Seeschiffe des Jahres" und ein „Flussschiff des Jahres". In jeder Kategorie legte die Jury zunächst jeweils vier Nominierungen vor. Aus diesem engeren Kandidatenkreis wurden die endgültigen Gewinner von der Jury im September 2016 gekürt – und in einer feierlichen Gala am 16. November 2016, dem Tag der Veröffentlichung des neuen Kreuzfahrt Guides 2017, geehrt: Es ist die mittlerweile zur festen Tradition gewordene „Cruise Night" am Abend des jährlichen **Kreuzfahrt Kongresses** in Hamburg. Dieser Kongress, veranstaltet von der planet c GmbH (der Herausgeberin des Guides) und dem Management Forum, Frankfurt, widmet sich seit 2011 alljährlich im November aktuellen Trends und Themen des globalen Kreuzfahrtenmarkts.

SCHIFFE DES JAHRES 2016
Kreuzfahrt
GuideAward

Info: www.kreuzfahrtkongress.de

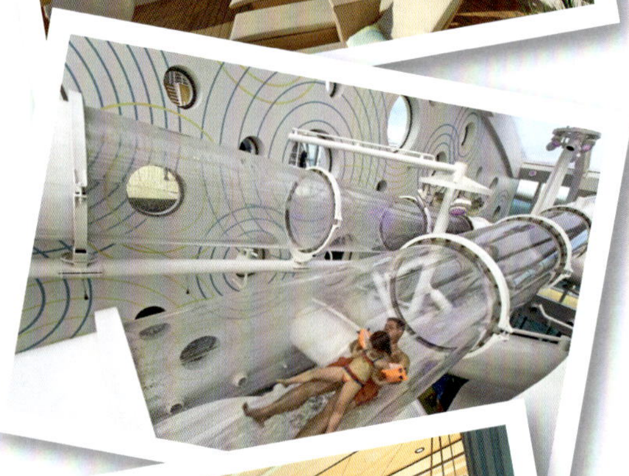

Von oben nach unten: Musical auf der Harmony of the Seas, im Spa der AIDAprima, Wasserpark für Kinder auf der AIDAprima, das Restaurant Tarragon auf der Europa 2

Die Siegerschiffe 2016

Bestes Info- & Entertainment-Angebot

Das derzeit größte Kreuzfahrtschiff der Welt ist auch das derzeit beste in Sachen Entertainment. Mit ihrem perfekten Mix aus dem Besten von Oasis-Class und Quantum-Class ist die **Harmony of the Seas** darin kaum zu überbieten. Weltklasse haben die Musical-Klassiker wie „Grease“ im Royal Theater, die Eisrevuen, die spektakulären Aqua-Shows ... Und, denn auch das ist Entertainment, die abgefahrenen Rutschen „Ultimate Abyss“ und „Perfect Storm“. Mitnominiert waren **Mein Schiff 5**, **Norwegian Escape** und **Queen Mary 2**.

Bestes Sport- & Wellnessangebot

Sie hat keinen 25-Meter-Pool wie die Vorjahressiegerin **Mein Schiff 5**, und der Wellnessbereich kostet Eintritt. Dennoch setzt die **AIDAprima** nach Jury-Meinung neue Maßstäbe. Der Wellnessbereich ist designtechnisch ein echtes Highlight, zudem punktet er mit ultragroßen Saunen und einem tollen Außenbereich, und sehr gelungen ist auch der riesige Sportbereich mit großen Kursräumen. Deshalb erhält der AIDA-Neubau den Vorzug vor den Mitnominierten **Celebrity Reflection**, **Mein Schiff 5** und **Koningsdam**.

Bestes Schiff für Familien

„Ich war in der Ferienzeit an Bord, zusammen mit 1.153 Kindern – und es hat funktioniert“, begründet ein Jury-Mitglied seine Wahl. Das „Four Elements“ samt seinem kindgerechtem Buffet gehört den Familien. Und jede Menge Abwechslung für Kinder gibt's vom Klettergarten über die Kinderclubs bis zur Wasserrutsche. Deshalb geht auch dieser Award an die **AIDAprima**. Mitbewerber waren **Carnival Vista**, **Costa Diadema** und **MSC Splendida**.

Beste Gastronomie

„Unerreicht gut“: An der (fast) einhelligen Jury-Meinung zum besten und zugleich schönsten Restaurant zur See, dem „Tarragon“ auf der **Europa 2** von Hapag-Lloyd Cruises, hat sich gegenüber dem Vorjahr nichts geändert. Und wie zuvor gilt auch weiterhin: Dank der ►

vier weiteren inkludierten Spitzenrestaurants sowie der immer noch besten Weinauswahl zur See ist ein Aufenthalt an Bord, egal wohin die Reise führt, stets auch eine kulinarische Weltreise auf höchstem Niveau. Mitnominiert waren **Seabourn Quest**, **Silver Spirit** und **Sirena**.

Bester Service

Fein, aber lässig, unkompliziert, aber aufmerksam auf höchstem Level – das zeichnet nach Jury-Urteil den Service auf den baugleichen Yachten **SeaDream I & II** vom Sea Dream Yacht Club aus. Mag die Hardware in die Jahre gekommen sein – die Software ist es nicht. „Einen so tollen und individuellen Service habe ich nie wieder erlebt", berichtet ein Jury-Mitglied. Dass dieser „absolut perfekt und zugleich locker und auf Augenhöhe" sei, gibt für einen anderen Juror den Ausschlag gegenüber den Mitbewerbern **Europa**, **Crystal Symphony** und **Seven Seas Explorer**.

Bestes Routing

Wer weiß, wo die Insel Ösel liegt? Wer kennt Kotka? Die klassische Ostseekreuzfahrt mit kleinen Highlights aufpeppen – das ist typisch für die **Amadea** von Phoenix Reisen. Dem Winter entflieht sie auf einer Weltreise mit 135 Tagen Dauer. Und im Sommer finden jene, die nur ungern fliegen, viele Abfahrten ab Bremerhaven. Im Herbst geht es zum Indian Summer nach Kanada und im Frühjahr durch den Panamakanal – die Größe macht alles möglich. Kein Wunder, dass das Phoenix-Flaggschiff auch das TV-Traumschiff geworden ist. Und von der Jury den Vorzug erhielt vor **Azamara Quest & Journey**, **Sea Spirit** und **AIDAcara**.

Flussschiff des Jahres

Das innovative Antriebskonzept mit Schaufelrad und damit geringerem Tiefgang, wodurch das schwierige Fahrgebiet Elbe/Moldau endlich verlässlicher bedient werden kann: Dieser Clou sticht nach Jury-Ansicht besonders heraus und übertrumpft andere Neubauten, die nur Herkommliches optimieren. Flussschiff des Jahres ist deshalb die **Elbe Princesse** von CroisiEurope, vor **Anesha**, **A-ROSA Silva & Flora** und **Crystal Mozart**. ■

Von oben nach unten: Massage an Deck bei SeaDream, Grönlandfahrt mit der Amadea, der Salon der Elbe Princesse. Unten: Tim Mälzer zu Gast bei der Preisverleihung 2015

Reportagen aus aller Welt

Reisen

AIDA – alles prima?

Lange mussten Reederei und Passagiere auf den Neubau aus Japan warten. Mit einem Jahr Verspätung kam die AIDAprima nach Hamburg, wurde dort im Mai 2016 getauft und fährt seitdem im Wochenturnus. Ganzjährig, also auch im Winter. Wie prima ist die „Prima“? Das neue Flaggschiff im Check

VON UWE BAHN (TEXT & FOTOS)

AIDAs Neue beim Erstanlauf in Hamburg, kurz vor der Taufe im Mai 2016

Tagsüber Relax-Zone, abends eine riesige Diskothek: der überdachte Beachclub auf Deck 15

Sie ist das größte deutsche Kreuzfahrtschiff. Dreimal so groß wie die erste AIDA, die AIDAcara, mit der die Erfolgsgeschichte der Rostocker Reederei vor gut 20 Jahren begann. Fast 4.000 Passagiere verteilen sich auf die 18 Decks der AIDAprima.

Einer der Hotspots: der Beachclub auf Deck 15. Es ist ein konzeptioneller Volltreffer. „Back to the Roots" – hier steigt sie wieder, die Party, für die AIDA vor allem in den ersten Jahren stand, als sie sich noch „Clubschiff" nannte. Tagsüber eher Relax-Zone mit Pool und (besetzten) Liegen, wird der Beachclub am Abend zur riesigen Diskothek. Wechselnde Licht- und Farbeffekte auf dem gewaltigen Foliendach sorgen für den nötigen „Flash", ein Wasserfall wird zur Leinwand, auf die projiziert wird. Dazu bohren sich Laserstrahlen durch die Luft, alles unter Palmen rund um den illuminierten Pool. Hier besinnt sich AIDA auf seine große, alte Stärke: das ausgelassen lockere Bordleben. So ist es mehr als konsequent, dass auch die sternförmige AIDA Bar im Beachclub unter einem karibischen Dach ihren Platz hat. Hier wird auch auf den Wintertouren Sommerfeeling sein. Nicht ganz so prima dagegen: die B-Bands, die hier oben auf der Bühne stehen. Eher ein Stimmungstöter, der sich auch auf die Umsätze niederschlagen dürfte. Ein guter DJ würde allemal reichen.

Immerhin 20 Jahre brauchte AIDA für eine andere Idee: das Lanai-Deck. Ein Außendeck rund um ein Schiff muss nicht nur für Shuffleboard, Joggingparcours und Rettungsboote sein. Hier wurde daraus eine nach oben offene Promenade, eine Flaniermeile, die auf Deck acht fast um das ganze Schiff führt. Mit Strandkörben, Whirlpools und reichlich Außenplätzen, u. a. vorm Buffalo Steak House. Zu weiteren Plätzen an der Seeluft geht es über Außentreppen ein Deck tiefer – zur Lanai Bar im Heck, dem perfekten Ort für den Sundowner. Trotz eingebauter Heizstrahler aber wohl weniger für die Monate November bis April geeignet, in denen die AIDAprima ja auch ab Hamburg fährt.

Gelungene Neuerungen: das Lanai-Deck (links) und die Fun- & Action-Zone „Four Elements"

Aber dafür gibt es genug Indoor-Innovationen. Wie das Aktivitätsdeck „Four Elements", ein Eldorado für Eltern. Hier können sie ihren Nachwuchs ohne Probleme eine Woche „parken". Das komplette Heck ist hier eine einzige Action-Zone. Über drei Decks ist das Anti-Langeweile-Programm verteilt: vom Klettergarten bis zu Wasserrutschen, deren Highlight der „Racer" ist. Hier können Kinder und Jugendliche (und Erwachsene bei entsprechender Figur & Fitness) auf Rekordjagd gehen. In zwei Röhren wird gegeneinander gerutscht, mit Zeitmessung auf die Hundertstel-Sekunde. Der Funpark ist komplett überdacht und längst nicht so schrill und auffällig wie bei amerikanischen Schiffen. Für Ruhesuchende wird das „Four Elements" allerdings der falsche Ort sein. Ebenso wie das direkt angegliederte Familienrestaurant Fuego, dessen Buffethöhe sogar kindgerecht ist. Und in dem es nicht nur geduldet, sondern offiziell erlaubt ist, wenn die Passagiere mit kurzen Hosen und Badeschlappen zum Essen gehen.

Kinderfreie Zone ist dagegen das neue, wunderschöne „Organic Spa": Es sind die vielleicht stilvollsten 2.800 Sport- und Wellness-Quadratmeter auf einem Kreuzfahrtschiff überhaupt. Lag auf den Schiffen von AIDAs Sphinx-Klasse die Wellness-Oase mittig mit zentralem Whirlpool unter knorrigen Bäumen, so verteilt sich jetzt alles auf Back- und Steuerbord. Auf den beiden Sonnendecks gibt es mehrere Outdoor-Jacuzzis. Der gesamte Innenbereich ist lichtdurchflutet. Stilvoll sind auch die fünf Saunen und der Ruhebereich.

Neu für AIDA ist eine Premium-Enklave für Suitengäste: das Patiodeck für die Bewohner der Panoramakabinen auf Deck 16. Hier oben im Bug des Schiffs finden zahlungskräftige Passagiere einen Hauch von Europa 2 vor. Eine Art Yachtclub, in dem es an der kleinen Bar kein Gedränge geben wird. Und auch die bekannte AIDA-Schlacht um die Liegen wird hier ausbleiben. Einen Engpass könnte es an der Bugspitze des Patiodecks geben. Die beiden kleinen Infinity-Pools dort sind die ►

Zum Fotografieren schön: das „Organic Spa" (oben links) und das Patiodeck für die Suitengäste

schönsten und exponiertesten Plätze auf dem gesamten Schiff. Vom Deck betrachtet, scheint das Wasser der gläsernen Pools ins Meer zu fließen. Ein Traum, den die steife Nordseebrise allerdings an manchen (See-)Tagen zerstören wird.

Auch das kulinarische Konzept hat sich geändert. Rossini, Sushi-Bar und Buffalo Steak House bleiben die drei zuschlagpflichtigen Spezialitäten-Tempel. Hinzugekommen ist die Kochschule in Kooperation mit Tim Mälzer – der zwar nicht rund um die Uhr, aber auf ausgewählten Reisen am Ceranfeld stehen wird. Wer bedient werden möchte, bekommt im „Brauhaus", in der Brasserie French Kiss und im Ristorante Casa Nova sein Mahl serviert, hier kosten nur die Getränke extra. Dazu gibt es drei Snack-Bars, von denen die Scharfe Ecke für die Mitternachts-Currywurst gesetzt ist. Plätze in den Restaurants können schon vor der Reise gebucht werden, was zu Irritationen führen kann. So mancher neue Gast dürfte verdutzt schauen, wenn in einem Buffetrestaurant wie dem East „Reserviert"-Schilder stehen.

Gar nicht so prima ist jedoch das Routing: Die Häfen und Liegeplätze sind auf einer Frachtschiffreise kaum anders. Das beginnt mit dem Einschiffungsterminal Steinwerder in Hamburg, der zwar modern ist, aber keinerlei Flair hat, und setzt sich fort mit Zeebrugge, Rotterdam, Le Havre und Southampton. Wer dort nicht zwischen Kränen und Containern flanieren will, muss einen Ausflug buchen. Wenigstens liegen Brügge oder Honfleur nicht weit von Zeebrugge beziehungsweise Le Havre entfernt – eine reizvolle und beschauliche Alternative zu den Drei-Stunden-Marathons nach London (ab Southampton) oder Paris (ab Le Havre). Gerade in den kalten Monaten ein zweifelhaftes Vergnügen.

Aber man hat es ja auch schon eingesehen in der Rostocker Zentrale: Im Herbst 2017 wird die AIDAprima das „Experiment" der ganzjährigen Abfahrten ab Hamburg beenden und im Winter 2017/2018 rund um die Kanaren kreuzen. Erst zur warmen Jahreszeit kehrt sie wieder in die Hansestadt zurück. ■

LUST AUF
MEHR EUROPA DENN JE?
Entdecken Sie die schönsten Ecken zwischen Nordkap und Athen an Bord von Europe's Leading Cruise Line. In der Saison 2017 ganz neu mit 5 Schiffen in Europa und Abfahrten unter anderem ab Warnemünde und Hamburg. Und das Ganze natürlich PREMIUM ALL INCLUSIVE.
NCL
NORWEGIAN
CRUISE LINE®
Feel Free™
JETZT BUCHEN & ATTRAKTIVE ANGEBOTE SICHERN!
MEHR INFOS AUF NCL.DE ODER IN IHREM REISEBÜRO.
WORLD TRAVEL AWARDS
WINNER
2016
*Angebot vorbehaltlich Verfügbarkeit. Darstellungsfehler vorbehalten. Award: www.worldtravelawards.com.
EUROPE'S LEADING

Neue Kleider für die KÖNIGIN

Die wichtigsten Bereiche, in denen die Queen Mary 2 umgebaut wurde. Ausführlich dazu: cunard.de/das-naechste-kapitel

GRAFIK: Cunard; FOTOS: P. Günther (1), Cunard (1)

Cunards legendärer Transatlantikliner Queen Mary 2 hat Tausende Seemeilen zurückgelegt – Zeit für eine intensive Renovierung

VON PEGGY GÜNTHER

Das Erscheinungsbild der Grande Dame ist verstörend. Sie zeigt sich entblößt: blanker Estrich statt feine Teppiche, dem Sonnendeck fehlt das Teakholz, den Restaurants die Stühle. 3.500 Arbeiter werkeln geschäftig auf allen Decks, das durchdringende Summen von Bohrern und das warnende Piepsen großer Maschinen ist zu hören. Mitten im Werfttrubel reichen plötzlich die perfekt gekleideten Bellboys in ihren roten Uniformen mit weißen Handschuhen feuchte Tücher zur Erfrischung. Selbst im Ausnahmezustand bleibt der „White Star Service" auf dem letzten großen Transatlantikliner unserer Zeit gewahrt.

„Queen Mary 2 remastered", lautet die Überschrift des umfangreichen Umbaus. Die Pause hat sich Cunards Flaggschiff redlich verdient: Seit ihrer Indienststellung 2004 hat sie so viele nautische Meilen auf den Weltmeeren zurückgelegt, dass sie auch viermal zum Mond und zurück hätte fahren können. Einmal mehr hat Cunard die Hamburger Traditionswerft Blohm & Voss beauftragt. Mit viel Gefühl fuhr Kapitän Kevin Oprey seine Lady in das 351 Meter lange Dock. Das Einparken war Maßarbeit: Mehr Spielraum als sechs Meter in der Länge und neun Meter in der Breite sowie 40 Zentimeter Wasser unter dem Bug blieben nicht. Nur drei Stunden später ruhte die Königin der Weltmeere auf den Blöcken. Und die Umbauarbeiten waren bereits im vollen Gange.

„Es war schon ein wenig traurig, die Abrissarbeiten zu sehen", gibt Kapitän Oprey zu. „Sie ist in einem sehr rohen Zustand, ohne all den Glamour, der sie normalerweise umgibt – Queen Mary 2 unplugged sozusagen." ►

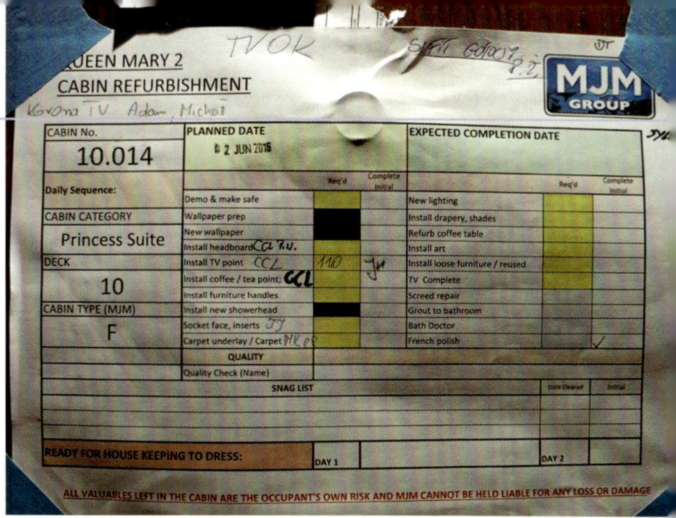

Viel zu tun – unter und im Schiff. Gut drei Wochen hatten die Arbeiter auf der Werft Zeit

Aber die Aufwertung lohnt sich für das Lieblingsschiff der Hamburger – vom Kiel bis zum Schornstein. Alle vier Motoren erhalten ein Upgrade, die Außenhaut glänzt dank mehr als 10.000 Litern Farbe wie neu, und vier Abgasreinigungsanlagen sorgen für eine vorbildliche Umweltbilanz.

Aber auch im Passagierbereich finden eine Menge Veränderungen statt: Die Suiten an Bord werden komplett renoviert und mit neuen Möbeln ausgestattet. Aber auch alle anderen Kabinen erleben einen Refresh – ein paar Dutzend erst später, an Passagierwechseltagen in Southampton. Neben einer Aufwertung der bestehenden Kabinen kommen 50 Kabinen neu an Bord. Vorgefertigt in Finnland, fliegt der größte Teil, bereits inklusive Schminktisch, an einem Kran hängend in eine neue, 250 Tonnen schwere Stahlsektion auf Deck 13. Außerdem schrumpfen Fotogalerie und Casino für neue Außenkabinen auf den Decks zwei und drei, die von Alleinreisenden bewohnt werden und erstaunlich großzügig wirken.

Und auch die tierischen Urlauber erhalten neue Unterkünfte: Queen Mary 2 ist das einzige Schiff, das auf Transatlantikfahrten auch Hunde und Katzen befördert. Dementsprechend gefragt sind die Plätze im Hundehotel auf Deck 13. Während des Werftaufenthalts wurden daher zehn neue „Kennels" installiert. Und im Hundeauslaufbereich stehen nun ein Laternenpfahl aus Liverpool sowie ein Feuerlöschhydrant aus New York, damit die Vierbeiner sich beim Geschäft wie in der Heimat fühlen können. Und die Kunst im Tierhotel stammt von niemand Geringerem als Karen Katon-Oprey, Tochter von Kapitän Oprey.

An Tag elf der Werftzeit wurden bereits 300 Container mit neuen Möbeln und Ausrüstungsgegenständen geliefert. In den Treppenhäusern hallen die Schritte auf blanken Stahltreppen wieder. Reges Treiben herrscht auf Deck sieben. Kreissägen stehen in den

FOTOS: P. Günther (3), Cunard (1)

In der Lobby wurden zwei Glasfahrstühle entfernt – sie wirkt nun deutlich großzügiger

Fensternischen, italienische Arbeiter hören Rockmusik – was hier genau entsteht, ist nur zu erahnen: Das Buffetrestaurant Kings Court wird komplett umgestaltet, auf Basis intensiver Passagierbefragungen und Recherchen bei den Mitbewerbern.

Chefkoch Nick Oldroyd freut sich auf die Veränderungen: „Unsere Königin wird ein neues Schiff sein", berichtet er begeistert. Aktuell steht er jedoch vor der Herausforderung, 16.000 Mahlzeiten am Tag für die Arbeiter zu servieren, obwohl nahezu alle Restaurants umgebaut werden. Immerhin muss er kein Galadinner servieren. Schnitzel und Bratwurst seien die gefragtesten Elemente der Speisekarte, lacht er. Die Werftarbeiter sitzen auf eingeschweißten Stühlen und lassen es sich schmecken.

Wer die Queen nach ihrem Werftaufenthalt besucht, traut seinen Augen kaum: Das Buffetrestaurant wirkt aufgeräumt, die Köche bereiten hinterm Tresen frische Speisen zu. Auf Wunsch werden hier nun auch Getränke serviert, und abends verwandelt sich ein Teil des Restaurants weiterhin in ein Spezialitätenrestaurant. Aus den drei unterschiedlichen Programmen, die hier früher im Wechsel angeboten wurden, sind fünf geworden: Bamboo (pan-asiatisch), Coriander (indisch), Aztec (mexikanisch), Piazza (italienisch) und Smokehouse (amerikanisch). Für 17 US-Dollar Zuzahlung erleben die Passagiere hier Live-Cooking und können den Abend ohne Zeitdruck genießen, während im Hauptrestaurant in zwei Sitzungen gespeist wird. Darüber hinaus begrüßt der Executive Chef am Abend im Bereich der „Chef's Galley" Gäste zum Tasting-Menü.

Aus dem Winter Garden ist die Carinthia Lounge geworden, mit ausgesuchten Snacks – morgens, mittags und abends. Und: „The fallen cake is fallen", scherzt Oldroyd in Anspielung an den berühmten „Falling chocolate cake", der früher im Spezialitätenrestaurant ►

FOTOS: P. Günther (2), Cunard (2)

Neue kulinarische Raffinessen präsentiert Küchenchef Nick Oldroyd in der Carinthia Lounge. Der Liverpooler Laternenmast und der New Yorker Hydrant kamen für die Hunde an Bord

Todd English serviert wurde. Stattdessen gibt es auf Deck acht nun die französische Küche des Verandah Restaurants, das auch auf den anderen beiden Cunard-Queens vertreten ist. Eine modernere, internationale Küche war das Ziel des Refresh. Passend zum inzwischen auch sehr internationalen Passagiermix. Während früher der überwiegende Teil der Gäste aus den USA kam, fahren heute auch viele Briten und rund zehn Prozent Deutsche auf der Queen Mary 2. Stolz präsentiert Oldroyd das Ergebnis des 120 Millionen Euro teuren Umbaus. Und während er mit leuchtenden Augen von der neuen Speisekarte erzählt, tippt eine ältere englische Lady ihm auf die Schulter. „Thank you for getting my hips this size“, erklärt sie augenzwinkernd. „Your food is wonderful.“ ■

Das Buffetrestaurant Kings Court wurde komplett neu gestaltet

MEER
URLAUB
DELUXE
mit den Tallink Silja-MiniCruises
FINNLAND
Åland
Turku
Helsinki
Stockholm
SCHWEDEN
Tallinn
ESTLAND
Riga
LETTLAND
OSTSEE
LITAUEN
POLEN
SILJA LINE
STOCKHOLM - HELSINKI v. v.
STOCKHOLM - TURKU v. v.
STOCKHOLM - TALLINN v. v.
STOCKHOLM - RIGA v. v.
HELSINKI - TALLINN v. v.
ÅLAND-VERBINDUNGEN

Nostalgie zur See: das Karussell auf dem Boardwalk. Rechts: die Rutsche „Perfect Storm“

Und ... Action!

Die Harmony of the Seas ist eine schwimmende Stadt: laut, bunt, schrill – aber durchaus auch mal leise

VON JOHANNES BOHMANN

FOTOS: J. Bohmann (1), Royal Caribbean (1)

FOTOS: J. Bohmann (3)

Cocktails vom Roboter: Die Bionic Bar (l.) lässt sich keiner entgehen. Mut braucht man dagegen für die „Ultimate Abyss“: Beim „Anglerfisch“ steigt man ein – und saust 30 Meter hinab

Ein Schiff, das 50 Meter länger ist, als der Eiffelturm hoch ist. Das fast 9.000 Menschen befördern kann – und 12.000 echte Pflanzen in einem grünen Park hat, der mitfährt an Bord. Eine Riesin, die über eine Milliarde Dollar kostete, entstanden in 40 Monaten oder zehn Millionen „Mannstunden“, geleistet von 2.500 Arbeitern bei STX in Saint-Nazaire ... Es ist eine Herkulesarbeit, deren Ausmaß und Komplexität man erahnen, aber kaum verstehen kann. Die dafür aber mit einem fast harmlos klingenden Namen daherkommt: „Harmonie der Meere“. Das Schiff der Rekorde, von Royal Caribbean, wieder einmal. Aber ihren Gästen ruft es zu: Keine Angst! Just walk in – and have fun! In Barcelona sind wir der Einladung gefolgt.

Und staunen als Erstes wieder, wie schon bei der Schwester **Allure of the Seas** damals in Fort Lauderdale, wie schnell wir an Bord sind. Sicher, zum schnellen Check-in haben wir unseren Teil selbst beigetragen, durch das Ausfüllen all der Formulare im Internet vorab. Aber es half ja! „Smart“ nennen Amerikaner es, wenn sie Technik clever nutzen. Und in ebendiesem Sinne „smart“ ist dieses Schiff – vom Flaggenmast bis zum Kiel. Mit dem derzeit schnellsten Internet zur See, mit einer Bar, an der Roboter Cocktails mixen, mit einem Armband, das meine Kabinentür öffnet und meine Bordausgaben registriert ... All das ist: amerikanisch durch und durch.

Womit auch gesagt ist: Man muss sich auf sie einlassen können. Und zwar gar nicht so sehr auf ihre Ausmaße wie auf den Herzschlag, der sie antreibt. Denn ein Kreuzfahrtschiff, wie wir es bisher kannten, ist die Harmony nicht mehr: Sie ist eine schwimmende Stadt, die sich selbst genügt – und Häfen eigentlich gar nicht mehr bräuchte. Überspitzt könnte man sogar sagen: nicht einmal mehr das Meer. Denn ein erklecklicher Teil der Kabinen und Suiten blickt gar nicht aufs Wasser, sondern auf die Lifestyle-Areale im Schiffsinneren: ►

Im Hafen von Palma de Mallorca
Mein cewe fotobuch
Mein Leben
„AIDAmar Reise durchs Mittelmeer“
Original CEWE FOTOBUCH von Katrin Fischer
CEWE FOTOBUCH
Die schönsten Geschichten erzählt man mit CEWE
Gestalten Sie eine bleibende Erinnerung,
die immer wieder Freude bereitet.
www.cewe.de
cewe
BEST IN PRINT

FOTOS: J. Bohmann (3)

Stimmt, auf dem Pooldeck kann es voll werden. Aber im Central Park (rechts oben) lauscht man Vogelstimmen, wenn auch vom Band. Und wer joggen will, läuft im Schiffsinneren seine Meilen

den Central Park, die Royal Promenade, den Boardwalk. Dort habe ich meinen Balkon – und blicke auf ein Treiben hinab wie zu Hause in einer Fußgängerzone in der Stadt.

Aber halt: Eine „Ultimate Abyss" haben wir zu Hause natürlich nicht! Über 30 Meter geht es in dieser Trockenrutsche nach unten, vorbei an zehn Decks – Adrenalin pur. Die beiden pinkfarbenen Röhren dieses „ultimativen Abgrunds" im Heck sind der optische Hingucker des Schiffs. Ihr nasses Gegenstück findet sich oben auf dem Pooldeck: das Wasserrutschen-Trio „Perfect Storm". Auch hier hält der Name, was er verspricht: Herzklopfen beim Einstieg – und Euphorie, nachdem ich mich getraut habe und weiß: War doch halb so wild.

Es geht also um die „Kicks", die die Amerikaner so sehr lieben und wie man sie aus den Funparks in Kalifornien oder Florida kennt – und die man nun eben auf See erleben kann. Zwar ist von Royal Caribbeans Independence-, Oasis- und Quantum-Class-Schiffen vieles davon schon bekannt, aber die Harmony ist ein „Best of" dieser Vorgängerinnen, mit Sahnehäubchen wie den Rutschen „on top". Und alles noch perfekter, größer, atemberaubender.

Als da wären: der „Flowrider" zum Surfen auf hoher See, die 13 Meter hohe Kletterwand, die „Zip Line", an der man über den Boardwalk fliegt, mit Blick auf das nostalgische Kinderkarussell und das gigantische Aqua Theater ganz hinten. Dort führen Turmspringer und Seiltänzer am Abend ein Akrobatikspektakel auf, wie man es an Land noch nie gesehen hat: In Nebelschwaden, unter Wasserfällen und in künstlichen Regengüssen schweben, fliegen, kreisen sie über unseren Köpfen. Und führen Stunts auf, die das Herz fast stehen lassen.

Überhaupt das Wasser. 23 Pools hat das Schiff. Sie sollen mehr Wasser enthalten, als der Geysir Old Faithful bei einem Ausbruch in die Luft schleudert. Einer davon füllt sich gerade über der „Splashaway Bay", dem knallbunten Pooldeck für Kids und Teens – ►

FOTOS: Royal Caribbean (2)

Perfekter Platz fürs Crew-Foto: das Aqua Theater unter den Röhren der „Ultimate Abyss"

und ergießt sich über diesen in einer fantastischen Kaskade. Kein Wunder, dass so viele Kinder an Bord sind. Für sie muss die Harmony das Nonplusultra sein.

Aber ... geht's auch ruhiger? Zum Glück, es geht! Ganz vorn, ganz oben zum Beispiel, im wunderbaren Solarium, in das wir uns auch auf **Allure** oder **Anthem** schon zurückzogen, wenn es zu viel wurde mit der Spaßbeschallung und mit Fun & Games. Zwischen Farnkübeln und Palmwedeln, an einer plätschernden Kaskade hockend, blicke ich dort aufs Meer. Stimmt, wir sind auf See, und wir fahren tatsächlich ...

Davon freilich spüre ich eine Weile später, auf einer Bank im Central Park sitzend, nichts mehr: Vögel zwitschern – vom Band. Aber die Pflanzen, die erwähnten 12.000, sind echt; der Bordgärtner werkelt gerade an der Bewässerung. Leise Musik flüstert nebenan in einer Bar – und eine Bank weiter eine Dame in ihr Telefon. Verabredet sie sich zum Rendezvous hier draußen auf dem Mittelmeer? Oder bin ich tatsächlich in Manhattan, vielleicht bei Woody Allen gelandet?

Nur drei Tage habe ich Zeit, das wundersame Flattern zwischen Illusion und Wirklichkeit zu bestaunen, das die Harmony erzeugt. Nicht genug, um sie zu begreifen. Wohl aber, um zu wissen: Man sollte alles, was man von einer Kreuzfahrt bisher kannte, vergessen – und sich einlassen. Zur Sicherheit kann man ja einen Balkon mit Meerblick buchen. ■

Lobby mit Grand-Hotel-Feeling:
viel Holz, Messing und Kristall-Lüster

Großes Schiff, aber nur 750 Passagiere: So viel Platz gibt's auf kaum einem Kreuzfahrtschiff

Anspruch auf den Olymp

Die Seven Seas Explorer will auf ganzer Linie beeindrucken. Picasso, Chagall und eine tonnenschwere Gebetsmühle unterstützen sie dabei

VON FRANZ NEUMEIER (TEXT & FOTOS)

Berge von Königskrabben, Garnelen, Miesmuscheln – am Buffet und auf den Tellern. Die Tische am Pool und längs der Reling sind blütenweiß eingedeckt, daneben eisig glitzernde Sektkühler. Bei einem duftigen Glas Chablis versinkt die Sonne glutrot hinter den Bergen der Côte d'Azur. Ein Windhauch trägt die Tageshitze davon und schafft dieses Gefühl von Zeitlosigkeit, wie man es nur auf einem Kreuzfahrtschiff spürt, das an einem perfekten Abend in die aufsteigende Nacht gleitet.

Solche Momente sind Luxus pur, brauchen nicht einmal einen besonderen Namen wie „Dinner under the Stars". Sie passieren auf der Seven Seas Explorer einfach so, wenn nämlich, anders als auf Massenmarktschiffen, kein Ellenbogen im Buffetgedränge das luftig-elegante Flair ruiniert, kein Piratenausflug des Kinderclubs und kein Zehn-Dollar-Modeschmuckverkauf nervt.

Wunderbare Augenblicke zu schaffen ist das eine. Doch wie hält man 750 höchst anspruchsvolle Passagiere eine ganze Kreuzfahrt lang bei Laune? Viel Freiraum, ein großzügiger Pool, Golfabschlagplatz und Putting-Greens, Shuffleboard, Boccia und Tennisplatz gehören ebenso dazu wie ein Canyon Ranch Spa. Ein exquisites Highlight ist der Infinity-Pool am Heck, ganz nah am Meer, ebenso wie die heimelige Bibliothek für verträumte Lesestunden am künstlichen Kaminfeuer.

Unübersehbar ist aber, dass Regent Seven Seas Cruises seine Passagiere bei jeder Gelegenheit beeindrucken möchte. Ein Beispiel: Um schon am Eingang das richtige Ambiente für das panasiatische Restaurant Pacific ►

Beeindruckend: Gebetsmühle vor dem Pacific Rim, Muranoglas-Leuchter im Compass Rose

Rim zu schaffen, wurde die Traglast des Decks verstärkt, um eine monumentale, tonnenschwere Gebetsmühle aus Bronze zu tragen. Nur des guten Eindrucks wegen.

Die Gemälde an Bord stammen nicht, wie sonst auf Schiffen typisch, nur von aufstrebenden Künstlern. Es sind auch Originale von Picasso, Miró, Chagall und Jakob Weidemann dabei. Zwei der Picassos hängen im Eingangsbereich der 271 (!) Quadratmeter großen Regent Suite, zuzüglich ihres 89-Quadratmeter-Balkons. Damit sich deren Bewohner wie auf ihrer eigenen Megayacht fühlen, zeigt das Display im Stehpult vor der abgeschrägten Fensterfront die aktuelle Position und Route des Schiffs auf einer elektronischen Navigationskarte an: Kapitänsgefühl de luxe. In das Bett der Suite – auch hier nur das Allerfeinste – hat Regent rund 150.000 Dollar investiert, die Matratze allein kostet 90.000 Dollar. Als Gast bezahlt man für diese größte Suite an Bord mindestens 10.000 Dollar – pro Nacht.

Das „luxuriöseste Schiff aller Zeiten" will Regent Seven Seas Cruises seinen Gästen bieten. Diesem enormen Anspruch könnte die Explorer auf ihre Weise durchaus gerecht werden. Wäre da nicht Hapag-Lloyd Cruises. Aber muss dieser Vergleich überhaupt sein? Auf der einen Seite deutsche Perfektion und hanseatisches Understatement, auf der anderen Seite amerikanische Opulenz und das umfassendste All-inclusive-Konzept der ganzen Branche. Bei der Europa 2 modernes, helles Design, berufstätige Paare und Familien, auf der Seven Seas Explorer gediegen-konservatives Ambiente – und tendenziell keine Kinder. Hier Deutsch, dort Englisch. Die Überschneidung bei potentiellen Gästen ist gering. Und der Rest ist ja auch persönliche Geschmackssache.

Wer es mag, lässt sich auf der Explorer von einem Kunststück bezaubern, das hier besonders gut gelingt: Die Spezialitäten-Restaurants entführen ihre Gäste auf intensive ►

MS EUROPA 2
Die große Freiheit: Flexibel wie eine Yacht. Entspannt wie ein Resort.
An Bord erwarten Sie ausschließlich Suiten mit Veranda und Meerblick, ein Reise Concierge Service und ein 1.000 m² Spa und Fitnessbereich.
Jetzt Katalog anfordern!
Mehr im Reisebüro und unter 0800 2255556 (gebührenfrei) • www.hl-cruises.de • f/hl.cruises
HAPAG 18 91 LLOYD
CRUISES

Purer Genuss: Entspannung mit Meerblick, am Buffet oder in der Lehrküche mit Chef Kelly

Weise in eigene kleine Welten. Über scheinbar regennasses Kopfsteinpflaster beispielsweise flaniert man in das von Art déco und Eiffelturm inspirierte Chartreuse. Ein Tisch direkt an den bodentiefen Fenstern zum Sonnenuntergang ist ein Platz zum Verlieben. Das wunderbare Lächeln des Sommeliers wird noch ein wenig fröhlicher, wenn der Gast seinen Wein auf Französisch ordert. Der Kellner ist ein Charakter, wie man ihn sich in keiner Brasserie in Lyon oder Bordeaux authentischer vorstellen könnte. Und spätestens bei der Käseauswahl nach dem Dinner kommt einem unweigerlich der kitschige Gedanke von Gott und Frankreich in den Sinn. Auf einem amerikanischen Schiff.

Wer Kulinarik an Bord der Seven Seas Explorer noch intensiver erleben will, reserviert sich einen der voll ausgestatteten Kochplätze in der Culinary Arts Kitchen, in der Ausbilder des renommierten Culinary Institute of America lehren. Mit 89 Dollar ist der Kochkurs eines der ganz wenigen Dinge, die nicht im Reisepreis inkludiert sind.

„Ihr schaut mir zu und passt genau auf. Und dann kocht ihr das selbständig nach. Rezepte gibt's erst hinterher." Chef Kathryn Kelly erinnert einen Augenblick lang an Gordon Ramsay in seiner TV-Show „Hell's Kitchen". Nur dass in der Culinary Arts Kitchen am Ende jeder Teilnehmer ein Gewinner ist. Denn statt Klamauk und Entertainment ist das hier eine echte Kochschule, in der sogar erfahrene Hobbyköche noch etwas lernen. Zum Hauptgang gibt's Fisch und einen Salat mit perfekter Vinaigrette, als Nachspeise Limoncello-Kuchen, und zum Appetizer lässt Chef Kelly ihre Schüler den perfekten Garpunkt für eine Jakobsmuschel finden. Das alles muss natürlich perfekt angerichtet sein, denn man befindet sich nicht auf irgendeinem Schiff. Sondern auf einem, das den Anspruch erhebt, das beste der Welt zu sein. Keine Kompromisse. ■

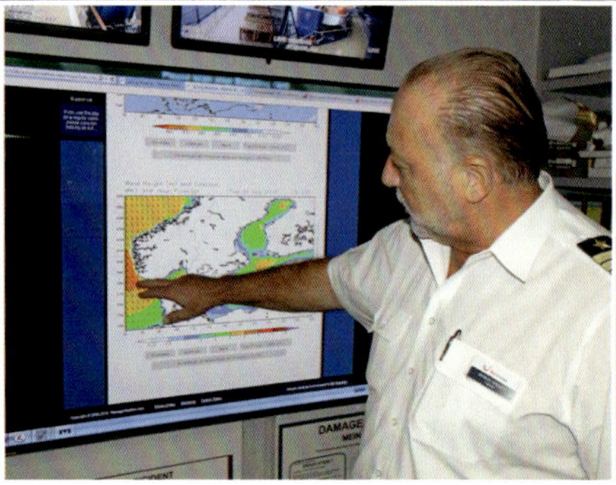

Leider typisch: Bergen hat 224 Regentage im Jahr. Käpt'n Greulich zeigt das Tief auf der Seekarte

Mein Schiff – das (B)Logbuch

Eigentlich wollten wir erzählen, was eine vierköpfige Familie in einer Woche an Bord erleben kann. Doch dann kam alles anders. Die Norwegen-Kreuzfahrt der Mein Schiff 4 wurde zur Odyssee durch Wind und Wetter

VON UWE BAHN (TEXT & FOTOS)

Sind wir doch ins Zillertal gefahren? Die Mein Schiff 4 macht im malerischen Geirangerfjord fest

„Wir fahren nicht ins Zillertal, das hier ist Seefahrt!" Als Kapitän Andreas Greulich zur Begrüßung diesen Satz über die Bordlautsprecher spricht, lachen alle. Wie die Sonne über Kiel. Den Nebensatz, dass wir vom Atlantik „etwas Wind" erwarten, haben viele überhört. Ist ja August. Hochsommer und nicht Herbst. Orkane kommen im Oktober, nicht jetzt. Kiel – Seetag – Bergen: Das ist das erste Drittel dieser Fjord-Kreuzfahrt mit der Mein Schiff 4. Okay, Bergen ist nicht gerade als Tropenparadies bekannt. Wer dort ein erfolgreiches Start-up gründen will, sollte Selbstbräuner in Fünf-Liter-Flaschen produzieren. Den reißen ihm die Norweger aus den Händen.

Genau dort, wo Mein Schiff 4 getauft wurde, am Ostseekai in Kiel, werden die Leinen gelöst. Feucht-fröhlich feiern die Passagiere die Ausfahrt aus der Förde in der „Unverzicht-Bar" oder „Überschau-Bar". Vor der Nordspitze Dänemarks, wo sich Nord- und Ostsee treffen, wird es schon etwas ungemütlicher: Kattegat und Skagerrak sind sich selten einig. Erste Vorboten vom Atlantik. Die AIDAluna, die an Backbord neben uns fährt, bekommt die eine oder andere Welle vor den Bug. Einige Hartgesottene schwimmen noch im 25-Meter-Pool, das Bordleben verlagert sich nach und nach ins Schiffsinnere: Spa & Sport auf Deck zwölf oder das krasse Gegenteil: Essen. Viel davon soll gut sein gegen raue See. Und so essen die 2.500 Gäste präventiv. Davon sind über 400 Kids, die Playstations auf Deck vier sind ausgebucht; „Fifa 16" ist das Schlechtwetter-Programm. Die Teenslounge heißt „Sturmfrei" ... Aber auch dort ist der Seegang immer mehr zu spüren.

Eilmeldung

Liebe Gäste,
Wetter- und sicherheitsbedingt bleiben wir über Nacht in Bergen und werden morgen um 18:30 Uhr mit Kurs Alesund auslaufen.
Wir bitten um Ihr Verständnis.

Nach einer unruhigen Nacht erreichen wir am nächsten Morgen Bergen. Der Regen peitscht durch die Holzgassen von Bryggen, dem historischen Hanseviertel. Den letzten ►

Unten hui, oben pfui: Am Geiranger strahlt die Sonne, auf dem Dalsnibba liegt Schnee. Im August!

Sonnentag muss die Stadt gehabt haben, als der HSV Meister war. Nur wenige wagen sich hinaus ins nasse Norwegen. Der Sturm nimmt zu. Wir können froh sein, dass wir den Hafen erreicht haben. Bis zu neun Meter hoch sollen die Wellen jetzt auf der Nordsee sein.

Kapitän Greulich verkündet seine Entscheidung: „Um Sie und unsere Crew nicht zu gefährden, habe ich mich entschlossen, dass wir über Nacht in Bergen bleiben!" Auf den Screens des Bord-TV erscheint das Gesagte als Eilmeldung. Es muss heftig sein vor Haugesund, dem nächsten Hafen, der nun ersatzlos gestrichen ist. Trotzdem macht die AIDAluna neben uns die Leinen los. Mutig. Mein Schiff 4 wird sogar an der Pier von Bergen geschüttelt. Kapitän Andreas Greulich lässt weitere Leinen legen, verstärkt die Nachtwache. Am nächsten Morgen bin ich bei ihm auf der Brücke und treffe den Vollblut-Kapitän, 56 Jahre alt, in Berlin geboren. Über die Frachtschifffahrt ist er im „Showgeschäft" (O-Ton) gelandet. Für Deilmann fuhr er lange das ZDF-Traumschiff, die Deutschland. Wer so viele Drehtage mit Sascha Hehn übersteht, der wird auch mit einem Nordseesturm fertig. Und nun ist er seit einem guten Jahr Kapitän bei TUI Cruises.

Der Talk auf der Brücke. Warum sind wir in Bergen geblieben? „Ich hatte schon den Lotsen aus Haugesund an Bord, und der hat mir klar gesagt: Kapitän, ich würde es lassen. Das ist eine ganz enge Einfahrt, und wenn da der Wind reinknallt … Wir hätten uns fast überschlagen." Wie bitte??? „Na ja, so sagt man bei uns, Seemannsjargon, sieben Meter Wellen, das wäre schon eine sehr unruhige Nacht geworden. Das ist dann nicht mehr safe. Und Sie dürfen nicht vergessen: Ich habe fast 500 Kinder an Bord." Der Mann hat Klasse. Weiß, was Verantwortung ist. Und ist transparent auch den Gästen gegenüber. Und dann geht Andreas Greulich vor die digitale Seekarte und zeigt auf die paar roten Flecken vor der Küste Norwegens. „Heute Nacht war hier alles rot, das heißt, das Gebiet sollte ich als Kapitän besser meiden." Aber die AIDAluna hat abgelegt … „Ich habe gerade mit denen telefoniert, die sind nach Flåm gefahren, waren nur anderthalb Stunden auf See, dann wieder in die Schären rein, und da ist dann Totenstille. Dahin wäre ich ihnen ►

Der Käpt'n bei der Arbeit – links in seinem „Café Seeblick", rechts bei der „Showtime" im Theater

auch hinterhergefahren. Aber der Kapitän sagte: Die anderthalb Stunden haben gereicht."

Wir blicken aus dem Fenster auf die trüben Straßen Bergens. Es regnet weiter. „Ja, das ist wie Vancouver in Kanada." Unser Lektor des Vertrauens an Bord hat es ja gestern referiert: „Bergen hat 224 Tage Regen im Jahr. Der Lotse hat vorhin berichtet, hier habe es mal 86 Tage am Stück geregnet." Doch als wir am Abend nach 34 Stunden den Hafen von Bergen verlassen, kommt sie heraus, die Sonne. Ich buchstabiere: S-O-N-N-E. Am nächsten Morgen haben wir Ålesund erreicht. Aus dem Sturm ist Wind geworden, aus Sonne – wieder Regen. Also kurzer Landgang, hoch zum Aksala-Hausberg und ein Foto von der Mein Schiff 4 geschossen.

Für den nächsten Tag hat sich Norwegen klimatisch etwas ganz Besonderes überlegt. Aber vorher das Aha-Erlebnis, als wir im Hafen von Olden frühmorgens die Kabinentür öffnen und vom Balkon den ersten Blick auf den Nordfjord werfen: Kapitän Greulich ist doch mit uns ins Zillertal gefahren! Berge rundherum, saftige Wiesen und so manch eine Alm, auf der ein Bauernhof steht. Es ist zum Jodeln. Der Geirangerfjord ist an diesem Tag mit der Serenade of the Seas, der MSC Splendida und einem Hurtigruten-Dampfer belegt, also geht's per Bus und Fähre zum Pflicht-Fjord. Und Norwegen weiß: Es hat was gutzumachen und schickt schuldbewusst Sonnenstrahlen in die Berge. Die Zugabe gibt's dann auf dem 1.500 Meter hohen Dalsnibba: Schnee! Der Berg ist bedeckt mit frischem Weiß. Im August. Die erste Kreuzfahrt, auf der ich einen Schneemann baue.

So ist es mehr als konsequent, dass es an Bord direkt in die Sauna geht. Wie nach einem erfüllten Ski-Tag. Was macht eigentlich mein Hero, Käpt'n Greulich? Der hat am nächsten Seetag „Showtime". Kapitänsfragestunde im Theater. Per Powerpoint lässt er die Passagiere hinter die Kulissen der Mein Schiff 4 blicken. „Und das hier ist das Café Seeblick", kommentiert er das Foto von der Brücke. Das Theater amüsiert sich. Und vergisst, dass draußen kalter Nebel aufgezogen ist. Es ist zum Vergessen, das Wetter auf dieser Kreuzfahrt. Vielleicht das nächste Mal doch ins Zillertal? Aber nur mit Kapitän Greulich. ■

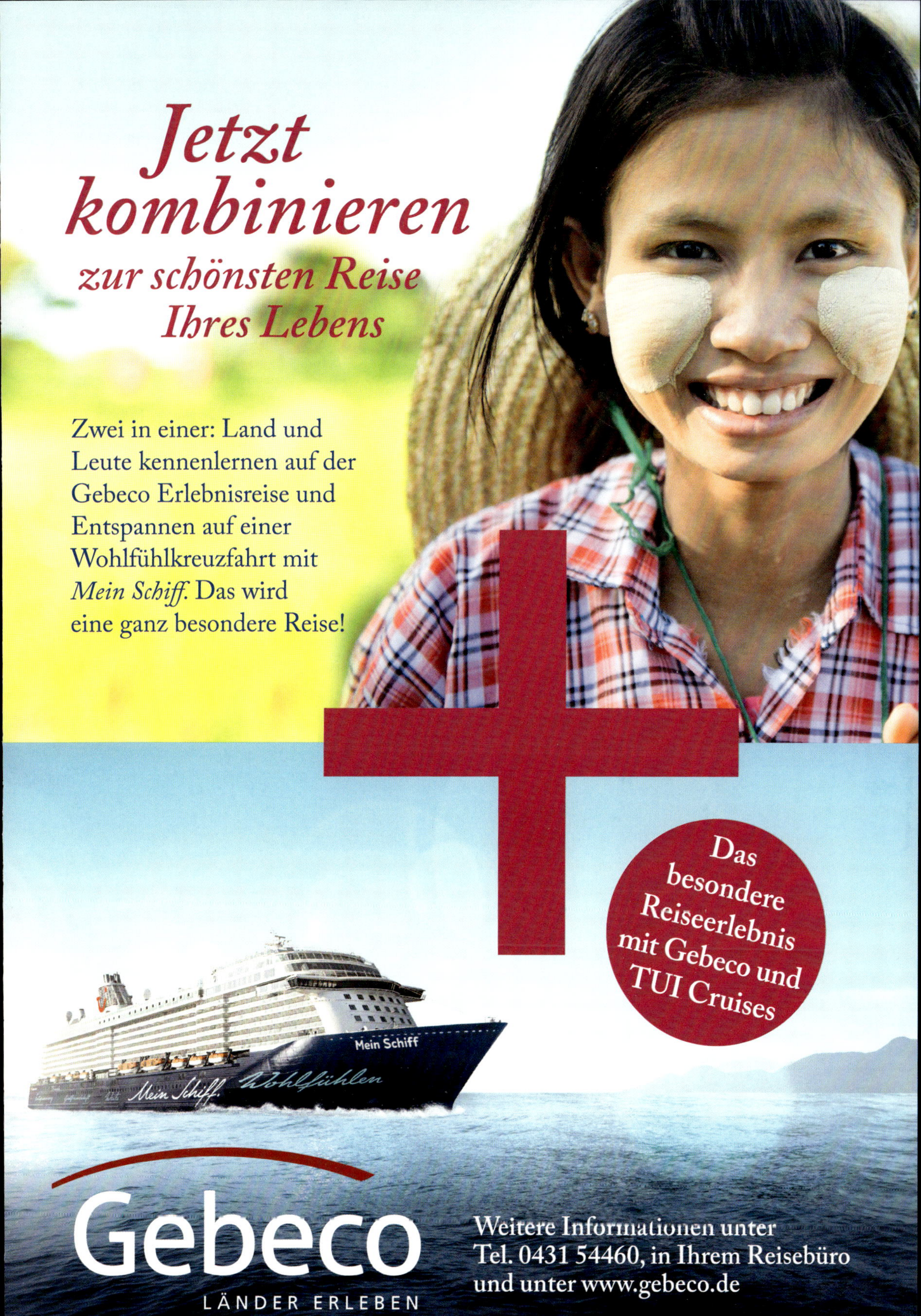
Jetzt kombinieren
zur schönsten Reise Ihres Lebens
Zwei in einer: Land und Leute kennenlernen auf der Gebeco Erlebnisreise und Entspannen auf einer Wohlfühlkreuzfahrt mit *Mein Schiff*. Das wird eine ganz besondere Reise!
Das besondere Reiseerlebnis mit Gebeco und TUI Cruises
Mein Schiff
Mein Schiff
Wohlfühlen
Gebeco
LÄNDER ERLEBEN
Weitere Informationen unter Tel. 0431 54460, in Ihrem Reisebüro und unter www.gebeco.de

Flottentreffen in Bremerhaven: die Phoenix-Schiffe Artania, Albatros, Amadea und Deutschland

„Wir sind eine Familie …"

Nicht börsennotiert, nicht trendorientiert, nicht totzukriegen: Kein Veranstalter hat so treue Fans wie Phoenix Reisen in Bonn. Warum?

1973 gegründet – und so frisch und unkonventionell wie am ersten Tag: Wer Phoenix Reisen in Bonn besucht, erlebt eine Firma, die sich um vermeintliche Trends wenig schert – und statt dessen einfach nur eines im Blick hat: das Beste für den Kunden. Firmengründer Johannes Zurnieden und Geschäftsführer Benjamin Krumpen erläutern im Gespräch mit dem Kreuzfahrt Guide, wie das Wunder Phoenix funktioniert.

Herr Zurnieden, wie arbeitet Phoenix?

JZ Wir haben zurzeit vier Hochseeschiffe im Programm und etwa 40 Flussschiffe. Aber ganz wichtig ist uns: Wir sind Reiseveranstalter, nicht Reeder. Wir chartern von Reedereien oder Ship-Companies. Und schauen da auf die Eigentümerstruktur, weil wir ein langfristiges Produkt haben wollen, das wir zu hundert Prozent kontrollieren können. Wir finanzieren die Schiffe auch und planen sie mit.

Und wenn ein Schiff in die Werft geht?

JZ Dann nehmen wir schon mal richtig Geld in die Hand. 46 Millionen zuletzt bei der Artania. Trotzdem wollen wir nicht als Eigner auftreten, das Image brauchen wir nicht. Wir wollen nur ein gutes Produkt verkaufen. Und wenn der Kunde etwas will, was wir für Unsinn halten, bieten wir es ihm nicht an. Das sollen andere tun.

Haben Sie ein Beispiel?

JZ Die Wasserrutsche und die Gocart-Bahn.

Auch wenn Umfragen sagen …

JZ Mit wem macht man denn die Umfragen? Das sind ja nicht immer die, die dann auch mitfahren. Ich muss auf eine Zielgruppe hinaus. Die muss ich kennen und wissen, was sie will. Unsere will Seereisen mit schönen Zielen, auf einem schönen Schiff. Mit einer Wasserrutsche mache ich diese Atmosphäre kaputt.

Gibt es ein Comeback der kleinen Schiffe?

JZ Es gibt zwei verschiedene Zielgruppen. Die eine will Schiffe, die immer größer werden, mit immer mehr Unterhaltung, mit Riesenrad oder sowas. Andere wollen genau das nicht. Außer-

FOTOS: J. Bohmann (1), Phoenix Reisen (1)

Der Gründer und sein Nachfolger: Zurnieden (r.) und Krumpen im Garten ihrer Firma

dem: Wenn man große Fitness-Areale auf ein Schiff baut, kostet das pro Gast 20 Euro mehr am Tag. Das möchte unser Publikum nicht.

Sie formulieren da aber auch vor ...

JZ Der Kunde bezahlt, dafür benehmen wir uns vernünftig. Auch, indem wir gemeinsam mit ihm entscheiden – aber eben mit den Kunden, die wir auf Dauer auch haben wollen.

Sie sind sehr nah dran an Ihren Kunden.

BK Das hoffen wir. Bei uns ist der Kunde nicht König, aber wir achten ihn als Partner und als Freund. Unser Gast ist der, dem die Kabine, die Bordatmosphäre gefällt, der mit dem Personal zufrieden ist und nicht nach kleinen Mängeln sucht, die alte Schiffe ja haben.

Wie halten Sie die alten Schiffe jung?

BK Man muss sich was Neues einfallen lassen. Nehmen wir die Amadea. Da haben wir die starren Essenszeiten mit festen Plätzen aufgegeben und freie Platzwahl eingeführt. Das kam prima an. Ich bin überzeugt davon, dass die Amadea heute nicht so erfolgreich wäre, wenn wir uns zu diesem Schritt nicht entschieden hätten.

Welches ist das erfolgreichste Schiff?

JZ Naja, was ist erfolgreicher als voll? Unsere Schiffe sind ausgebucht.

Wie hoch ist Ihre Repeater-Quote?

BK So um die 60 bis 70 Prozent.

Haben Sie einen Club?

BK Bewusst nicht. Für uns ist jeder Kunde vom ersten Tag an VIP, ob Wiederholer oder Newcomer. Bei uns werden die Gäste mit Namen begrüßt und auch noch auf die Kabine begleitet, das gibt's auf großen Schiffen nicht mehr.

Wie schaffen Sie Ihre günstigen Preise?

JZ Erstens: Wir machen keine Werbung. Jeder Euro wird bei uns ins Produkt investiert. Der Kunde soll einen super Standard geboten bekommen. Und zweitens: Wir sind selber mit normalen Verhältnissen zufrieden. Mein Mercedes ist 20 Jahre alt – und fährt wunderbar.

Das spricht für eine solide Firmenkultur ...

JZ Wir sind ein zuverlässiger Partner, wir zahlen Rechnungen sofort, und wir gehen durch dick und dünn mit unseren Partnern. Das gibt uns auch Vorteile in der Einkaufssituation. Alles was wir tun, machen wir nicht für eine Quartalsbilanz, sondern für die Dauer. Deshalb bezahlen wir auch unsere Leute deutlich besser als der Rest der Welt. Die machen eine super Arbeit, also kriegen sie das entsprechende Geld dafür. Den Top-Leuten zahlen wir aber weniger als die Konkurrenz. Wir sind vom Klima her eine Familie, an Bord der Schiffe genauso wie hier in Bonn. Deshalb brauchen wir hier auch keine schriftlichen Arbeitsverträge. ►

Gemeinsam stark: vier Phoenix-Kapitäne und Schiffsreisendirektor Michael Schulze (Mitte)

Sie wollen damit jetzt nicht sagen ...

JZ Doch. Von den rund hundert Kollegen hier im Haus hat keiner einen schriftlichen Arbeitsvertrag. Natürlich könnte jeder ihn einfordern, das ist sein gutes Recht. Aber wir brauchen das nicht. Wir gucken uns die Leute in den Bewerbungsgesprächen gut an und laden sie ein, erst mal ein paar Tage bei uns zu arbeiten, damit sie ein Gefühl dafür bekommen, ob es passt. In der Woche, die sie bei uns verbringen, erfährt man viel voneinander. Wir nennen das auch nicht Probezeit, sondern Schnupperwoche.

Und wenn man dann dabei ist ...

JZ ... hat jeder das Gefühl, er arbeitet für sich und nicht für den Benjamin oder mich. Oder für die Gesamtheit, für das Produkt. Das letzte sozialistische Unternehmen ... *(lacht)*

Kommen wir zu einer bekannten Stärke von Phoenix Reisen: den Routen.

BK Die wir ständig erneuern. Jedes Jahr haben wir 20 Häfen, die wir noch nie angefahren haben.

Bucht Ihr Gast die Route oder das Schiff?

BK Unterschiedlich. Die einen wollen unbedingt mit uns fahren, weil es so familiär ist. Die anderen haben eine Präferenz für ein bestimmtes Schiff. Oder für eine Destination – wie die Britischen Inseln zum Beispiel, die gerade super laufen. Warum? Das wissen wir gar nicht. Statistiken spielen jedenfalls keine Rolle, sonst müssten wir ins Mittelmeer, weil das Gros der Gäste angeblich dorthin will. Machen wir aber nicht. Wir sind im Sommer nie dort.

Sie fahren auch auf allen Flüssen der Welt.

JZ Ja, außer auf dem Mississippi, weil der langweilig und zu teuer ist. Aber im Ernst: Wir haben so viel im Programm, weil wir Stammkunden auch Neues bieten wollen. Mit einem 20-Betten-Schiff auf dem Ganges wird man nicht reich, aber die Kunden fühlen sich wohl. Auch, weil unser Reiseleiter immer dabei ist.

Letzte Frage: Wie geht's den TV-Schiffen?

BK Dem aktuellen, der Amadea, prächtig – und dem gewesenen, der Deutschland, auch. Aber vergessen Sie nicht „Verrückt nach Meer" mit der Albatros! Auf der Homepage des Senders – des BR übrigens und nicht des NDR – ist das die meistbesuchte Seite. Dass die sich für uns und die Albatros entschieden haben, lag daran, dass wir ehrlich mit ihnen waren.

BK Und wenn ein Wasserrohrbruch war, wurde das auch gefilmt, die konnten überall mit dabei sein. So was funktioniert nur, wenn es authentisch ist. Wir haben uns da nie eingemischt. Nur als es einmal hieß, die Albatros sei ein Drei-Sterne-Schiff, da haben wir gesagt: Entweder dreieinhalb Sterne– oder weglassen. **JB**

Jeden Tag in einer neuen Traumstadt aufwachen.
MIT SICHERHEIT A-ROSA: STÄDTE- UND NATURREISEN 2017
Das Schiff legt an, Sie öffnen die Augen und blicken aus Ihrer großzügigen Außenkabine auf Amsterdam, Paris, Wien oder Budapest. Unsere moderne A-ROSA Flotte bringt Sie entspannt und sicher in die schönsten Metropolen Europas. Ob Sie Ihre Traumstadt auf eigene Faust oder bei einem unserer Ausflüge entdecken, ob Sie die Sehenswürdigkeiten besuchen oder lieber shoppen – A-ROSA ist die neue, individuelle und komfortable Art, Städtereisen zu erleben.
Buchen Sie jetzt in Ihrem Reisebüro oder bei A-ROSA unter 0381-202 6014 oder auf www.a-rosa.de/2017
A-ROSA Flussschiff GmbH, Loggerweg 5, D-18055 Rostock
NEU: SEINE UND PARIS.
aROSA
Schöne Zeit
Premium alles inklusive
KREUZFAHRTEN 2017
PREMIUM ALLES INKLUSIVE.
Gourmet-Buffets & Live-Cooking
Ganztags hochwertige Getränke
Großzügiger Wellness-Bereich mit Sauna und Fitness
Kinder bis 15 Jahre reisen kostenfrei
Weitere Vorteile wie kostenfreies W-LAN
Jetzt Katalog anfordern und Traumurlaub finden.
aROSA
Schöne Zeit

Kreuzfahrt ins Grüne

Abenteuer Amazonas: 4.175 Kilometer auf dem größten Strom der Erde – mit einem Schiff, das sonst die Meere befährt

VON JOCHEN MÜSSIG (TEXT & FOTOS)

Jedes Jahr ein Höhepunkt im Programm der Hanseatic: das große weiße Schiff im dichten grünen Dschungel

Ein großes Erlebnis: die täglichen Erkundungsfahrten im Zodiac

Der heißt Morpho", sagt Moacir und deutet auf einen handflächengroßen türkisblauen Schmetterling, der sich auf einem quietschgrünen Blatt niedergelassen hat. „Sex, Drugs und Rock 'n' Roll, das ist sein Leben. Sein nur 18 Tage kurzes Leben. Aber in dieser Zeit trinkt er 50 Mal so viel Alkohol – von abgefallenen, gärenden Beeren –, wie er eigentlich vertragen würde. Also tanzt er entsprechend froh gelaunt durch die Lüfte, bis er ein Weibchen findet, das mit ihm 48 Stunden Liebe macht. Ohne Unterbrechung ..."

Moacir, genannt Mo, ist am Amazonas aufgewachsen. Er ist einer der begleitenden Lektoren der Hanseatic-Cruise. Und er ist der Beste von ihnen. Denn er bringt seinen Gästen den größten Regenwald der Welt nahe. „Wie eine Apotheke" sei der, „aus der man sich gegen jedes denkbare Zipperlein bedienen kann". Er zeigt uns bunte Vögel, winzige Frösche, scheue Affen oder schlafende Faultiere, die wir ohne seinen Hinweis einfach übersehen hätten. Aber mal eine Anakonda aus ihrem Versteck holen? Das macht Mo nicht: „Der Amazonas ist kein Zoo, wo man Nahaufnahmen machen kann. Wir sehen die Tiere, wie sie wirklich leben. Wir füttern nicht an und locken kein Tier aus seinem Versteck."

Obgleich die Szenerie häufig ähnlich ist, gibt es jeden Tag neue Stimmungen zu erleben: andere Wolkenbilder und Flussfarben, eine Vegetation mit gefühlt tausend Grüntönen. Durch diesen Dschungel schippert die Hanseatic, weiß, groß, stolz – und doch so winzig auf dem riesigen Amazonas, ►

um den sich der größte Regenwald der Erde ausbreitet. Der Amazonas ist auch der größte Fluss der Welt – ein Strom, der 20 Prozent allen Süßwassers mit sich führt, der mit seinen Quellflüssen 7.250 Kilometer lang ist, der über eine Mündung von 80 Kilometern Breite verfügt ... Die Rekordliste könnte man beinahe beliebig verlängern. Etwa mit seinen 105 Metern Tiefe, die bei Hochwasser auch schon mal 120 Meter erreichen kann: „Das ist tiefer als unsere Nordsee", betont Kapitän Carsten Gerke bei seiner Durchsage, als die Stelle bei Furo dos Botos passiert wird.

Das Thermometer zeigt um die 30 Grad, das Flusswasser ist handwarm, bräunlich und weich, als sei es ein Darjeeling, First Flush. Der weiße Sand am Flussstrand lädt ein wie in der Karibik. Wenn da nicht ein klitzekleines Problemchen wäre, das aus der Familie der Sägesalmler kommt. Etwa 15 bis 20 Zentimeter große räuberische Schwarmfische mit sehr scharfen Zähnen. Ihr Name: Piranhas!

Schwimmen mit Piranhas also! Sie sind zu Millionen in den Amazonas-Gewässern zu Hause. „Wenn man nicht irgendwo am Körper blutet, lassen einen die Piranhas in Ruhe", sagt Mo. „Die Gruselgeschichten, dass man in Piranha-Gewässern nicht mal ungeschoren einen Finger ins Wasser halten kann, sind Blödsinn!" Wieso könnten sonst die Kinder der Flussanwohner überall mit viel Spaß und Geschrei im braunen Amazonas baden?

Trotzdem: Jeder tastet sich so vorsichtig in das warme Wasser, als sei es 15 Grad kalt – langsam, Zentimeter für Zentimeter, mit mulmigem Gefühl. Dann krault der Erste der Gruppe schnell ein paar Meter, der Zweite folgt, die Erste, Schwimmnudeln fliegen vom Boot ins Wasser. Piranhas? Angst? Ach was!

Anderntags wird klar, dass auch im Regenwald Darwin gilt: Groß frisst Klein! Mit einfacher Angelschnur, Haken und kleinen Fleischködern holen Passagiere einen Piranha nach dem anderen aus dem Wasser. Die Kerle

Piranhas, Affen, Kaimanen, aber auch Schmetterlingen und Faultieren begegnen wir am Fluss. In Panelas haben Boote an der Hanseatic festgemacht: Gleich geht der Tauschhandel los

reagieren auf das rohe Fleisch wie Vampire auf Blut und beißen kräftig in den verborgenen Angelhaken. Mo nimmt einen von der Angel und zeigt die messerscharfen kleinen Zähne. Großzügig schenken die Großen den Kleinen aber das Leben, denn Mo weiß auch: Piranhas schmecken nicht. Die Kerle sind zu grätig und zu zäh. Wie schön, dass es im Amazonas-Gebiet aber noch 2.499 weitere Fischarten gibt – und Hoteldirektorin Doris Adler an Bord mit einer Überraschung aufwartet.

Im Gebiet von Tres Bocas, den „drei Mündungen", wo der Amazonas 27 Kilometer breit ist und rund 400 Inseln umspült, wird mittags groß aufgetischt. Es gibt „pira" (Fisch) „rucú" (rot): Der Pirarucú ist einer der größten Süßwasserfische der Erde, bis zu drei Meter lang und bis 200 Kilo schwer. Die Köche haben ihre liebe Mühe, den Brocken aufs Bridge Deck zu bekommen, wo er vor aller Augen filetiert wird. Der Pirarucú mutet an wie ein Urzeitgeschöpf – und schmeckt wie Wels.

Auch ein Stück Menschheitsgeschichte erleben die Kreuzfahrer: Tauschhandel ohne Sprache. In Panelas haben etwa ein Dutzend schmale Boote am Heck der Hanseatic festgemacht. Und bald wechselt ein Strunk Bananen gegen einen im Dschungel sehr kostbaren Eimer. Ein noch lebendes Huhn bringt den Gegenwert von zwei Kissen und einem Kanister. Der Hals ist schnell rumgedreht, das Vieh flugs gerupft und ausgenommen. Auch Hoteldirektorin Doris Adler ist zum Tauschen gekommen: Alte T-Shirts bringen ihr Kunsthandwerk und handgemachten Schmuck. Aber die mehrheitlich philippinische Besatzung verschenkt vom Unterdeck aus auch vieles: Brötchen vom Vortag, Kekse und alte Zeitschriften. Die sind bei den jungen Mädchen in den Booten besonders begehrt: Sofort schauen sie nach Modebildern und Geruchsproben der Parfüm-Werbekunden.

Eine Kreuzfahrt, die ist lustig. Und diese ist noch luxuriös und lang dazu. Genau ►

Das Personal ist ein Trumpf auf der Hanseatic: Kapitän Carsten Gerke, die Köche mit einem mächtigen Pirarucú und Moacir, genannt Mo, der den Gästen seinen Amazonas näherbringt

172 Stunden Fahrzeit braucht die Hanseatic für ihre 4.175 Amazonas-Kilometer. Das weltweit einzige Expeditionsschiff, das mit fünf Sternen ausgezeichnet ist, bietet allen Komfort in dieser immer noch großflächig unerschlossenen Region, in der die meisten Siedlungen nur auf Wasserstraßen und in seltenen Fällen auch aus der Luft erreicht werden können.

In den 16 Tagen dieser Reise besuchen wir indigene Stämme wie die Bora oder Huitoto, staunen über das legendäre Opernhaus von Manaus, erleben mit der „Boi Bumba Show" Brasiliens nach dem Karneval zweitgrößtes Fest, halten bei der Nachtexkursion plötzlich einen kleinen Kaiman in den Händen, den einer der Guides aus dem Fluss ins Zodiac geholt hat. Und im Dreiländereck des Amazonas kommt es zu einer kuriosen Konstellation: In Kolumbien liegt das Schiff auf Reede, in Peru landen wir mit den Zodiacs an – und machen mal kurz einen Spaziergang hinüber nach Brasilien ... Amazonas ahoi! ■

EXPEDITION AMAZONAS

Die **Hanseatic** fährt einmal jedes Jahr auf dem Amazonas, von Iquitos in Peru (das sonst nur aus der Luft oder nach fünftägiger Bootsfahrt zu erreichen ist) bis Belém in Brasilien oder umgekehrt. Im April/Mai 2017 bietet die Hanseatic diese Reise wieder an, wie auch ihre kleinere Hapag-Lloyd-Schwester **Bremen.** Die **Hamburg** von Plantours folgt auf derselben Strecke im Januar 2018, Bremen und Hanseatic wieder im April 2018. Kürzere Routen auf kleineren Schiffen kann man auch bei lokalen Anbietern buchen. Empfohlen sei die sehr schöne **Delfin II** von Delfin Amazon Cruises (www.delfinamazoncruises.com). Die beste Reisezeit ist von November bis Mai; von Juni bis Oktober ist Niedrigwasser.

Ticket to Haven

Geht Luxus auf einem Schiff mit über 4.000 Passagieren? Auf der Norwegian Getaway und anderen NCL-Schiffen gibt es dafür einen Extra-Bereich. „The Haven" heißt die Edel-Enklave.

VON UWE BAHN (TEXT & FOTOS)

„Samantha!" Die Mom schreit mit tiefstem amerikanischen Akzent ihre Panik über das Pooldeck. „Samantha" steht mit 500 anderen Kindern in 15 Meter Höhe vor einer der riesigen Rutschröhren, in die auch sie gleich quietschend und kreischend in die Tiefe schießen wird. Einige Sonnenliegen weiter vorn setzen die Erwachsenen ihre Budweiser-Biere an, stellen sie geleert auf dem Beckenrand des Pools ab und grölen als vereinte Nation „You're the One That I Want". Das wummert gerade aus den Riesenboxen von der Bühne, auf der ein DJ dazu alle 30 Sekunden eine Pressluftsirene trötet. Reichlich Dezibel an Deck. Der Lärmpegel der Kids an der Rutsche im großen Aqua-Erlebnispark wird locker von ihren Erziehungsberechtigten übertönt.

Deck 15 auf der Norwegian Getaway: Das ist Kreuzfahrt-Kirmes in ihrer reinsten Form. Und dann ist genau auf diesem Deck, im vorderen Treppenhaus auf der Backbordseite eine Tür. „The Haven" steht darauf in stilvoller, moderner Schrift. Und darunter: „Key Card Access only". Wer seine Bordkarte in diesen Schlitz schiebt, der hat Zugang zu einer anderen Welt. Wenn er denn bei Norwegian Cruise Line eine Suite gebucht hat. Nach ein paar Gangmetern führt eine Treppe ein Deck höher, die „Stairway to Haven". Ein Concierge, der jedes Grandhotel schmücken würde, empfängt den Gast persönlich. Sein Name: John D'Souza, ein Inder. Und Grandhotel ist die richtige Fährte, denn John hat im Taj Mahal gelernt, einem Fünf-Sterne-Tempel in Bombay, sei- ►

Das Tor zum Haven ... Dahinter: privates Sonnendeck und Champagner in der Suite

ner Geburtsstadt. Seit 2001 ist er bei der Norwegian Cruise Line, hat dort als Butler begonnen und sich im wahrsten Sinne des Wortes hochgedient. Nun ist er „Head of Haven" und managt diese Woche den Wohlstand für die 240 privilegierten Passagiere.

The Haven, das ist ein Schiff im Schiff. Dazu gehört der eigene Poolbereich mit chilligen Sesseln, Relaxbecken, zwei Whirlpools und Liegen im Rattan-Look, die mit frischem Frottee überzogen sind. Eine weitere Treppe höher wartet das Haven-Sonnendeck mit Kuschelmuscheln und weiteren Sonnenliegen, die niemand mit Handtüchern, Sonnencreme und halb aufgeschlagener britischer Belletristik besetzen muss. Es ist genug Platz für alle da. The Haven, das ist keine Europa 2, aber eben auch nicht die Norwegian Getaway, wie sie 95 Prozent der „normalen" Passagiere auf dieser Reise erleben.

Dieser „sichere Hafen", wie man „The Haven" übersetzen könnte, und auch der restliche Rumpf sind bei der Meyer Werft in Papenburg gebaut worden. Concierge John war dabei, ist bei der Überführung 2014 die Ems hinuntergefahren.

Und nun kreuzt die Norwegian Getaway eine Woche von Miami nach Great Stirrup Cay, Ocho Rios auf Jamaika, Grand Cayman,

So erleben die „normalen" Passagiere diese Reise: Trubel auf dem Pooldeck mit seinen gigantischen Wasserrutschen – und beim Landausflug (o. r.) schon mal lange Schlangen

Cozumel und zurück. Grand Cayman ist dabei das Nadelöhr für die Norwegians, denn die Getaway liegt hier auf Reede. Das heißt: 4.500 Passagiere müssen an Land getendert werden – und jeder von ihnen muss vorab sein Tenderboot-Ticket buchen. Alphabetisch werden die Gruppen nacheinander aufgerufen, eine Prozedur, die ein wenig an den Ablauf einer deutschen Kfz-Zulassungsstelle erinnert.

Wird sich ein exklusiver Haven-Gast in diese Warteschleife einordnen? Er braucht es nicht. „Priority Disembarkation" heißt die Lösung. Die Landgänger versammeln sich vor Johns Desk, der übergibt die Gruppe einem Butler-Kollegen, der dann mit ihnen hinter der Tür des Crew-Bereichs verschwindet und in einen Fahrstuhl steigt. Nach zwölf Decks Fahrt und einer weiteren Tür wünscht er: „Have a good day." Die Haven Gruppe steht direkt am Check-out-Counter, hat ganz dezent die lange Schlange der Gruppen D und E überholt und mischt sich nun unter die Innen-, Außen- und Balkonkabinen. Auf einem Schiff wie der Norwegian Getaway ist der „Ätsch-Faktor" viel höher als zum Beispiel auf einer Europa, auf der die Passagiere durchweg privilegiert sind.

Im Margaritaville vermischt sich das Klientel dann gänzlich. Die karibische Kneipenkette von Jimmy Buffet ist überall dort platziert, wo Kreuzfahrttouristen an Land gehen, ob in Grand Cayman oder in Ocho Rios auf Jamaika. Fast ein Stück Vertrautheit und vor allem: free Wi-Fi. Auch die Haven-Gäste checken hier per Smartphone ihre E-Mails, obwohl sie an Bord 250 Minuten Online-Guthaben pro Kabine gratis haben. Die sind schnell verbraucht, denn manch einer betreibt im Haven auch weiter sein Business.

Und irgendjemand wird auch auf Grand Cayman seinen Briefkasten ausgeleert haben. Dort haben sich bei der Rückkehr in der prallen Sonne lange Schlangen gebildet. Ein Crew-Mitglied mit Sonnenschirm geleitet uns an ►

Höhepunkte an Land sind die spektakulären Dunn's River Falls auf Jamaika (u. r.) und die Craftbeer-Bar La Internacional Cerveceria auf Cozumel. Oben: das Schiff vor Grand Cayman

ihnen vorbei an Bord. Ein schmaler Grat. „Wir organisieren auch private Landausflüge", erzählt Concierge John. Aber die Mehrheit seiner Gäste bucht sich in das reguläre Ausflugsprogramm der Norwegian Getaway ein, darunter als Highlight die Exkursion zu Dunn's River Falls, den spektakulären Wasserfällen auf Jamaika.

Schwer wird es auf Cozumel, die Individualität zu bewahren. Auch für Haven-Gäste gibt es auf der mexikanischen Insel kein Entrinnen im Wildwuchs der Souvenirläden rund um das Kreuzfahrtterminal. Doch dann entdecken wir den „Hauch von Haven": die kleine Craftbeer-Bar „La Internacional Cerveceria". Hier schenkt der Mexikaner Juan nicht nur Corona, sondern edelste Biere aus 33 Ländern aus. Auch einem Haven-Gast, der per App seiner „Beer Community" freudig postet, wo er gerade prostet.

Weniger Biere, aber eine bemerkenswert große kulinarische Vielfalt bietet die Norwegian Getaway. Haven-Gäste können grundsätzlich in ihrem eigenen Restaurant speisen. Wird die Karte nach ein paar Tagen zu vertraut, liegen die Alternativen im „anderen Schiff" an Bord. Vom Erlebnis-Japaner Teppanyaki bis zum Edel-Franzosen Le Bistro. Alles mit Aufpreis – so ist das mittlerweile bei fast allen Kreuzfahrtschiffen in den Spezialitätenrestaurants.

Nach einer Woche The Haven ist das Fazit klar: Luxus auf einem großen Schiff funktioniert tatsächlich, ist sogar noch deutlicher spürbar wegen des Kontrasts zum „Nicht-Luxus". Auf den Punkt bringt es der erste Satz des Infoblatts für die Abreise, das Concierge John freundlich an seinem Desk überreicht: „Now you're preparing to return to the real world." Aber das Comeback in die „andere Welt" ist einfach: 2017 wird The Haven mit Concierge John in der Ostsee sein. Dann startet die Norwegian Getaway ab Warnemünde zu den Metropolen des Baltikums. ■

Willkommen an Bord!
PHOENIX REISEN GMBH BONN
Der Katalog "Seereisen 2018" erscheint Mitte Dezember 2016.
SEEREISEN 2017
Winter 2016 bis Frühjahr 2018
Amadea • Artania • Albatros • Deutschland
Neu bei Phoenix!
Jetzt Ihre Wunschkabine buchen.
Quality Group
PHOENIX REISEN GMBH BONN
Seit über 40 Jahren –
Urlaub mit Phoenix Reisen
In Ihrem Reisebüro finden Sie noch weitere Kataloge für Ihren Urlaub mit Phoenix Reisen!
FLUSS & KÜSTEN 2017
Willkommen an Bord – Willkommen zu Hause!
ORIENT 2017
KULTUR & BADEN
STRAND
WINTER 2016/2017
Internet: www.PhoenixReisen.com
Tel.: (0228) 9260-200

Goldener Stern am Bug: Willkommen, Spitsbergen, in der Hurtigruten-Familie!

Da soll der Bus runter? Blick von der Passhöhe auf die Serpentinen der Trollstigen-Straße

Kurs Nord

Norwegens Fjorde zur Mittsommerzeit: eine Reise zum Licht mit der schönen Spitsbergen, dem neuen Schiff von Hurtigruten

VON JOHANNES BOHMANN (TEXT & FOTOS)

Hat sie wirklich „Hüttirütten" gesagt? Tatsächlich, so spricht man „Hurtigruten" offenbar aus. Womit der erste Sympathiepunkt schon gewonnen ist: Norwegisch ist eine lustige Sprache. Wir werden das im Verlauf dieser Reise noch weiter bestätigt finden: beim Frühstück, das „Frokost" heißt, bei der „Kose Stund" nachmittags in der Lounge – und beim Abendessen, das sie interessanterweise „Middag" nennen. Vielleicht ja, weil einem in dieser Jahreszeit, dem Mittsommer, das Gefühl für die Tageszeiten schon mal abhanden kommen kann.

Die „hurtige Route" also. Der Linienverkehr längs der Fjorde, von Bergen nach Kirkenes und zurück, wie er seit 1893 existiert – und eine Art norwegisches Nationalheiligtum ist. „Norwegens Reichsstraße No. 1 verläuft auf dem Wasser", steht im Reiseführer – wohl wahr. Nur die Briefbeförderung, die den „Postschiffen" immer noch angedichtet wird, gibt es seit Jahrzehnten nicht mehr. Was freilich der Beliebtheit des Hurtigruten-Poststempels nichts anhaben kann: Das Souvenir findet auch auf dieser Reise reißenden Absatz.

In Bergen hat sie begonnen, spätnachmittags, so dass noch viel Zeit blieb für das wunderbare Hanseviertel – bei strahlendem Sonnenschein sogar, was in Bergen sehr selten der Fall ist. Selten auch: dass Hurtigruten eine Jungfernfahrt anbieten kann. Diese ist eine. ►

Busfahrt zum Trollstigen, das Hanseviertel in Bergen – und ein Mitternachtsbild aus Ålesund

Die Spitsbergen, unser Schiff, ist der erste Neuzugang zur Flotte seit 2007. Ein Umbau eigentlich, kein Neubau: Für den Fährverkehr zwischen den Azoren war sie ursprünglich gedacht (S. 212). Doch jetzt trägt sie den goldenen Hurtigruten-Stern an der Brust. Und alle sind mächtig stolz darauf.

Die allererste Reise, noch vor der Taufe: Bis zur letzten Minute wird noch gewerkelt und geputzt. Mit einer Stunde Verspätung kommen wir an Bord, nach der Sicherheitseinweisung im Terminal – und drücken die Augen zu vor ein paar Kabeln, die noch aus der Wand ragen. Und vor der Tatsache, dass wir das Länderspiel am Abend nicht werden sehen können: Der TV-Empfang stottert noch. Doch der warmherzige Empfang lässt vieles vergessen: Per Handschlag begrüßen Kapitän, Hoteldirektor und Cruise Director die Gäste. Auf Deutsch, Englisch, Norwegisch, Französisch ... und auf Schwyzerdütsch: Heinz Erbacher, der CD, ist Eidgenosse. Und das Faktotum des Schiffs. „Onkel Heinz", wie er sich selbst vorstellt, wenn er das Mikro nimmt und in fünf Sprachen mitteilt, wann die Ausflüge beginnen, was draußen gerade vorbeizieht oder was es heute zum „Middag" geben wird.

Ohne Mikro kommen Ralph aus Dithmarschen und Rodolfo aus Chile aus: Die beiden bilden das Expeditions-Team, das immer oben auf Deck acht steht, wenn „Points of interest" auftauchen – und deren gibt es wahrlich viele. Im Sognefjord etwa erfahren wir, dass die Wassertiefe hier bis zu 500 Meter beträgt. Und dass, wären wir auf der Südhalbkugel, auf diesem Breitengrad Kap Hoorn in Sicht käme, garantiert bei Eiseskälte. Aber hier im Norden wärmt der Golfstrom das Land – und die Mitternachtssonne das Gemüt! Um elf am Abend ist es noch taghell, und das schwarze Wasser der Fjorde liegt da wie Samt. Dann folgt eine knappe Stunde Dämmerlicht. Die Sonne berührt den Horizont – und steigt schon wieder auf. Ein Spektakel, das schlaflos macht. Jede Nacht stehe ich an Deck bis um eins oder zwei – und immer 20, 30 Sonnenanbeter mit mir. ►

Wasserfälle im Trollfjord, ein Blick in den Bauch der Erde in Bodø – und Rodolfo, der alles erklärt

Das Staunen über die Natur – darum geht es auch auf den Ausflügen dieser Reise. Am Geirangerfjord etwa, wo uns eine atemberaubende Busfahrt erwartet: Sie führt über die „Adlerstraße" zum Trollstigen-Pass, zunächst zwischen Meeren aus Lupinen, Butterblumen, Margeriten, dann bei 800 Metern schon an der Baumgrenze zwischen urweltlichen Felsen hindurch, auf denen Schnee liegt – im Juni! Und dann die unglaubliche Abfahrt durch elf Serpentinen, mit gähnenden Abgründen, in die sich Wasserfälle stürzen, direkt vorm Busfenster. Auch den Schwindelfreien klopfen die Herzen.

Oder in Bodø: eine rasende Fahrt mit RIB-Booten zum „Saltstraumen", dem stärksten Gezeitenstrom der Welt. Wir sehen Papageitaucher, Seeadler, Delfine – und blicken in den Bauch der Erde: Die aufeinandergepressten Schichten des kaledonischen Faltengebirges sind über 250 Millionen Jahre alt. Spektakulär auch der Blick auf den Svartisen-Gletscher bei Ørnes um sechs in der Frühe: Er ist der zweitgrößte Norwegens – und tut uns den Gefallen, sich wenigstens für ein paar Minuten aus den Wolken zu schälen, die an diesem Tag, dem einzigen der Reise, die Fototapete trüben.

Denn herrliches Sommerwetter genießen wir in der Jugendstilstadt Ålesund, im 1.000-jährigen Trondheim, wo der gewaltige Nidarosdom besucht wird, in der Eismeerhauptstadt Tromsø – und auf den magisch schönen Lofoten. Von Svolvær aus, an dessen Hafen der Kabeljau auf Holzgestellen trocknet wie seit Urzeiten, fahren wir zum „Wikingermahl" mit Tanz ums Feuer und selbst gebrautem Met. Natürlich, ein Touristen-Event. Doch die Landschaft präsentiert sich wie im Märchen: blühende Almen mit versteckten Höfen und grasenden Kühen, gerahmt von bizarr aufragenden, bis zu 1.000 Meter hohen Bergen.

Längst haben wir dort den Nordpolarkreis passiert – und die von „Onkel Heinz" fünfsprachig zelebrierte Neptunstaufe hinter uns. Mitsamt überm Kopf ausgeschüttetem Eiswürfeleimer – und vom Kapitän signiertem „Polarsirkel Sertifikat" im Gepäck. ■

Palmen und Pazifik: perfekte
Kulisse für die Variety Voyager

Panamahüte, das berühmte Markenzeichen des Landes, werden original in Ecuador produziert

Think small!

Mit der Variety Voyager längs der Küsten von Panama und Costa Rica – fernab der gängigen Routen und im kleinsten Kreis: Auf die griechische Yacht passen maximal 72 Passagiere

VON UWE BAHN (TEXT & FOTOS)

Hier soll die Kreuzfahrt wirklich beginnen? Shelter Bay heißt der abgelegene Ort in der Pampa von Panama, ganz im Norden am Golf von Mexiko, zwei Taxistunden von Panama City entfernt. Der Fahrer sichtet die Segel- und Motorboote und runzelt die Stirn. Doch dann zeigt er erleichtert auf das größte Schiff im Hafen: „Variety Voyager!" Da liegt sie tatsächlich zwischen den ganzen Privatyachten. Eigentlich unübersehbar. Sie ist hier sowas wie die Queen Mary 2, die Grande Dame. Mit den beachtlichen Maßen 72/36/28. Das sind in dieser Marina Bestwerte: 72 Passagiere, 36 Kabinen und 28 Crewmitglieder.

Drei von ihnen stehen auf dem schmalen Steg und reichen den „Welcome-Wermut" – Einstimmung auf eine Woche Panama und Costa Rica. Die Koffer brauchen auf die Kabine keine drei Stunden, sondern drei Minuten. Und in zwanzig Minuten ist das Schiff erkundet. Auf dem Hauptdeck ist die Lounge mit Zugang zur Zodiac-Plattform, darüber, auf dem Horizon Deck, das Restaurant mit seinen Außenplätzen und noch ein Deck höher die Freiluftlounge mit Bar und Zugang zum Sonnendeck. Einen Pool hat das Schiff nicht. Der Pool ist das Meer.

Am Abend verlässt die Variety Voyager die Shelter Bay Marina. Und ihre Bestwerte sind schon bald Bonsai: Wir nehmen Kurs auf die wohl berühmteste künstliche Wasserstraße der Welt – den Panama-Kanal! Vor der Gatun-Schleuse reihen wir uns ein in die Cargoships, zwischen denen unser Schiff wie ein besseres Lotsenboot wirkt. Kleine, aber PS-starke Loks ziehen die Frachtschiffe von beiden Seiten der Schleusenkammern voran. Dazwischen wir, quasi als Fülltonnage. Dafür bezahlt die Reederei auch nur einen Bruchteil für die Kanalpassage. Und nachts noch weniger, was allerdings das Sightseeing-Erlebnis schmälert. So verpassen wir im Schlaf den Gatun-See, den Gaillard-Durchstich und die Miraflores-Schleusen.

Und glauben am nächsten Morgen: Manhattan liegt am Pazifik – so ähnlich sieht die Silhouette von Panama City aus. Oder sind es die Oasis of the Seas, die Norwegian Escape und die Genting Dream hochkant nebeneinander? Diese Welt der „Big Ships" werden wir in den nächsten Tagen weit umfahren. „Think Small" ist das Motto. Die Variety Voyager liegt überall dort auf Reede, wo NCL & Co. niemals sein können. Zum Beispiel vor der Flamengo ►

Die Skyline von Panama City, die Crew im Hafen und Costa Ricas Traumstrand Isla Tortuga

Marina von Panama City: ein edler Yachthafen mit Blick auf die Skyline und Ausgangspunkt für die Exkursion in den kolonialen Altstadtkern „casco viejo". Hier liegen sie in jedem Schaufenster, bei jedem Straßenhändler: Panamahüte, Trademark des Landes, seit US-Präsident Roosevelt ein Exemplar 1906 beim Baubesuch des Kanals trug. Dabei kommt die Kopfbedeckung eigentlich aus Ecuador.

Am nächsten Morgen werfen wir Anker in einer ganz anderen Welt: In der San Miguel Bay nähern sich uns die Boote der Embera-Indios. Sie bringen uns durch das Mangrovendickicht und ein Labyrinth von Wasserläufen zu ihrem Stamm. Völlig fernab der Zivilisation, nackt, nur mit Naturfarben bemalt, zeigen sie ihre Begrüßungstänze. Und wir sind nicht sicher, ob es gut ist, dass ein amerikanischer Passagier den Indio-Kindern das iPad vor die Nase hält.

Wieder an Bord empfängt uns Kapitän Ilias persönlich. In Bermuda-Shorts und Polohemd. Er ist Grieche, genau wie Yiannis, der Hoteldirektor, und Michaelis, der Maître. Kein Wunder: Variety Cruises ist eine griechische Reederei. Zwölf „Small Ships" gehören zur Flotte, die Voyager ist das Flaggschiff. Während in den großen Kreuzfahrthäfen gerade Dutzende Busse mit Ausflüglern gefüllt werden, ankern wir am nächsten Morgen vor der Zauberinsel Granito de Oro. Tieftürkis das Wasser, das den weißen Strand umspült, an dem die Palmen genau da stehen, wo Palmen stehen müssen. Die Karibik könnte neidisch werden auf diese kleine Pazifikinsel. Mit den Zodiacs tendert uns die Crew ins Schnorchelparadies. „Schlauchbootkapitän" Igor hat schon so manche „wet landing" hinter sich. Individueller geht Kreuzfahrt nicht – wir haben die Insel für uns.

Panama ist weit mehr als ein Kanal und ein Hut. „A very nice place", geben selbst die inselverwöhnten Griechen zu. Auf Coiba Island bauen sie am Mittag das Beach BBQ auf. Gegrillter Fisch, Rinderfilet und der Gruß aus der Heimat: Zaziki. Längst kennt jeder ►

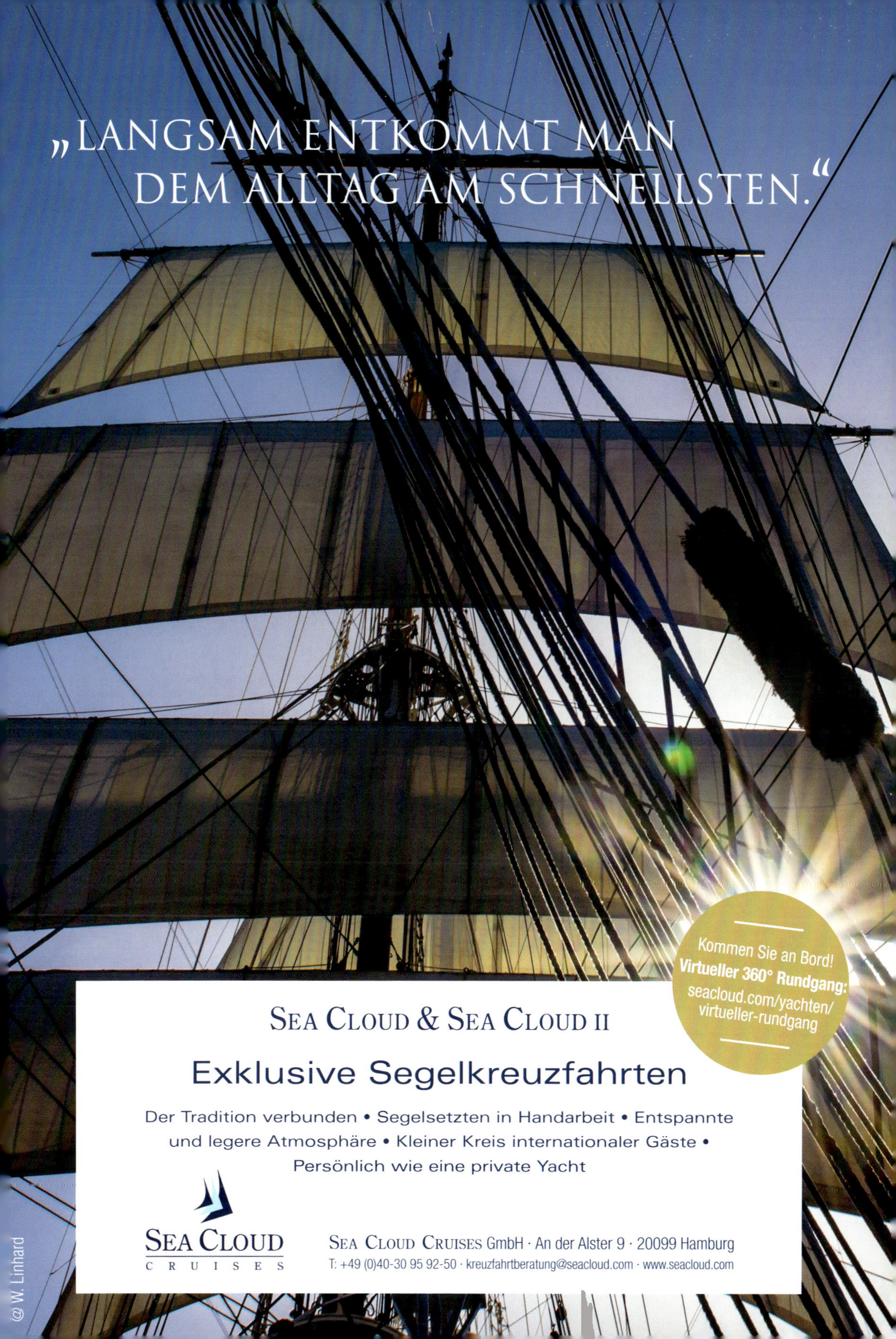
„LANGSAM ENTKOMMT MAN
DEM ALLTAG AM SCHNELLSTEN."
Kommen Sie an Bord!
Virtueller 360° Rundgang:
seacloud.com/yachten/
virtueller-rundgang
SEA CLOUD & SEA CLOUD II
Exklusive Segelkreuzfahrten
Der Tradition verbunden • Segelsetzten in Handarbeit • Entspannte
und legere Atmosphäre • Kleiner Kreis internationaler Gäste •
Persönlich wie eine private Yacht
SEA CLOUD
C R U I S E S
SEA CLOUD CRUISES GmbH · An der Alster 9 · 20099 Hamburg
T: +49 (0)40-30 95 92-50 · kreuzfahrtberatung@seacloud.com · www.seacloud.com
@ W. Linhard

Bootsfahrt zu den Embera-Indios, „Nachhilfe" aus der Zivilisation – und Romantik am Abend

jeden, familiär geht es zu an Bord. Und international: Steve und Julia aus Great Britain, die beiden „Diven" aus Italien und Jeff, der die Indios digitalisiert hat, das ist der harte Kern.

In der Nacht stellen wir die Uhr eine Stunde zurück: Die Pazifikküste von Costa Rica ist erreicht. Mehrere Jahrzehnte zurück scheint der Hafen Puerto Jimenez, dessen staubige Straßen nicht unbedingt vom Touristenboom des Landes zeugen. Das sieht am nächsten Tag im Manuel Antonio Nationalpark schon etwas anders aus. Hier sind über hundert freilebende Säugetiere zu beobachten, vom Weißrüsselnasenbär bis zum Schwarzleguan. Wir sehen kein einziges. Bis auf ein paar Kapuzineräffchen, die am Strand professionell fürs Foto posen. Und die erhofften Schlangen entdecken wir nur vor den Kassenhäuschen. Aber Costa Rica schenkt uns Bilderbuch-Sunsets: Jeden Abend taucht der Feuerball in den Pazifik.

Der letzte Morgen, der letzte Stopp. Isla Tortuga hat einen der schönsten Strände Costa Ricas. Das haben nicht nur wir im Reiseführer gelesen: Die kleine Insel füllt sich mit Ausflugsbooten aus Puntarenas, Costa Ricas wichtigstem Pazifikhafen – und dem Ort, an dem diese Kreuzfahrt endet. Puntarenas muss die höchste Pelikan-Population der Welt haben. Tausende sitzen an der Anlegestelle und beobachten, wie der Kapitän die Variety Voyager festmacht. Wir sind das einzige Schiff. Wie jeden Tag. „Think small" – auch das kann Kreuzfahrt sein. Vermisst haben wir die 3.000 Mitreisenden von den „Big Ships" nicht wirklich. ■

INFO & BUCHUNG

Die **Variety Voyager** kann in Deutschland gebucht werden über **SeaTravel** in Hamburg, Tel. (040) 37 41 23 55, E-Mail: reservierung@seatravel.de, www.seatravel.de.

2017 stehen vor allem einwöchige Törns rund um Kuba im Programm, mit Start in Havanna oder Cienfuegos.

Kreuzfahrten clever online buchen bei e-hoi

Nur bei e-hoi: Beste Preise und exklusive Angebote

Wer clever ist, bucht Kreuzfahrten bei e-hoi! Wir bieten Ihnen exklusive Vorteile sowie die garantiert besten Preise – viele unserer Angebote können Sie nur bei e-hoi buchen! Mit unseren Marken präsentieren wir passende Kreuzfahrten für jeden Reisetyp: **e-hoi hin & weg** für weltweite Kreuzfahrtpakete mit zahlreichen Inklusivleistungen, **e-hoi black** für ausgewählte Luxusreedereien und die Marke **e-hoi fly & cruise** für Kreuzfahrten inklusive Flug zum Vorteilspreis!

e-hoi hin & weg

e-hoi black

e-hoi fly & cruise

Mehr Informationen: **www.e-hoi.de**
oder persönlich unter **069-20 456 700**

Die Norwegian Sky vor Miamis Skyline – und Impressionen bei der Miami Culinary Tour

Florida für Cruiser

Sie planen eine Kreuzfahrt ab Miami, der Welthauptstadt der Kreuzfahrt? Dann sollten Sie, bei zehn Stunden Flug, einen Florida-Urlaub zusätzlich buchen. Hier ist das perfekte Pre- bzw. After-Cruise-Wochenprogramm

VON UWE BAHN (TEXT & FOTOS)

Florida-Feeling vom Feinsten: Sundowner am Pool des Hotels Mondrian South Beach

Letztlich müssen Sie entscheiden: Wollen Sie Florida mit oder ohne Jetlag erleben? Also zuerst der Sunshine State, dann die Cruise – oder umgekehrt? Everglades, Disneyworld, Cape Canaveral: Für das volle Florida-Programm bräuchten Sie einen Monat – für eine Woche sollten Sie sich auf Miami Beach und die Keys konzentrieren. Unsere Tipps dazu:

1. Tag: Wenn es das Budget zulässt: Mieten Sie für die Woche ein Cabrio („Convertible") – das ist das perfekte Florida-Feeling. Möglichst mit Navi, sonst stresst Sie gleich das Straßen-Strickmuster von Miami. Die Auswahl an Hotels dort ist immens. Wir haben uns für das „Grand Beach Hotel" in Surfside entschieden, im Norden von **Miami Beach**. Direkt mit Strandzugang und einer wunderbaren Dachterrasse mit Pool und chilligen Liegen. Je nach Biorhythmus können Sie sich schon am ersten Abend unter das Getümmel am **Ocean Drive** mischen. Gerade im Neonlicht wirken die bonbonfarbenen Fassaden von Gebäuden wie dem „Breakwater" besonders. Oder Sie starten mit einem entspannten Dinner fernab des Trubels. Von den neuen Restaurants hat uns das „Klima" sehr gefallen. Nach dem Starter an der Bar wird raffinierte mediterrane Küche serviert – ohne Schicki-Micki-Attitüde. Abends sollten Sie den Mietwagen stehen lassen, denn Parkraum ist in Miami Beach selten und teuer. Die Hotels und größeren Restaurants bieten „Valet Parking" an, das heißt, man kümmert sich um Ihr Auto. Für stolze 30 US-Dollar, meist mehr.

2. Tag: Erstes Ausflugsziel am nächsten Morgen ist das **Miami Seaquarium**. Gerade für Familien lohnt sich dieser Stopp in Virginia Key, südlich von Miami Beach. Es gibt Orcas, Krokodile, Haie – und auch die Manatee, Floridas Seekuh, hat ihr Becken. Und natürlich Delfine, die hier zu Fernsehstars wurden: Die Serie „Flipper" wurde im Seaquarium gedreht. In der Original-Filmkulisse finden heute die Shows statt, rundherum Tribünen für die Flipperfans. Wer am Überangebot an Restaurants in Miami Beach verzweifelt, der sollte an einem besonderen Gastro-Erlebnis teilnehmen: der **Miami Culinary Tour**: Für 59 Dollar können Sie sich drei Stunden durch den historischen Art Deco District probieren. Dabei führt ein Guide die Gruppe zu kulinarischen Highlights wie der kubanischen „Bolivar"-Lounge oder Gloria Estefans Restaurant „Larios" am Ocean Drive. Teil der Tour ist auch der „Española Way", die spanische Straße in South Beach.

3. Tag: Die **Florida Keys** sind ein einzigartiges Erlebnis. Besonders im Cabrio: Es ist eine Autofahrt hinein in die Karibik. Nehmen Sie sich Zeit für die Tour über die 42 Brücken ►

Bei „Robbie's“ am Weg nach Key West: zwei Meter lange Tarpune füttern ...

zwischen den 200 Inselchen. Rund 170 Meilen (273 Kilometer) sind es von Miami bis zum südlichsten Punkt, Key West. Ideal für die erste Übernachtung auf den Keys ist „Islamorada“. In der „Lorelei Cabana Bar & Restaurant“ wird der Sunset mit Livemusik zelebriert, ein traumhafter Ort unter Palmen, easy und entspannt. Oder auch das „Marker 88“, bei der Meile „88“. Man kann sich nach Key West eh nicht verfahren, aber diese Markierungen auf dem Overseas Highway helfen. Die Meilen beginnen bei Null in Key West und enden bei 127 in Florida City, nördlich von Key Largo auf dem Festland.

4. Tag: Wenn Sie nach Key West aufbrechen, stoppen Sie unbedingt beim Meilen-Marker 77.522 – in der Heimat von **Robbie's**. „Sportfishing“ ist die größte Freizeitbeschäftigung auf den Florida Keys, hier können Sie mit den Booten auf Angeltour hinausfahren. Aber das größte Spektakel bei Robbie's findet direkt am Bootssteg der Marina statt: Tarpune füttern. Diese riesigen Knochenfische werden über zwei Meter lang. Sobald sie die Nahrung sehen, schießen sie aus dem Wasser und fressen aus der Hand. Und wenn Sie nicht aufpassen, dann verschwindet Ihre Hand ganz im Schlund der gierigen Fische. Auf dem weiteren Weg nach Key West überqueren Sie die längste Brücke der Tour, die **Seven Miles Bridge**. Westlich davon liegt einer der wenigen Sandstrände der Keys im Bahia Honda State Park. Und dann haben Sie es bald geschafft: **Key West**, der südlichste Punkt Floridas und der USA. Wir haben eingecheckt im Chelsea House, einem historischen Hotel im viktorianischen Baustil. Hölzern, wie die ersten Häuser der Kolonien, mit Ventilatoren, die über der Veranda surren – und mit einem Schaukelstuhl, in dem auch Mark Twain sitzen könnte. Den ersten Abend sollten Sie schon mal durch die Duval Street gehen, das ist die kulturelle und kulinarische Lebensader von Key West. Dort finden Sie auch „Sloppy Joe“, die Bar, in der Hemingway seine Honorare vertrunken hat.

5. Tag: Er sieht touristisch-kitschig aus, der **Conch-Train**. Aber mit dieser „Straßen-Eisenbahn“ können Sie am bequemsten das historische Zentrum durchqueren. Dabei fahren Sie an Hot Spots wie dem Hemingway House vorbei – und am Hafen sollten Sie an der ►

MS HAMBURG –
die charmante Weltenbummlerin!
Kreuzfahrten mit Expeditionscharakter
Entdecken Sie unsere außergewöhnlichen Routen, z.B. in die Antarktis, nach Spitzbergen und Grönland, zu den Großen Seen Amerikas, rund um Kuba oder auf dem Amazonas (bis Iquitos).
PLANTOURS
Kreuzfahrten
eine Marke der plantours & Partner GmbH
Obernstraße 76 | 28195 Bremen
Tel. 04 21/17369-0 | info@plantours-partner.de
www.plantours-partner.de

Easy Living auf den Keys: Veranda des Hotels Chelsea House und die Schooner Wharf Bar

Flagler Station aussteigen. Hier in der Nähe starten die „Sunset-Sails": Sonnenuntergang mal nicht beim Mallory Square, sondern standesgemäß an Bord eines Schoners. Und danach „after sail" in einer der urigsten Kneipen von Key West, der „Schooner Wharf Bar". Vielleicht haben Sie Glück und „Redhead Express" (www.redheadexpress.com) spielt, eine großartige Familienband aus Nashville.

5. Tag: Auf dem Rückweg sollten Sie „Strecke machen" – wir empfehlen die Tour bis **Key Largo**. Dazu im Autoradio „98.7 Conch Country" – das ist Florida-Feeling pur. Die Hotels sind in Key Largo deutlich günstiger als in Key West, es gibt auch einige solide Motels.

7. Tag: Nach zwei Stunden Fahrt inklusive Rush hour sind Sie wieder in **Miami Beach**. So reizvoll das Art-Deco-Viertel und seine Hotels auch sein mögen – die spektakulärste Aussicht haben Sie auf der anderen Seite. Vom Hotel „Mondrian South Beach" blicken Sie über die Biscayne Bay bis zur Skyline von Miami Downtown. Und Sie sehen den Kreuzfahrtterminal mit einer Armada meist amerikanischer Schiffe, von der Norwegian Escape bis zur Celebrity Reflection. Der Pool des Mondrian liegt direkt am Wasser – der perfekte Platz für den letzten Sundowner.

8. Tag: Sie beginnen Ihre Kreuzfahrt. Oder Sie fliegen zurück ...

INFO & ADRESSEN

Hotels

Grand Beach Hotel, Miami Beach, 9449 Collins Ave, Surfside, www.grandbeachhotelsurfside.com
Mondrian South Beach, 1100 West Avenue Miami Beach, www.morganshotelgroup.com
Chelsea House, 709 Truman Ave, Key West, www.historickeywestinns.com

Gastronomie

Klima Restaurant & Bar, 210 23rd St, Miami Beach, www.klimamiami.com
Miami Culinary Tours, www.miamiculinarytours.com
Lorelei Cabana Bar & Restaurant, 96 Madeira Rd, Islamorada, FL 33036, www.loreleicabanabar.com
Schooner Wharf Bar, 202 William St, Key West, www.schoonerwharf.com

Weitere Florida-Infos unter: **www.visitflorida.com**

www.e-hoi.de

Kreuzfahrten clever online buchen bei e-hoi.de

Das Online-Buchungs- und Vergleichsportal für Kreuzfahrten bietet eine große Auswahl exklusiver Angebote und die garantiert besten Preise

Wer clever ist, bucht Kreuzfahrten bei e-hoi! Wir bieten Ihnen für zahlreiche Routen namhafter Reedereien exklusive Vorteile sowie die garantiert besten Preise – viele unserer Angebote und Sonderpreise können Sie nur bei e-hoi buchen! Ob moderner Megaliner oder Segelyacht – für eine schnelle und unkomplizierte Suche präsentieren wir mit unseren Marken e-hoi hin & weg, e-hoi black und e-hoi fly & cruise außerdem die passenden Kreuzfahrten für jeden Reisetyp.

Die Veranstaltermarke **e-hoi hin & weg** steht für weltweite Traumkreuzfahrten mit vielen Inklusivleistungen wie Flügen, Hotelübernachtungen, Ausflügen und Transfers. Diese cleveren Rundum-Pakete sind nur bei e-hoi buchbar und bieten deutliche Preisvorteile gegenüber der Buchung der Einzelleistungen. Wenn Sie das Extra an Komfort möchten, empfehlen wir eine e-hoi hin & weg-Reise mit dem PLUS: Dank Vor- oder Nachprogrammen, deutschsprachigem Reiseleiter an Bord und zubuchbaren deutschsprachigen Landausflügen können Sie noch intensiver in das Reiseziel eintauchen. Zusätzlich können die Reisen auf Wunsch flexibel und individuell verlängert werden.

So bietet zum Beispiel die von einem deutschsprachigen Reiseleiter begleitete e-hoi hin & weg-Reise **Indonesische Inselträume** (Reise-Nr. 51370) vom 5. bis zum 20.10.2017 ein Kreuzfahrterlebnis der ganz besonderen Art. Acht Tage auf dem luxuriösen Großsegelschiff Star Clipper inmitten paradiesischer

FOTOS: shutterstock (2), Regent Seven Seas Cruises (1), TUI Cruises (1)

Inselwelten und ein fünftägiger Badeaufenthalt an einem der schönsten Strände Balis verheißen traumhafte Urlaubsmomente. Das **PLUS an Inklusivleistungen** beinhaltet unter anderem den Flug ab/bis Deutschland mit Zug zum Flug sowie Hotelübernachtungen in einem First-Class-Hotels auf Bali. Zudem begleitet ein deutschsprachiger Reiseleiter die Traumkreuzfahrt.

Reisende mit gehobenen Ansprüchen, die Wert auf besondere Serviceleistungen und Schiffe der absoluten Luxusklasse legen, finden unter e-hoi.de/black Kreuzfahrten auf höchstem Niveau. Die Marke **e-hoi black** vereint zehn ausgewählte Luxusreedereien und bietet mit einem speziell geschulten Team eine individuelle Beratung mit festem Ansprechpartner: Sie können sich bei der Reiseplanung und -buchung von der Route und Wahl des Schiffes über komfortable Transfer-Arrangements bis zum Luxushotel vor Ort betreuen lassen. e-hoi black-Kunden erwarten außerdem Einladungen zu stilvollen Exklusiv-Veranstaltungen.

Unter der Marke **e-hoi fly & cruise** können Sie ganz bequem preisgünstige Kreuzfahrtpakete, auch im Lastminute-Bereich, buchen. Mit modernster Produktionstechnik werden von uns sekundenschnell verfügbare Restkapazitäten von rund 130 verschiedenen Fluggesellschaften ausgewählt und mit Kreuzfahrten zu einem Paket geschnürt. e-hoi Kunden profitieren so von attraktiven Preisvorteilen! ■

Eventkreuzfahrt Stars del Mar: Livekonzert und Top-Partys auf See

STARS del Mar

Zu den exklusiv bei e-hoi buchbaren Kreuzfahrten zählt seit der grandiosen Premierenfahrt von Stars del Mar auch die gleichnamige Eventreihe.

Livekonzerte und großartige Partys werden auch im Juni 2018 wieder für ein einmaliges Kreuzfahrterlebnis sorgen – diesmal an Bord der Mein Schiff 6.

Alle Informationen zu Stars del Mar finden Sie unter **www.e-hoi.de/stars-del-mar**

Porträts von A bis Z

Schiffe

Wo werden all die Schiffe gebaut? Die Meyer Werft an der Ems spielt dabei ganz vorn mit

Herrscher der Meere

Von den Weltkonzernen bis zum kleinen Spezialanbieter – auf den folgenden Seiten stellen wir Ihnen die Firmen hinter den Schiffen vor

Mehr als 30 Unternehmen sind allein auf dem deutschsprachigen Markt für Hochseekreuzfahrten unterwegs – viele davon unabhängig, die meisten jedoch unter den Fittichen eines größeren Konzerns. Umso interessanter ist es zu wissen: Wer hat eigentlich die Nase vorn? Welche Reederei ist unabhängig? Und welche gehört zu einem namhaften Verbund? Werfen wir also zunächst einen Blick auf das „große Ganze“: Nur zwei Großkonzerne teilen sich den Löwenanteil des Markts. Und zwischen Nummer drei und vier der Weltrangliste herrscht ein enges Kopf-an-Kopf-Rennen.

Die Marktführer

Der unangefochtene Gigant in Sachen Kreuzfahrt ist die **Carnival Corporation** aus Miami. Das britisch-amerikanische Unternehmen vereint mehr als 100 Schiffe. Als erster Coup gelang Carnival 1989 die Übernahme der **Holland America Line**. Neben der „Hausmarke“, der weltgrößten Reederei **Carnival Cruise Line**, zählen inzwischen zudem der italienische Big Player **Costa**, aber auch die Edelmarken **Cunard** und **Seabourn** zum Portfolio. Eine Machtübernahme durch den größten Konkurrenten, **Royal Caribbean**, konnte 2003 durch den Einkauf der damaligen Nummer drei am Markt, **Princess Cruises**, verhindert werden. Im Zuge dessen verleibte sich Carnival auch **P&O Australia** und das bekannteste deutsche Unternehmen ein: **AIDA Cruises**. Die jüngste Neugründung ist die Marke **Fathom**. Sie lädt Kreuzfahrer dazu ein, sich auf ihren Reisen sozial zu engagieren. Insgesamt stehen in der Carnival Corporation zurzeit rund 225.000 Betten zur Verfügung, weitere 18 Schiffe sind bestellt.

Gigant Nummer zwei startete Anfang der 1970er-Jahre als norwegische Gesellschaft: **Royal Caribbean Cruises**. 1988 eröffnete sie mit dem damals größten Schiff der Welt, der **Sovereign of the Seas**, die Ära des Massentourismus zur See. 1997 kaufte das inzwischen amerikanisch-norwegische Unternehmen **Celebrity Cruises**, und im Jahrzehnt darauf begann man mit Neugründungen: Mit dem spanischen Ableger **Pullmantur Cruises** (2006) und der französischen Marke **Croisières de France** besetzte Royal Caribbean weitere internationale Märkte. Zudem differenzierte sich der Konzern 2007 über die Deluxe-Marke **Azamara** weiter aus. Seit 2009 hält Royal Caribbean 50 Prozent der Anteile an **TUI Cruises**. Auf all seinen Schiffen kann Royal Caribbean Cruises (so der offizielle Name des Gesamtkonzerns) zurzeit rund 124.000 Betten anbieten (inklusive TUI Cruises). Geplant sind aktuell acht Neubauten plus drei Schiffe für TUI Cruises.

Rang drei der Kreuzfahrtgiganten sichert sich seit 2014 die **Norwegian Cruise Line** aus Miami – durch die Übernahme von **Prestige Cruises International** mit deren Marken **Oceania Cruises** und **Regent Seven Seas Cruises**. Ähnlich wie die Platzhirsche Carnival und Royal Caribbean verfügt das Unternehmen nun über ein breites Portfolio: Norwegian kreuzt im Standardsegment, Oceania ist ein Premiumprodukt und Regent die Luxusalternative. Das Konglomerat zählt derzeit rund 46.500 Betten, vier weitere Neubauten sind bestellt.

Der vierte und letzte große Player ist im Gegensatz zu den drei vorherigen nicht börsennotiert, sondern ein Familienunternehmen: **MSC Cruises** mit Sitz in Genf. Sie befindet sich im Besitz der Familie Aponte aus Neapel, die auch in der Containerschifffahrt ganz oben mitspielt. Aktuell zählt das Unternehmen zwölf Schiffe mit rund 33.000 Betten. Doch der aktuelle Investitionsplan sieht bis 2027 elf Schiffe im Wert von neun Milliarden Euro vor. Die Kapazität der Flotte wird sich also in den kommenden Jahren mehr als verdoppeln, womit MSC an die dritte Position aufrücken wird.

Die Großen im Vergleich

Carnival, Royal Caribbean, Norwegian und MSC decken gemeinsam circa 90 Prozent des weltweiten Angebots an Hotelbetten zur See ab

Alle Reedereien im Überblick

Auf den folgenden Seiten stellen wir alle wichtigen Reedereien, die 2016 im deutschsprachigen Markt zu buchen sind, in Kurzporträts vor. Mehr als 230 Schiffe werden dabei zumindest genannt. Alle, denen wir ein ausführliches Porträt widmen, sind mit einem ⚓ Anker-Symbol markiert. ►

Dauergast in Hamburg ist die AIDAprima, nur selten zu Besuch kommt dagegen Azamara

AIDA Cruises

Der deutsche Marktführer aus Rostock führte bereits 1996 mit der ersten AIDA (der heutigen **AIDAcara**) das Clubschiff-Konzept ein. Statt strenger Tischordnungen gab es Buffets an Bord, Dresscodes und Captain's Dinner wurden abgeschafft. Dafür wurden professionelles Entertainment, Sport, Wellness und gastronomische Vielfalt ins Zentrum gerückt. Bemerkenswert sind etwa das Theatrium (zuerst auf der **AIDAdiva**) oder das Brauhaus zur See, das es zuerst auf der **AIDAblu** gab. Nach langem Warten feierte Anfang 2016 mit der **AIDAprima** das erste Schiff einer neuen Generation Premiere. Es setzt neue Standards in der Umwelttechnik – und erhält mit der **AIDAperla** 2017 eine baugleiche Schwester.

Schiff	Baujahr	Passagiere*
AIDAcara	1996	1.180/1.340
AIDAvita	2002	1.266/1.528
AIDAaura	2003	1.266/1.528
AIDAdiva	2007	2.050/2.500
AIDAbella	2008	2.050/2.500
AIDAluna	2009	2.050/2.500
AIDAblu	2010	2.194/2.500
AIDAsol	2011	2.194/2.500
AIDAmar	2012	2.194/2.500
AIDAstella	2013	2.260/2.550
AIDAprima	2016	3.286/3.300
AIDAperla	2017	3.286/3.300

Azamara Club Cruises

Mit zwei kleinen, feinen Schiffen bietet die 2007 gegründete Tochterfirma von Royal Caribbean ein Premiumerlebnis mit ausgefeilten Routings und langen Hafenaufenthalten an. Die Schiffe, deren Gäste mehrheitlich aus den USA kommen, wurden erst kürzlich umfassend renoviert.

Azamara Quest	2000	694/710
Azamara Journey	2000	694/710

Carnival Cruise Line

Als das erste Carnival-Schiff, die **TSS Mardi Gras**, bei seiner Jungfernfahrt 1972 auf eine Sandbank lief, machte Firmenchef Ted Arison aus der Not eine Tugend: Um die Passagiere bei Laune zu halten, wurden sie rund um die Uhr unterhalten. Die Funship-Idee war geboren; mit ihr stieg Carnival unter Teds Sohn Micky Arison zum größten Kreuzfahrtveranstalter der Welt auf. Die Schiffe sind überwiegend ab amerikanischen Häfen im Einsatz. Sie bieten eine bunte Fantasiewelt, die „in ein Abenteuerland voller Aktivitäten entführen" soll. Dazu verlocken viele Inklusivleistungen beim Essen, ein preisgekröntes Entertainment, ein hervorragendes Kinder- und Jugendprogramm und vieles mehr. Die meisten Gäste sind US-Amerikaner; alle Menükarten und Programme sind aber auch in deutscher Sprache erhältlich. Von den aktuell 25 Schiffen sind neun älter als 14 Jahre; als erstes erhielt die **Carnival Sunshine** (ehemals **Carnival Destiny**) 2013 einen Komplettumbau. Seit 2014 ist kein Carnival-Liner mehr in europäischen Gewässern gekreuzt. Die Flotte seit 2002:

Carnival Sensation	2002	2.052/2.634
Carnival Pride	2002	2.124/2.680

* Passagierzahlen: Standard-Doppelbelegung/Maximalkapazität

Entertainment ist Trumpf auf den Carnival-Schiffen, Fine Dining bei Celebrity Cruises

	Carnival Legend	2002	2.124/2.680
	Carnival Conquest	2002	2.974/3.700
	Carnival Glory	2003	2.974/3.700
	Carnival Miracle	2004	2.124/2.680
	Carnival Valor	2004	2.974/3.730
	Carnival Liberty	2005	2.974/3.730
	Carnival Freedom	2007	2.974/3.730
	Carnival Splendor	2008	3.006/3.914
	Carnival Dream	2009	3.690/4.630
	Carnival Magic	2011	3.690/4.630
	Carnival Breeze	2012	3.690/4.630
	Carnival Sunshine	1996/2013	3.002/3.758
⚓	Carnival Vista	2016	3.954/4.700

Celebrity Cruises

Das „X“ am Schornstein erinnert an die griechischen Wurzeln von Celebrity: Der Gründer John Chandris führte das „X“ (wie „Chi“ für Chandris) im Firmenlogo. Es wurde beibehalten, als Celebrity Cruises 1989 entstand – und 1997 von Royal Caribbean übernommen wurde. Die Schiffe der heute weltweit verkehrenden Flotte zeichnen sich durch eine elegante, internationale Atmosphäre aus. Ein Qualitätssprung gelang mit der **Solstice**-Klasse, deren innovatives Design ein kosmopolitisches, trendbewusstes Publikum begeistert. Klassische Schiffe sind dagegen die älteren Celebrity-Liner. Vor Galapagos fährt der Boutiquecruiser **Celebrity Xpedition**, er bekommt 2017 Unterstützung von zwei kleineren Einheiten. 2018 startet die neue **Edge-Klasse**, die auf dem Solstice-Design basiert.

	Celebrity Millennium	2000	2.052/2.368
	Celebrity Summit	2001	2.052/2.368
	Celebrity Infinity	2001	2.052/2.368
	Celebrity Xpedition	2001	100
	Celebrity Constellation	2002	1.950/2.300
⚓	Celebrity Solstice	2008	2.852/3.145
⚓	Celebrity Equinox	2009	2.852/3.145
⚓	Celebrity Eclipse	2010	2.852/3.145
⚓	Celebrity Silhouette	2011	2.852/3.145
⚓	Celebrity Reflection	2012	2.852/3.145
	Celebrity Xploration	1982/2017	16
	Celebrity Xperience	2007/2017	48

Celestyal Cruises

Die griechische Inselwelt ist das Stammrevier von Louis Cruises aus Zypern; seit 2014 heißt die Firma Celestyal – und ist nun auch vermehrt in Kuba unterwegs.

	Celestyal Crystal	1980	1.200
	Celestyal Olympia	1981	1.575
⚓	Celestyal Nefeli	1992	800

Color Line

Kurzkreuzfahrten auf Fährschiffen: Damit hat diese norwegische Firma großen Erfolg. Auf der Linie Kiel–Oslo bietet sie an Bord ihrer Autofähren, was man sonst nur von Kreuzfahrtschiffen kennt: Entertainment, Gastronomie sowie Sport und Spaß für die ganze Familie.

⚓	Color Fantasy	2004	2.750
⚓	Color Magic	2007	2.750

Costa Kreuzfahrten

Mit ihrer über 160-jährigen Geschichte zählt Costa Crociere aus Genua zu den Traditionsmarken in Europa: In die Kreuzfahrt stieg ►

Drei Generationen an Bord bei Costa – „White Star Service" auf den Queens der Cunard Line

das vormalige Frachtschiffunternehmen in den 1960ern ein. Das Stammpublikum sind Italiener, je nach Route kommen Gäste aus aller Herren Länder hinzu; Bordansagen in fünf Sprachen (auch Deutsch) sind dann die Regel, und zu Ferienzeiten reisen viele Kinder mit. Auf Paare ausgelegt sind dagegen die Umbauten von drei älteren Schiffen zur **Costa neoCollection**. Unter dem Motto „Slow Cruise" bieten sie eine entspannte, genussbetonte Form der Seereise mit längeren Hafenzeiten. Den größeren Costa-Schiffen merkt man dagegen deutlich die Handschrift der Carnival Corporation aus den USA an, die Costa im Jahr 2000 übernahm. Doch mit der 2014 gestarteten **Costa Diadema** ist nun das betont italienische Borderlebnis wieder in den Vordergrund gerückt. Vier Schiffe der Flotte fahren größtenteils in Ostasien, plus zwei geplanten Neubauten ist Costa hier führend.

	Costa neoClassica	1991/2015	1.308/1.726
	Costa neoRomantica	1993/2012	1.578/1.800
	Costa neoRiviera	1996/2013	1.248/1.727
	Costa Victoria	1996	1.928/2.394
	Costa Atlantica	2000	2.112/2.680
	Costa Mediterranea	2003	2.112/2.680
	Costa Fortuna	2003	2.716/3.470
⚓	Costa Magica	2004	2.716/3.470
	Costa Serena	2007	3.000/3.763
	Costa Pacifica	2009	3.000/3.763
⚓	Costa Luminosa	2009	2.260/2.862
	Costa Deliziosa	2010	2.260/2.862
	Costa Favolosa	2011	3.000/3.780
	Costa Fascinosa	2012	3.016/3.800
⚓	Costa Diadema	2014	3.724/4.947

Crystal Cruises

Im Luxussegment sind die Schiffe dieser aus Japan stammenden Reederei (der Sitz der Kreuzfahrtsparte ist jedoch Los Angeles) eine feste Größe: Sie zählen zu den besten der Welt. 2015 ging Crystal in den Besitz der Genting-Hong-Kong-Gruppe über – und startete gleich ein großes Ausbauprogramm, beginnend mit einem Yacht-Cruiser (ein zweiter kommt 2018), gefolgt von Kreuzflügen sowie sogar Flusskreuzfahrtschiffen (S. 262). Das Publikum ist international, die Bordsprache Englisch.

⚓	Crystal Symphony	1995	998
⚓	Crystal Serenity	2003	1.100
⚓	Crystal Esprit	2015	63

Cunard Line

1840 als Transatlantik-Liniendienst gegründet, ist Cunard die traditionsreichste Kreuzfahrtmarke der Welt: Der Kanadier Samuel Cunard entwickelte sie im Auftrag der britischen Krone, um den Postweg zwischen England und Amerika zu beschleunigen. Die traditionellen Transatlantik-Passagen fährt das Flaggschiff **Queen Mary 2** noch heute – seit dem intensiven Werftaufenthalt 2016 „remastered" (S. 42). Sie ist aber auch auf klassischen Kreuzfahrten unterwegs, wie die jüngeren Einheiten. Sie alle bieten Cruising auf britische Art, mit High Tea, Gentleman Hosts usw. – auch wenn Cunard inzwischen zu Carnival gehört.

⚓	Queen Mary 2	2004	2.691/k. A.
⚓	Queen Victoria	2007	1.900/2.430
⚓	Queen Elizabeth	2010	2.068/2.447

Prominente als Zugpferde: links bei Hapag-Lloyd, rechts bei den Spaßschiffen von Disney

Disney Cruise Line

Für Familien mit Kindern gibt es kaum etwas Besseres als die Schiffe mit Micky Maus am Schornstein. Nach längerer Abwesenheit ist mit der **Disney Magic** seit 2016 wieder eines von ihnen in Europa zu Gast.

⚓ Disney Magic	1998	2.700
Disney Wonder	1999	2.700
Disney Dream	2011	4.000
Disney Fantasy	2012	4.000

Fathom

Die neue Marke des Carnival-Konzerns bietet die Möglichkeit zum „Impact Travel". Passagiere erleben eine Kreuzfahrt und engagieren sich gleichzeitig in den angefahrenen Destinationen bei Hilfsprojekten. Im ersten Jahr zählten Kuba und die Dominikanische Republik zu den Zielen.

Adonia	2001	710/824

FTI Cruises

Der Münchner Touristikkonzern FTI Reisen stieg 2012 in die Kreuzfahrt ein – mit einer alten Bekannten: der **Berlin**, die bis 1998 das TV-Traumschiff war. Sie hat ein treues deutschsprachiges Publikum und kreuzt im Winter 2016/17 erstmals vor Kuba.

⚓ Berlin	1980/2014	412/456

Hansa Touristik

Die Stuttgarter Firma bietet mit jährlich wechselnden Programmen betont traditionelle Kreuzfahrten an – für Gäste, die mit den Funships von heute nichts anfangen können. 2013 wurde dafür ein klassisches Schiff gechartert:

⚓ Ocean Majesty	1966/1995	548

Hapag-Lloyd Cruises

Wer sich auf Albert Ballin, den Erfinder der modernen Kreuzfahrt, als Gründer berufen kann, darf stolz auf die Tradition sein: So gesehen ist Hapag-Lloyd die deutsche Nummer eins. Sie ist es auch, was die Konsequenz in der Umsetzung des Luxusanspruchs betrifft: Hapag-Lloyd steht für ein individuelles Erlebnis, exzellenten Service und anspruchsvolle Programme, inzwischen auch für Familien, egal ob bei Expeditionen ins Eis oder bei Themenreisen zu Golf, Politik oder klassischer Musik. Und die Flotte wächst: Zwei neue Expeditionsschiffe gehen 2019 an den Start.

⚓ Bremen	1990	164/178
⚓ Hanseatic	1993	184/194
⚓ Europa	1999	408
⚓ Europa 2	2013	516

Holland America Line

Lange war diese 1873 in Rotterdam gegründete Reederei einer der großen Player im Geschäft mit Auswanderern in die Neue Welt; die erste Kreuzfahrt wurde 1895 angeboten. Seit 1998 gehört „HAL" zur Carnival Corporation, wo sie heute im Premiumsegment kreuzt. Ihre mit der **Koningsdam** auf 16 Schiffe gewachsene Flotte spricht ein internationales, traditionsbewusstes Publikum an. Die Signature-Class-Schiffe (ab **Eurodam**) bieten große Kabinen, luxuriöse Bettwaren und Showküchen. ►

Aktuelle Taufpatinnen: Cecilie Skog bei Hurtigruten, Königin Máxima bei Holland America

	Maasdam	1993	1.258/1.625
	Veendam	1996	1.350/1.830
	Rotterdam	1997	1.316/1.826
	Prinsendam	1998	793/910
	Volendam	1999	1.432/1.837
	Zaandam	2000	1.432/1.837
	Amsterdam	2000	1.380/1.770
	Zuiderdam	2002	1.916/2.490
	Oosterdam	2003	1.916/2.490
	Westerdam	2004	1.916/2.490
	Noordam	2006	1.918/2.502
	Eurodam	2008	2.104/2.666
	Nieuw Amsterdam	2010	2.106/2.670
⚓	Koningsdam	2016	2.600/k. A.

Hurtigruten

Als der Norweger Richard With es 1893 als Erster wagte, im Winter mit seinem Dampfer **Vesterålen** bis in den hohen Norden Norwegens zu fahren, war die „Schnelle Route" geboren. Im Geist dieser Zeit sind die Schiffe bis heute unterwegs: Sie sind Fracht-, Post- und Passagierschiffe zugleich und fahren ganzjährig auf festen Routen zwischen Bergen und Kirkenes; zusätzlich bieten **Fram** und **Midnatsol** Expeditionen ins Eis. Mit der frisch renovierten **Spitsbergen** (S. 84) wurde die Flotte 2016 erweitert; vier Neubauten folgen bis 2018.

	Lofoten	1964	340
	Vesterålen	1983	510
	Kong Harald	1993	623
	Richard With	1993	623
	Nordlys	1994	622
	Nordkapp	1996	622
	Polarlys	1996	619
	Nordnorge	1997	623
	Finnmarken	2002	1.000
	Trollfjord	2002	822
	Midnatsol	2003	500
	Fram	2007	318
⚓	Spitsbergen	2009/2016	320

MSC Cruises

Die Kreuzfahrttochter des neapolitanischen Frachtschiffgiganten **Mediterranean Shipping Company** besitzt die größte privat geführte Kreuzfahrtflotte der Welt. Mediterraner Lifestyle mit Zutaten aus allerlei Kulturen prägt das Leben an Bord. Intensiv wirbt man auch um deutsche Gäste und stationiert große Schiffe in deutschen Abfahrtshäfen. Wer MSC bucht, erhält viel Leistung zu günstigen Preisen auf mal bunten, mal dezenter gestalteten Linern. 2017 starten zwei Prototypen: das Ganzjahresschiff **MSC Meraviglia** und die Schönwetteralternative **MSC Seaside**.

	MSC Armonia	2001/2004	1.554/2.083
	MSC Sinfonia	2002/2005	1.556/2.090
	MSC Lirica	2003	1.560/2.055
⚓	MSC Opera	2004	1.560/2.055
⚓	MSC Musica	2006	2.550/3.010
	MSC Orchestra	2007	2.550/3.010
	MSC Poesia	2007	2.550/3.010
⚓	MSC Fantasia	2008	3.300/3.959
	MSC Splendida	2009	3.300/3.959
	MSC Magnifica	2010	2.550/3.010
	MSC Divina	2012	3.274/3.959
⚓	MSC Preziosa	2013	3.700/4.345
	MSC Meraviglia	2017	4.500/5.700
	MSC Seaside	2017	4.140/5.300

Nahe Ziele, ferne Ziele: Die Norwegian Jade fährt nach Hamburg, die Riviera in die Karibik

Norwegian Cruise Line

Eine innovative Kreuzfahrtlinie mit modernen Ideen: Schon als der Osloer Knut Kloster sie 1966 gründete, brachte sie mit Ein-Klassen-Kreuzfahrten oder regelmäßigen Karibikreisen ab Miami neue Konzepte auf den Markt. Seit 2013 ist die Firma börsennotiert; seit 2014 gehören auch Oceania und Regent Seven Seas zum Konzern. Die Erfolgsformel an Bord heißt „Freestyle Cruising": keine steifen Dresscodes, keine festen Essenszeiten – stattdessen lockere Atmosphäre, eine Vielzahl frei wählbarer Restaurants und brillantes Entertainment. Mit der **Norwegian Epic** bot man als Erster im Markt Kabinen für Singles an. Die gibt es auch auf den neuesten Norwegians, **Breakaway** und **Getaway**. Mit der gigantischen **Norwegian Escape** ging Ende 2015 die erste Einheit der **Breakaway Plus-Klasse** an den Start; die Schwester **Norwegian Bliss** folgt 2017.

	Norwegian Spirit	1999	1.996/2.475
	Norwegian Sky	1999	2.002/2.450
	Norwegian Star	2001	2.240/2.846
	Norwegian Sun	2001	1.936/2.400
	Norwegian Dawn	2002	2.224/2.846
	Norwegian Jewel	2005	2.376/2.846
	Pride of America	2005	2.138/2.438
⚓	Norwegian Jade	2006	2.402/2.846
	Norwegian Pearl	2006	2.394/2.834
	Norwegian Gem	2007	2.394/2.834
⚓	Norwegian Epic	2010	4.228/5.368
⚓	Norwegian Breakaway	2013	4.028/4.941
⚓	Norwegian Getaway	2014	4.028/4.941
⚓	Norwegian Escape	2015	4.248/k. A.
	Norwegian Joy	2017	4.248/k. A.

Oceania Cruises

Vier Luxusliner für je 684 Gäste, alle vormalige „Renaissance-Schiffe" (daher „R Class"), nennt die 2002 gegründete Reederei ihr Eigen; auf ihnen basiert die Eigenentwicklung der fast doppelt so großen „O Class"-Schiffe **Marina** und **Riviera**. Oceania wurde 2014 von der Norwegian Cruise Line übernommen. Kern des Konzepts bleiben aber weiterhin ausgefeilter, dabei lässiger Luxus, amerikanisch interpretiert, und kulinarische Vielfalt auf hohem Niveau. Die Bordsprache ist Englisch.

⚓	Insignia	1998/2003	684
⚓	Regatta	1998/2004	684
⚓	Sirena	1999/2016	684
⚓	Nautica	2000/2005	684
⚓	Marina	2011	1.258/1.360
⚓	Riviera	2012	1.258/1.360

P&O Cruises

1837 in Southampton gegründet, ist „Peninsular & Oriental" in Großbritannien eine feste Größe. Hierzulande dagegen ist die Carnival-Tochter (seit 2003) noch immer eher unbekannt. Die Reederei ist auf allen Weltmeeren zu Hause und bietet ein traditionelles Hochsee-Erlebnis mit britischem Flair.

Oriana	1995	2.117/2.600
Oceana	2000	2.164/2.284
Aurora	2000	1.920/1.983
Arcadia	2005	2.480/2.640
Ventura	2008	3.400/3.592
Azura	2010	3.480/3.592
Britannia	2015	3.674/4.324

►

Weltentdecker: Die Hamburg besucht das Trendziel Kuba, die Regal Princess St. Maarten

Phoenix Reisen

Das Publikum, das die türkisfarben markierten Fluss- und Seeschiffe des 1973 gegründeten Bonner Reiseveranstalters (S. 68) schätzt, ist deutschsprachig – und besonders treu. Phoenix-Gäste lieben den Kapitänstisch, die Kaffeestunde, den bayerischen Frühschoppen – und den ausgesprochen familiären Service. Mit zwei Coups sorgten die Bonner zudem für Aufmerksamkeit: Seit 2015 ist die **Amadea** das ZDF-Traumschiff – und deren Vorläuferin **Deutschland** stieß 2016 zur Flotte.

Albatros	1973	850
Amadea	1991	600
Artania	1984/2011	1.200
Deutschland	1998/2016	500/590

Plantours Kreuzfahrten

Auch Plantours aus Bremen betreibt Flussschiffe und seit 2012 als Seeschiff die einstige **Columbus** von Hapag-Lloyd aus Hamburg – die nun für die Bremer unter dem Namen **Hamburg** fährt. Ihren ausschließlich deutschsprachigen Gästen bietet sie Entdeckerreisen auf allen Meeren der Welt, sogar bis ins Eis.

Hamburg	1997	420

Ponant Cruises

Ein Segler und vier schmucke Motoryachten bilden die Flotte der französischen Nobelmarke. Sie überzeugen mit hippem Ambiente und Reisen zu fernen Häfen und den Polgebieten. Für Warmwasserexpeditionen wurden vier Neubauten bestellt; der erste startet 2018.

Le Ponant (Segler)	1991	64
Le Boréal	2010	264
L'Austral	2011	264
Le Soléal	2013	264
Le Lyrial	2015	244

Princess Cruises

17 Schiffe zählt die Flotte, die in den USA durch die „Love Boat"-Serie im Fernsehen berühmt wurde. Und auf allen, egal ob für 700 oder über 4.000 Passagiere, gilt die Maxime „Big Ship Choice, Small Ship Feel". Dafür wurden große Räume in kleine Cafés und gemütliche Bars unterteilt, aus zwei Restaurants vier gemacht. Nur im Theater, an den Buffets und beim Tendern merkt man, dass man auf einem Ozeanriesen reist. Princess gehört seit 2003 zu Carnival und wetteifert konzernintern mit Holland America um die Marktführung in Alaska, wo man „Cruise Tours" mit eigenen Lodges, Bussen und Zügen anbietet. Auf vielen Reisen sind deutschsprachige Reiseleiter an Bord.

Sun Princess	1995	1.990/2.250
Sea Princess	1998	1.990/2.250
Pacific Princess	1999	680/802
Golden Princess	2001	2.590/3.200
Star Princess	2002	2.590/3.200
Coral Princess	2002	1.970/2.588
Island Princess	2003	1.970/2.588
Caribbean Princess	2004	3.252/3.760
Diamond Princess	2004	2.670/3.286
Sapphire Princess	2004	2.670/3.286
Crown Princess	2006	3.252/3.760
Emerald Princess	2007	3.252/3.760

Superlative: die Regent Seven Seas Voyager – und Royal Caribbeans Harmony of the Seas

Ruby Princess	2008	3.252/3.760
Grand Princess	2008	3.252/3.760
Royal Princess	2013	3.560/4.340
Regal Princess	2014	3.560/4.340
Majestic Princess	2017	3.560/4.340

Regent Seven Seas Cruises

Hier zählt nicht die Schiffsgröße, sondern der Platz pro Passagier: Er liegt auf höchstem Niveau. Die Schiffe, seit 2014 im Besitz der Norwegian Cruise Line, kreuzen weltweit – und bieten ein komplettes Inklusivpaket („Ultra All Inclusive"), sogar bis hin zu vielen Landausflügen. 2016 setzte die Reederei mit der **Seven Seas Explorer** ein neues Luxus-Statement (S. 56) und vermarktet den Neubau seither als das „luxuriöseste Schiff der Welt" ...

Seven Seas Navigator	1999	510
Seven Seas Mariner	2001	700
Seven Seas Voyager	2003	700
Seven Seas Explorer	2016	742

Royal Caribbean International

Royal Caribbean ist das zweitgrößte Kreuzfahrtunternehmen der Welt. Seine Erfolgsgeschichte begann 1969 mit der **Song of Norway**, 1988 setzte die **Sovereign of the Seas** neue Größenstandards, und 2009 übertraf man die Konkurrenz abermals mit dem bis dato größten Schiff der Welt: der **Oasis of the Seas** für maximal fast 6.300 Passagiere. Auch wenn die **Quantum of the Seas** (2014) und ihre Schwestern wieder etwas kleiner ausfallen – die 2016 getaufte **Harmony of the Seas** (S. 48) übertrumpft ihre Schwestern Oasis und Allure als größtes Schiff der Welt. Doch schon seit der Vorstellung der **Freedom of the Seas** 2007 ist klar: Das Schiff selbst ist hier endgültig zur Destination geworden. Deshalb locken alle jüngeren RCI-Liner mit großzügigen Sportangeboten, auch im Outdoor-Bereich. Neben der Kletterwand auf allen Schiffen bieten die jüngeren auch Surfsimulatoren, Eislaufflächen oder gar Autoscooter. Auch Kindern wird nicht langweilig: „Adventure Ocean" heißt das Spaßprogramm für die Kleinsten; für Kinder ab zwölf Monaten gibt es sogar Babysitter. Ende 2016 betreibt Royal Caribbean International 25 Schiffe aus sieben Generationen; aus Platzgründen werden hier nur die jüngsten sechs Generationen aufgeführt. Weitere Neubauten sind bereits in Planung.

Voyager of the Seas	1999	3.114/3.838
Explorer of the Seas	2000	3.114/3.838
Radiance of the Seas	2001	2.180/2.504
Adventure of the Seas	2001	3.114/3.838
Brilliance of the Seas	2002	2.180/2.504
Navigator of the Seas	2002	3.114/3.838
Serenade of the Seas	2003	2.200/2.501
Mariner of the Seas	2003	3.114/3.839
Jewel of the Seas	2004	2.200/2.501
Freedom of the Seas	2006	3.634/4.374
Liberty of the Seas	2007	3.634/4.374
Independence of the Seas	2008	3.634/4.374
Oasis of the Seas	2009	5.408/6.230
Allure of the Seas	2010	5.408/6.230
Quantum of the Seas	2014	4.188/4.905
Anthem of the Seas	2015	4.188/4.905
Ovation of the Seas	2015	4.188/4.905
Harmony of the Seas	2016	5.497/6.360

Spezialisten für ausgefallene Routen: Sea Cloud vor Puerto Rico, SeaDream im Korinthkanal

Sea Cloud Cruises

Die Tagesraten der Hamburger Reederei sind stolz – doch das Erlebnis, das sie bietet, ist einzigartig. Namensgeberin ist die wunderschöne Segelyacht, 1931 in Kiel gebaut, die mit nur 64 Gästen fährt. Eine Alternative ist der Nachbau im selben Geist, die **Sea Cloud II**, die für 94 Gäste Platz hat. Das Flussschiff der Reederei, die **River Cloud II**, wurde 2014 verkauft.

Sea Cloud	1931/2010	64
Sea Cloud II	2001	94

Seabourn Cruise Line

Wer mit Seabourn reist, wird nach allen Regeln der Kunst verwöhnt. Butlerservice, Personal Trainer, Kaviar satt – all das ist inklusive, für Preise um die 500 Euro täglich. Die Flotte aus drei Schiffen wird 2017 und 2018 durch zwei wunderschöne Neubauten ergänzt.

Seabourn Odyssey	2009	450
Seabourn Sojourn	2010	450
Seabourn Quest	2011	450
Seabourn Encore	2017	600

SeaDream Yacht Club

Auch hier ist nur das Beste die Richtschnur: Auf zwei baugleichen, allerdings nicht mehr ganz taufrischen Nobelyachten für je 112 Gäste wird einem jeder Wunsch von den Lippen abgelesen. Bemerkenswert ist die trotz der versammelten Millionen locker-sportliche Stimmung an Bord. Eigner der Firma ist der norwegische Geschäftsmann Atle Brynestad. Wer dem lässigen Multimillionär einmal begegnet ist, versteht das Prinzip dieser Schiffe sofort.

SeaDream I	1984	95/112
SeaDream II	1985	95/112

Silversea Cruises

Die 1994 gegründete Reederei hat ihren Sitz in Monaco – und gibt sich so nobel wie jenes. Die Schiffe bieten erlesenen Luxus und sind klein genug, um auch Häfen abseits des Mainstreams anzulaufen. Man tafelt auf Gourmetniveau, reist ausschließlich in Außenkabinen und -suiten, und im All-inclusive-Konzept strömen Champagner und feine Weine (fast) unbegrenzt. Die Klientel ist international – auch auf den Expeditionsschiffen, auf die Silversea seit 2008 verstärkt setzt – mit **Silver Explorer**, **Silver Galapagos** und **Silver Discoverer**. Die **Silver Muse** zielt hingegen wieder auf das klassische Luxuspublikum. Sie ist der erste Neubau der Monegassen seit 2009.

Silver Explorer	1989/2008	149
Silver Galapagos	1990/2013	100
Silver Discoverer	1989/2014	128
Silver Cloud	1994	304
Silver Wind	1995	304
Silver Shadow	2000	294
Silver Whisper	2001	294
Silver Spirit	2009	540
Silver Muse	2017	596

Starclipper Cruises

Auch der Schwede Mikael Krafft hat seinen Firmensitz in Monaco. Seine lebenslange ►

Neu im Markt: Die Magellan ist über TransOcean zu buchen, die Star Pride bei Windstar Cruises

Leidenschaft gilt der Kreuzfahrt unter Segeln: Drei prachtvolle Schiffe, eines davon ein veritabler Fünfmaster, bilden seine Flotte. 2017 wird sie um einen weiteren Fünfmaster erweitert: Die **Flying Clipper** befindet sich in Kroatien im Bau. Die Schiffe bieten sportliche Urlaubsabenteuer, Mastklettern inklusive – und eine erstaunlich gute Gastronomie.

⚓	Star Clipper	1991	170
⚓	Star Flyer	1992	170
⚓	Royal Clipper	2000	227
	Flying Clipper	2017	300

TransOcean Kreuzfahrten

Zusammen mit dem neuen Eigentümer **Cruise & Maritime Voyages** vermarktet der Veranstalter 2017 erstmals nicht nur das ehemalige Flaggschiff **Astor**, sondern auch die englischsprachigen Schiffe **Magellan** und **Columbus**. Das früher einmal opulente Flussprogramm wurde auf zwei Schiffe reduziert.

	Magellan	1985	1.452
⚓	Astor	1987	578
	Columbus	1988	1.550

TUI Cruises

Mit ausgefuchsten Marketingideen für deutsche Babyboomer (z. B. „Rock Liner“ oder „Full Metal Cruise“) positionierte sich das Joint Venture von TUI und Royal Caribbean 2009 mit der **Mein Schiff 1** (zuvor **Celebrity Galaxy**) und der ein Jahr später folgenden **Mein Schiff 2** (zuvor **Celebrity Mercury**) rasch am Markt. Mittlerweile steht fest, dass die Hamburger die Lücke zwischen klassischem Luxus-Cruising und legerem Spaßschiff-Feeling treffsicher gefunden haben. „Premium alles inklusive“ heißt die erfolgreiche Nische: So gut wie alle Bordnebenkosten sind im Reisepreis eingeschlossen. 2014 folgte der erste eigene Neubau: **Mein Schiff 3**. Nach der vierten Schwester namens **Mein Schiff 6** plant TUI Cruises in den kommenden Jahren zwei noch etwas größere Einheiten. Sie werden die **Mein Schiff 1** und **2** ersetzen, die zur britischen Konzernschwester **Thomson Cruises** wechseln.

⚓	Mein Schiff 1	1996/2009	1.924/2.405
⚓	Mein Schiff 2	1997/2011	1.912/2.390
⚓	Mein Schiff 3	2014	2.506/ k. A.
⚓	Mein Schiff 4	2015	2.506/ k. A.
⚓	Mein Schiff 5	2016	2.534/ k. A.
	Mein Schiff 6	2017	2.534/ k. A.

Windstar Cruises

Zwanglose Bordatmosphäre und gepflegte Gastronomie, dafür steht Windstar Cruises aus den USA. Lange mit einem Fünfmaster und zwei Viermastern – seit 2014 erstmals mit einem Schiff ohne Masten, der **Star Pride**, der von Seabourn übernommenen **Seabourn Pride**. **Seabourn Star** und **Seabourn Legend** folgten: Unter den Namen **Star Breeze** und **Star Legend** gingen sie 2015 an den Start.

Wind Star (Segler)	1986	148
Wind Spirit (Segler)	1988	148
Star Pride	1988/2014	212
Wind Surf (Segler)	1990/1998	312
Star Breeze	1989/2015	212
Star Legend	1992/2015	212

Der Hingucker des Jahres: Der Fünfmast-Segler Flying Clipper startet Ende 2017

Prototypen ahoi!

2017 kommt viel Innovation: Vier neue Schiffsklassen gehen an den Start. Die deutschen Reedereien bleiben unterdessen ihren Konzepten treu

VON PEGGY GÜNTHER

Als erstes Schiff der neuen Saison startet bereits im Dezember 2016 die **Seabourn Encore**, eine Weiterentwicklung der drei Seabourn-Schwestern aus der **Odyssey**-Klasse. Erstmals haben alle 300 Suiten eine Veranda. Mit einem Deck mehr und 70 zusätzlichen Unterkünften ist der Neubau ein wenig größer, gleichzeitig präsentiert er sich jedoch im intimen Ambiente einer Luxusyacht. Das Design stammt von Adam Tihany, der sich mit diesem Projekt den Traum erfüllte, erstmals ein komplettes Luxusschiff zu gestalten. Schön für die Gäste: Drei Restaurants haben Außensitzplätze, darunter das Steakhouse des Sternekochs Thomas Keller aus den USA. Und natürlich gibt es auch wieder eine Marina für die Nähe zum Wasser. Die Jungfernsaison führt das Schiff in die arabische und asiatische Welt sowie nach Australien und Neuseeland. Die Taufe findet am 7. Januar 2017 in Singapur statt. Im Sommer 2017 kreuzt der Luxusliner dann auf einwöchigen Routen im Mittelmeer.

Das nächste Luxusschiff folgt im April 2017: die **Silver Muse**. Sie ist sie nur unwesentlich größer als der letzte Neubau, die **Silver Spirit** aus dem Jahr 2009. 596 Gäste werden von 411 Crewmitgliedern umsorgt und finden an Bord geräumige Suiten mit mindestens 36 Qua-

Die kleinste Suite der Silver Muse misst 36 Quadratmeter. Sie startet im April und verbringt die Jungfernsaison zunächst im Mittelmeer. Im Oktober 2017 besucht sie erstmals New York

dratmeter Grundfläche inklusive Veranda vor. Kostenloses WLAN, Butlerservice, Bulgari-Pflegeprodukte und personalisiertes Briefpapier gehören zum Standard. Acht Restaurants stehen zur Auswahl. Zu den neuen kulinarischen Konzepten gehören das Atlantide mit Seafood und Steaks, das asiatisch angehauchte Indochine, das japanische Kabuki sowie ein französisches Restaurant namens La Dame, in Kooperation mit Relais & Châteaux. Aber auch Kochen auf dem heißen Stein sowie eine Open-Air-Pizzeria sind geplant. Den Sommer verbringt der Neubau im Mittelmeer, bevor er über den Atlantik fährt.

Von klein und fein zu groß und beeindruckend: Die **MSC Meraviglia**, italienisch für „Wunder“, ist bei ihrer Taufe am 1. Juni 2017 in Le Havre das größte Kreuzfahrtschiff, das je von einer europäischen Reederei in Dienst gestellt wurde. Bis zu 5.700 Passagiere passen auf das Ganzjahresschiff, das in seinem ersten Sommer drei Ein- und Ausstiegshäfen hat: Genua, Marseille und Barcelona. Unter den 2.250 Kabinen gibt es neue Kategorien für Familien, auch der Yacht-Club für die Suitengäste wächst. Drei Poollandschaften und eine 96 Meter lange Innenpromenade mit LED-Himmel gehören zu den Highlights. Spektakulär dürften die Shows des Cirque du Soleil werden, für die eine neue Lounge ent- ►

Für den Boom-Markt China kommen Norwegian Joy (o.) und Majestic Princess (M.). Die Pacific Explorer (u.) von P&O wird ausschließlich für australische Gäste fahren

Die MSC Seaside (l.) wird in der Karibik fahren – und hat deshalb riesige Außenflächen (r. u.). Eine Gigantin für über 5.000 Passagiere ist auch die MSC Meraviglia (r. o.). Sie startet im Juni

wickelt wurde. Sie sollen auch auf dem Schwesterschiff stattfinden, das für 2019 angekündigt ist, sowie auf zwei weiteren, noch größeren Neubauten der **Meraviglia-Plus**-Klasse.

Zuvor startet jedoch bereits im Dezember 2017 eine zweite neue Schiffsklasse von MSC Kreuzfahrten. Die **MSC Seaside** soll mit ihren 2.067 Passagierkabinen ganzjährig in der Karibik mit Heimathafen Miami eingesetzt werden. „Das Schiff, das der Sonne folgt" wird entsprechend sommerlich gestaltet: Es bietet den höchsten Anteil an Freiflächen der gesamten Flotte, nämlich rund 3,2 Quadratmeter pro Passagier. Der etwas schmalere Aufbau lässt viel Sonne auf die Rundum-Promenade auf Deck acht scheinen – sie soll die größte ihrer Art auf einem Kreuzfahrtschiff werden. Kinder werden sich an Bord wohlfühlen: Von den neun Restaurants ist eines ausschließlich für Familien gedacht, außerdem gibt es die ersten interaktiven Wasserrutschen auf hoher See.

In Deutschland bei TransOcean: die Columbus, das neue Flaggschiff von Cruise & Maritime Voyages

In der zweiten Jahreshälfte soll der Fünfmaster **Flying Clipper** starten. Der Neubau der Reederei Star Clippers Cruises orientiert sich an dem historischen Segler **France II** und wird das größte Passagiersegelschiff der Welt. Unter 35 Segeln mit 6.350 Quadratmeter Fläche liegen 150 Kabinen, davon 34 Suiten mit Balkon und vier Eigner-Suiten. Eine Open-Air-Bar und ein Restaurant mit freien Essenszeiten stehen ebenso im Plan wie ein Tauchpool über drei Decks und eine Badeplattform am Heck. Ein spektakuläres und einzigartiges Projekt, das Reeder Mikael Krafft mit viel persönlichem Enthusiasmus bereits seit Jahren plant.

TUI Cruises hält sich unterdessen weiter an das Motto: Jedes Jahr ein neues Schiff. **Mein Schiff 6** wird ihrer Schwester **Mein Schiff 5** sehr ähnlich sein. So ist zum Beispiel wieder eine offene Lagune statt des geschlossenen Innenpools geplant, wie er auf den ersten beiden Neubauten zu finden ist. Die Jungfernfahrt startet in Bremerhaven, die Premierensaison findet

Die AIDAperla kommt 2017 als Schwesterschiff der AIDAprima (l.). Und Wybcke Meier, CEO von TUI Cruises (r.), erwartet bereits den vierten Neubau, die Mein Schiff 6

auf Nord- und Ostsee statt. Danach fährt der Neubau als erstes Schiff der Flotte Reisen entlang der nordamerikanischen Küste ab New York. Ziele sind die Ostküste mit Neuengland und Kanada sowie alternativ Mexiko, Florida und die Bahamas. Ab September stehen dann Mittelamerika-Kreuzfahrten im Programm.

Lange war unklar, wann die **AIDAperla** startet, das Schwesterschiff der **AIDAprima**. Seit Spetember 2016 steht nun fest: Sie geht im September 2017 in Fahrt, als Ganzjahresschiff im Mittelmeer ab/bis Palma de Mallorca.

Ein Blick über den Tellerrand führt uns zu Veranstaltern, die auf dem deutschen Markt weniger präsent sind. Viking Ocean Cruises hat für 2017 zwei weitere Schiffe angekündigt: Zu Jahresbeginn soll die **Viking Sky** starten, gegen Ende die **Viking Sun**. Die Neubauten sind Nummer drei und vier einer Serie, die bis 2020 auf sechs Einheiten anwachsen soll. Sie sind auf 930 Passagiere ausgelegt und in Deutschland ausschließlich online buchbar.

Cruise & Maritime Voyages, auf dem deutschen Markt durch TransOcean Kreuzfahrten vertreten, bekommt am 9. Juni ein neues Flaggschiff. Die ehemalige **Pacific Pearl** von P&O Cruises Australia erweitert nach ihrem Umbau in Singapur als **Columbus** das Portfolio des britischen Veranstalters. Bemerkenswert: Das Schiff für 1.400 Passagiere wird 150 Kabinen für Alleinreisende an Bord haben. Die Nord- und Ostsee-Reisen der ersten Saison beginnen größtenteils in London-Tilbury.

P&O Australia füllt die Lücke in der Flotte mit der **Dawn Princess** von Princess Cruises. Sie wird „down under" **Pacific Explorer** heißen. Und neben Princess Cruises hat sich auch Norwegian entschieden, 2017 ein Schiff rein für den chinesischen Kreuzfahrtmarkt in Dienst zu stellen: Im März 2017 startet die **Norwegian Joy**, gefolgt von der **Majestic Princess** im Mai 2017. ■

2018 – DER BLICK VORAUS

Die Vielfalt der neuen Kreuzfahrtschiffe 2018 reicht vom vierten **Oasis-Klasse-Schiff** von Royal Caribbean mit rund 2.700 Kabinen (Foto: Kiellegung) bis zum ersten von vier Expeditionsneubauten aus dem Hause **Ponant**, mit lediglich 92 Kabinen. Mit Spannung erwartet werden die neue **Edge Class** von Celebrity Cruises sowie die **Crystal Endeavor**, eine eisgängige Megayacht für 100 Passagiere.

Welches Schiff passt zu mir?

116 Seeschiffe stellen wir auf den folgenden Seiten im Detail vor. Eine kurze Erläuterung zum Aufbau der Porträts und zu unseren Bewertungen

Vielfalt ist das hervorstechendste Merkmal der weltweiten Kreuzfahrtflotte. Es gibt Schiffe für 60 Passagiere – und für über 6.000. Sie geben sich sportlich oder vornehm, sind teuer oder günstig, haben Deutsch als Bordsprache oder fünf Sprachen parallel. Auf vielen ist die Gastronomie das Maß aller Dinge – auf anderen sind es Sport, Entertainment und Fun. Völlig unterschiedliche Bedürfnisse und Zielgruppen werden also bedient – und das ist auch gut so: Das Elitäre, das der Kreuzfahrt einst anhaftete, ist passé.

Zu der Vielfalt dieses Angebots möchte dieses Buch einen Leitfaden anbieten. Aus dem mittlerweile über 400 Hochseeschiffe zählenden Angebot haben wir 116 ausgewählt, um sie im Detail vorzustellen und zu bewerten. Diese Auswahl folgt der Perspektive des deutschsprachigen Markts: Wir beschreiben die Schiffe, die in Deutschland, Österreich und der Schweiz am bekanntesten sind. Weil sie von hiesigen Reedern betrieben werden; weil an Bord (auch) Deutsch gesprochen wird oder weil sie 2017 hauptsächlich in europäischen Gewässern anzutreffen sind. Alle bekannten Reedereien sind so mit wenigstens einem ihrer Schiffe vertreten. Ist „Ihr" Traumschiff nicht dabei? Eine Übersicht zu allen weiteren gibt es ab Seite 106 – und ein vollständiges Register ab Seite 302.

Info-/Entertainment

1 Anker einfache Unterhaltung; Musik, Spiele etc.
2 Anker Bordprogramme mit Künstlern und/oder Lektoren
3 Anker gehobene Bordprogramme mit Künstlern und/oder Lektoren
4 Anker professionelle Bordprogramme, Lektorate/Vorträge; zusätzliche Angebote wie z. B. Diskothek, Kino o. Ä.
5 Anker hochklassige Bühnenshows in großen Bordtheatern; Lektorate/Vorträge; professionelles Equipment; viele Zusatzangebote

Sport & Wellness

1 Anker Sport und Gymnastik ohne spezielle Geräte
2 Anker einfache Sportgeräte vorhanden; kein Wellnessangebot
3 Anker Fitnessbereich und Wellnessangebot mit Betreuung; Pool(s) und Sauna vorhanden
4 Anker Fitnessbereich und Wellnessangebot mit professioneller Betreuung; Zusatzangebote wie z. B. Joggingpfad, Spielflächen für Ballsport o. Ä.
5 Anker hochklassig geführter Fitness-, Spa- und Wellnessbereich; großzügiger Pool bzw. Poollandschaft; Zusatzangebote wie Mountainbikes, Kletterwand, Golfsimulator o. Ä.

Gastronomie

1 Anker einfachstes Angebot in schlichtem Ambiente
2 Anker solides Angebot ohne besonderen Anspruch
3 Anker gutes Angebot in gepflegtem Ambiente
4 Anker anspruchsvolles und vielfältiges Angebot in niveauvollem Ambiente
5 Anker herausragendes Angebot auf Sterneniveau in entsprechendem Ambiente

Familienfreundlichkeit

1 Anker für Kinder eher ungeeignet
2 Anker für Kinder bedingt geeignet; keine speziellen Einrichtungen
3 Anker Kinder willkommen; einfache Einrichtungen und/oder Aktivitäten für Kinder
4 Anker Kinder willkommen; gute Einrichtungen und Aktivitäten mit professioneller Betreuung
5 Anker Kinder willkommen; vorbildliche Einrichtungen und Aktivitäten mit professioneller Betreuung; Zusatzangebote wie z. B. Babysitter

Service

1 Anker nur passive Gästebetreuung
2 Anker solider Service auf einfachem Niveau
3 Anker guter Service in Restaurants, Kabinen und allen anderen öffentlichen Bereichen
4 Anker freundlicher und professioneller Service; jederzeit aufmerksames und ansprechbereites Personal
5 Anker perfekter Service – der Gast ist König

Routing

1 Anker eine ganzjährig befahrene feste Route
2 Anker zwei im Wechsel ganzjährig befahrene feste Routen in einem Fahrgebiet
3 Anker im Wechsel ganzjährig befahrene feste Routen in unterschiedlichen saisonalen Fahrgebieten
4 Anker ganzjährig wechselnde Routen in aller Welt, aber ohne neue und/oder besondere Häfen und Fahrgebiete
5 Anker kreative Routen in aller Welt mit wenigen Wiederholungen und ungewöhnlichen Häfen und Revieren in jedem Jahr

Diese ausgewählten Schiffe betrachten wir im Detail. In von Fachjournalisten verfassten Porträts, mit allen wichtigen Daten, Fakten und Kennzahlen (dazu mehr auf der folgenden Seite). Und mit einem „Profil", in dem in je sechs Kategorien bis zu fünf Punkte („Anker") vergeben werden: 1. für Entertainment und Infotainment; 2. für das Sport- und Wellnessangebot; 3. für die Gastronomie; 4. für die Familienfreundlichkeit; 5. für den Service; 6. für das Routing des jeweiligen Schiffs. Diese Aufteilung nach Kategorien ermöglicht Ihnen die individuelle Auswahl des Schiffs, das am besten zu Ihnen passt. Und sie ersetzt die – problematische – Bewertung mit einer „Gesamtnote" in „Sternen" oder Ähnlichem.

Alle genannten Preise gelten pro Nacht und Person und ohne Kosten für An- und Abreise. Sie basieren auf den Preisen, die an einem Stichtag, dem 23. September 2016, im Internet bei **www.e-hoi.de** buchbar waren (siehe dazu auch die hintere Buchinnenklappe). ►

Schiffe, Daten, Fakten

Hinweise zu den Porträts

Auf den ersten Blick mag manches verwirrend erscheinen – doch die wichtigsten Kennzahlen eines Schiffs geben objektiv Auskunft über seine Stärken und Schwächen

BRZ: Die Brutto-Raumzahl bezeichnet die Größe der Schiffe. Früher sprach man von BRT (Brutto-Registertonnen), doch die Raumzahl ist präziser und wird daher auch im „internationalen Schiffsmessbrief" für jedes Schiff geführt

Passagierdecks: Gezählt werden nur die Decks, die auch für Passagiere zugänglich sind, also keine reinen Crew- und Maschinendecks

Preis pro Nacht: Werte auf Basis einer Stichtags-Datenbankabfrage eines führenden Internetportals für Kreuzfahrten. Siehe dazu auch die hintere Buchinnenklappe

PROFIL: Zu den Kriterien siehe Seite 125. **NEU** ist seit 2013 die Kategorie **Routing**

DATEN & FAKTEN

BRZ	113.500	**Passagiere**	3.252/3.760
Länge	288,60 m	**Crew-Mitglieder**	1.200
Breite	36,00 m	**PCR (Pass. pro Crew)**	3,1
Indienststellung	2007	**PSR (Platzangebot)**	30,2
Renovierung	2012	**Passagierdecks**	15
Bordsprache	Englisch	**Restaurants/Bars**	7/12

Kabinen	1.524 (1.088 außen, 436 innen), 675 mit Balkon, davon 13 Suiten und 178 Minisuiten; Größen: 15–64 m²
Sport & Wellness	4 Pools, 6 Whirlpools, Fitnesscenter, Lotus Spa und Sanctuary für Erw., Golfsimulator, Putting Green
Info-/Entertainment	Show-Theater, Casino, Nightclub, Movies under the Stars, Bibliothek, Internetcafé, Kinder- und Teensclub, Hochzeitskapelle
Dresscode	meist leger, zwei formelle Abende
Preis pro Nacht	€ 63 bis € 1.408; Durchschnitt € 175
Info	**Princess Cruises** München, Tel. (089) 51 70 34 50 www.princesscruises.de

PROFIL

Info-/Entertainment	⚓⚓⚓⚓
Sport & Wellness	⚓⚓⚓⚓
Gastronomie	⚓⚓⚓⚓½
Familienfreundlichkeit	⚓⚓⚓
Service	⚓⚓⚓⚓
Routing	⚓⚓⚓½

Passagiere: Soweit verfügbar, stehen hier zwei Werte. Der erste nennt die Gästezahl bei Standardbelegung aller Kabinen und Suiten, der zweite die Maximalbelegung, d. h. inklusive aller Zustell- und Oberbetten

PCR (Passenger Crew Ratio): Diese Kennzahl misst das Verhältnis zwischen Passagieren und Crew-Mitgliedern. Hier: Auf 1 Crew-Mitglied kommen 3,1 Passagiere. Spitzenwerte liegen bei 1,2 bis 1,6 – niedrige Werte bei 3,5 und höher

PSR (Passenger Space Ratio): Diese Kennzahl gibt Auskunft über den Platz, der einem einzelnen Passagier rein rechnerisch an Bord zur Verfügung steht. Dafür wird die Tonnage durch die Gästezahl (Standard-Vollbelegung) geteilt. Bei Werten unter 10 ist das Platzangebot sehr beengt, bei Werten über 40 sehr großzügig

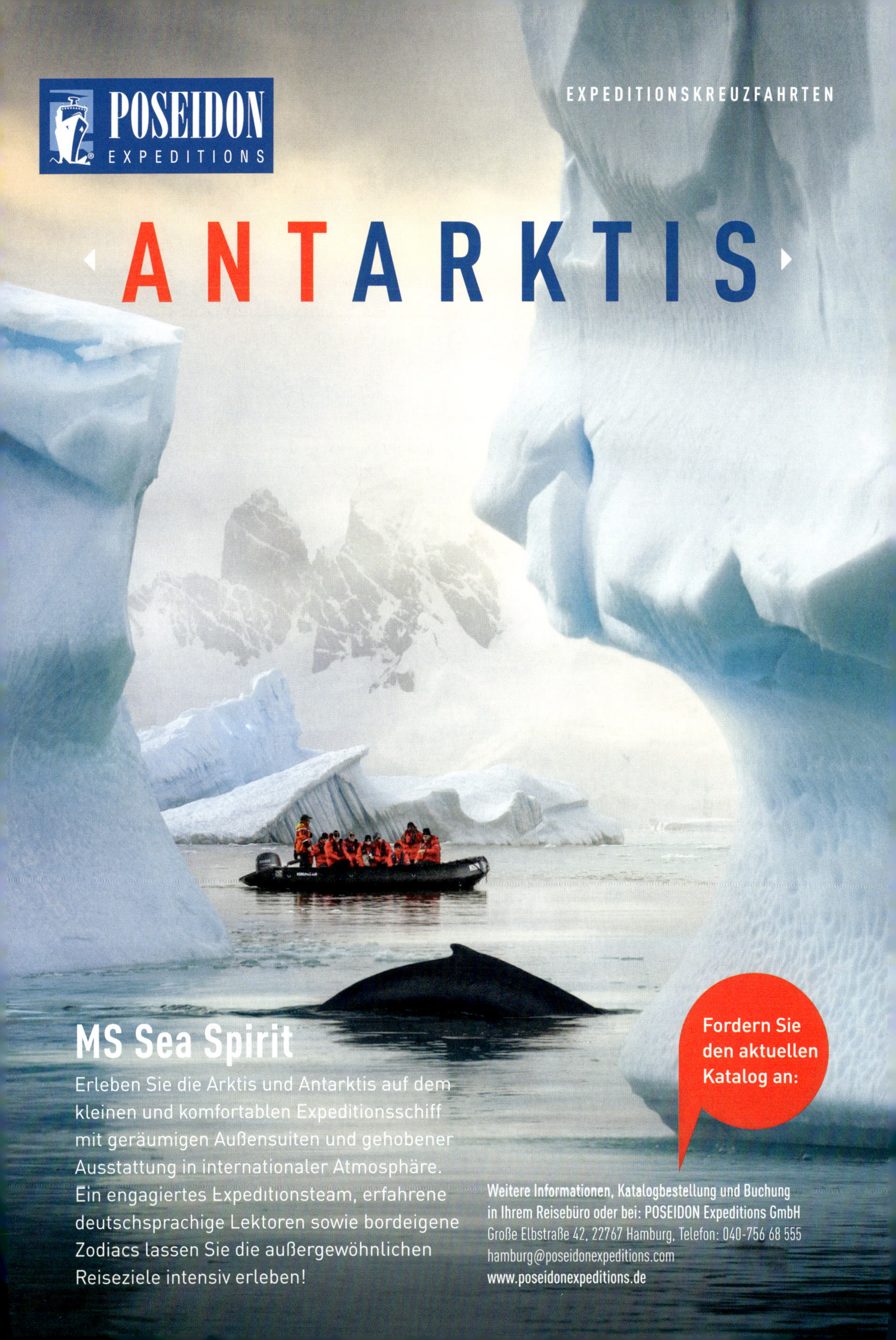
POSEIDON
EXPEDITIONS
EXPEDITIONSKREUZFAHRTEN
ANTARKTIS
MS Sea Spirit
Erleben Sie die Arktis und Antarktis auf dem kleinen und komfortablen Expeditionsschiff mit geräumigen Außensuiten und gehobener Ausstattung in internationaler Atmosphäre. Ein engagiertes Expeditionsteam, erfahrene deutschsprachige Lektoren sowie bordeigene Zodiacs lassen Sie die außergewöhnlichen Reiseziele intensiv erleben!
Fordern Sie den aktuellen Katalog an:
Weitere Informationen, Katalogbestellung und Buchung in Ihrem Reisebüro oder bei: POSEIDON Expeditions GmbH
Große Elbstraße 42, 22767 Hamburg, Telefon: 040-756 68 555
hamburg@poseidonexpeditions.com
www.poseidonexpeditions.de

AIDAvita in Norwegen

AIDAcara, AIDAaura & AIDAvita

Die drei „kleinen" AIDAs fahren zukünftig das so genannte „AIDA Selection"-Programm – ganz besondere und individuelle Routen für Entdecker

Die erste AIDA hat die deutsche Kreuzfahrt vor 18 Jahren revolutioniert. 1996 schlicht **AIDA** genannt (den Zusatz „**cara**" bekam sie erst mit den Schwesterschiffen), warf dieses „Clubschiff" reihenweise Traditionen über Bord: Es gab keinen Dresscode mehr, kein Captain's Dinner, keine festen Tischzeiten. Passagiere und Crew duzten sich. Auch durch ein anderes Entertainment – eigene Shows mit Profi-Ensembles statt betagter Schlagerstars – sollte eine jüngere Zielgruppe erreicht werden. Ebenfalls deshalb setzte man bei Seetours (wie AIDA Cruises früher hieß) großflächig auf Wellness und Fitness („Body & Soul"). Nun setzt die Ur-AIDA wieder Maßstäbe und geht im Oktober 2017 als erstes Schiff der Flotte auf eine 116-tägige Weltreise. Gemeinsam mit ihren beiden fast baugleichen Schwestern **AIDAaura** und **AIDAvita** gehört sie zum neuen „AIDA Selection"-Programm, einem überzeugenden Konzept der Rostocker Reederei. Die drei Schiffe fahren ganz besondere Kreuzfahrten abseits der gängigen AIDA-Routen. So sticht zum Beispiel die AIDAaura von Mauritius aus in See und läuft Madagaskar, La Réunion und die Seychellen an. Andere Touren führen in die arktischen Regionen bis nach Grönland. Mit an Bord werden kompetente Lektoren sein. Die drei kleinen AIDAs sind damit die Alternative für Individualisten und Entdecker, die der Massenbetrieb auf den größeren Schwestern stört.

Sauna mit Meerblick

Die Kunstgalerie

Im Buffetrestaurant

DATEN & FAKTEN

BRZ	38.557 | 42.289	Pass.	1.180/1.340 | 1.266/1.528
Länge	193 | 203 m	Crew-Mitglieder	370 | 418
Breite	27,60 | 28,10 m	PCR (Pass. pro Crew)	3,6
Indienststt.	1996 | 2002/03	PSR (Platzangebot)	28,5
Renovierungen	laufend	Passagierdecks	11/12
Bordsprache	Deutsch	Restaurants/Bars	3/5

Kabinen	633 (422 außen, 211 innen), davon 60 mit Balkon, 2 Suiten
Sport & Wellness	Pool, Golf, Basketball, Volleyball, Jogging, Tauchen, Biking, Fitness-center/-kurse, Tischtennis, Mountainbikes für Landausflüge
Info-/Entertainment	täglich wechselnde Vorstellungen des AIDA-Show-Ensembles, Poolpartys, Livebands, DJ, Disco
Dresscode	leger bis sportlich-elegant
Preis pro Nacht	€ 50 bis € 700; Durchschnitt € 169
Info	**AIDA Cruises** Rostock, Tel. (0381) 20 27 07 22 www.aida.de

PROFIL

Info-/Entertainment	⚓⚓⚓⚓
Sport & Wellness	⚓⚓⚓⚓
Gastronomie	⚓⚓⚓½
Familienfreundlichkeit	⚓⚓⚓⚓½
Service	⚓⚓⚓
Routing	⚓⚓⚓½

Fahrgebiete & Reisen 2017

Die **AIDAcara** kreuzt von Februar bis Oktober ab Hamburg oder Kiel in Nordeuropa – und geht am 7.10. auf ihre 116-tägige Weltreise. Die **AIDAvita** ist zunächst in Miami stationiert; im Sommer fährt sie ab Hamburg oder Kiel. Die **AIDAaura** kreuzt im Sommer im Mittelmeer ab/bis Mallorca und ab November im Indischen Ozean ab/bis Mauritius.

Grönland mit AIDAcara

3 Termine im Juli/August: ab/bis Hamburg über Schottland und Island nach Grönland (drei Häfen; Kreuzen in der Disko-Bucht) und über Shetlands und Orkneys retour. **21 Nächte, ab € 3.375 ab/bis Hamburg**

Mittelmeer mit AIDAaura

7 Termine von April bis September: ab/bis Mallorca nach Korsika, Sardinien, Rom und Menorca. **7 Nächte, ab € 1.045 inkl. Flügen**

AIDAdiva – das erste Schiff der „Sphinx-Klasse“

AIDAdiva, AIDAbella & AIDAluna

Aufbruch in eine neue Kreuzfahrtepoche: Die AIDAs der „Sphinx-Klasse“ waren die ersten deutschen Schiffe für mehr als 2.000 Passagiere

Mit der furiosen Taufe der **AIDAdiva** im Hamburger Hafen wurde vor zehn Jahren eine neue AIDA-Ära eingeläutet. Ein Jahr später gesellte sich die **AIDAbella** und 2009 die **AIDAluna** hinzu, das dritte Clubschiff dieser neuen Baureihe aus der Papenburger Meyer Werft. Herzstück der Schiffe ist das Theatrium, eine Mischung aus Marktplatz und Theater. Vorteil für die Passagiere (und die Reederei): Es kann während der Shows fleißig konsumiert werden. Das eigene AIDA-Ensemble präsentiert im Theatrium (und auf der Zweitbühne auf dem Sonnendeck) sein Programm, dazu zählen auch Kunstauktionen und die Präsentation der Landausflüge, die eher einer Verkaufsshow der Land-und-Leute-Abteilung ähnelt. Bei individuellen Tipps für den eigenen Landgang hält man sich dezent zurück. Konsequent ausgebaut wurde die Passagier-Privatsphäre: Fast die Hälfte der Kabinen hat einen eigenen Balkon (auf Anfrage mit Hängematte) – ein schöner Rückzugsort an Seetagen. Und wem der Andrang am Buffet zu groß wird, der findet (gegen Aufpreis) Alternativen im sterneverdächtigen Gourmetrestaurant Rossini, in der Sushi-Bar und im Buffalo Steak House. Dort wird Suitengästen auch individuell das Frühstück serviert. Ursprünglich sollte die **AIDAbella** ab Frühjahr 2017 von Shanghai ausschließlich im chinesischen Markt eingesetzt werden. Die Pläne sind auf Eis gelegt. Das Schiff fährt 2017 im Mittelmeer – mit deutschsprachigen Gästen.

Nobelrestaurant Rossini

Kochschule an Bord

Land-„Gang“ per Rad

Fahrgebiete & Reisen 2017

Aus der Karibik kommend, fährt die **AIDAdiva** über Teneriffa zu ihrem Sommerhafen Warnemünde und im Herbst nach Nordamerika. Ebenfalls Karibik, dann Nordeuropa ab/bis Kiel sind die Reviere der **AIDAluna**; auch sie beschließt das Jahr vor der US-Ostküste. Die **AIDAbella** kommt im April von Bangkok via Dubai nach Mallorca, von wo aus sie bis November im westlichen Mittelmeer kreuzt.

„Indian Summer“ mit AIDAdiva

Ab 28.9. von Montreal nach New York, mit Stopps in Quebec City, Halifax, Bar Harbor und Boston sowie drei Erholungstagen auf See. **11 Nächte, ab € 2.155 inkl. Flügen**

Kurztörn Ostsee mit AIDAluna

Am 18.5. oder 19.8.: Schnupperreise ab/bis Kiel, Göteborg (overnight) und Kopenhagen. **4 Nächte, ab € 429 ab/bis Kiel**

DATEN & FAKTEN

BRZ	68.200	**Passagiere**	2.050/2.500
Länge	252,00 m	**Crew-Mitglieder**	646
Breite	32,20 m	**PCR (Pass. pro Crew)**	3,9
Indienststellung	2007/8/9	**PSR (Platzangebot)**	27,3
letzte Renovierung	–	**Passagierdecks**	13
Bordsprache	Deutsch	**Restaurants/Bars**	7/11

Kabinen	1.025 (666 außen, 359 innen), davon 439 mit Balkon, 18 Suiten; Größen: 13,5–44 m²
Sport & Wellness	3 Pools, 4 Jacuzzis, Wellnessbereich, Behandlungskabinen/Spa-Suite, Golfabschlag, Volleyball, Jogging, Fitnessgeräte, Tauchen, Biken
Info-/Entertainment	Theatrium mit täglich wechselnden Shows rund um die Uhr, Poolpartys, Livebands, DJ, Disco, Casino, Vorträge, Bord-TV/-Radio, 4-D-Kino
Dresscode	leger bis sportlich-elegant
Preis pro Nacht	€ 54 bis € 596; Durchschnitt € 166
Info	**AIDA Cruises**, Rostock Tel. (0381) 20 27 07 22, www.aida.de

PROFIL

Info-/Entertainment	⚓⚓⚓⚓½
Sport & Wellness	⚓⚓⚓⚓⚓
Gastronomie	⚓⚓⚓⚓
Familienfreundlichkeit	⚓⚓⚓⚓⚓
Service	⚓⚓⚓
Routing	⚓⚓⚓

Einlaufen in Hamburg – dem Basishafen der AIDAprima

SCHIFFE DES JAHRES 2016
Kreuzfahrt GuideAward
Gewinner in der Kategorie
SPORT & WELLNESS

SCHIFFE DES JAHRES 2016
Kreuzfahrt GuideAward
Gewinner in der Kategorie
FAMILIENFREUNDLICHKEIT

AIDAprima

Das größte deutsche Kreuzfahrtschiff fährt (fast) ganzjährig ab Hamburg

Der Neubau AIDAprima ist das momentan größte deutsche Kreuzfahrtschiff – mit einigen Highlights und Überraschungen an Bord: Der überdachte Beachclub auf Deck 15 hat zwar keinen echten Strand, aber dafür Palmen und einen Pool mit (meist besetzten) Liegen. Motto: tagsüber chillen, abends abtanzen. Der Beachclub ist multifunktional und wird nach Einbruch der Dunkelheit zur Großraumdisco mit Bühne für Livemusik; dann flimmern farbenfrohe Lichteffekte unterm UV-durchlässigen Foliendach. Eine Innovation ist auch das Lanai-Deck, eine nach oben offene Promenade mit vielen Außenplätzen, die fast rund um das gesamte Schiff reicht, was auf der Nordsee manchmal ein sehr windiges Vergnügen sein kann. Das Heck des

Patiodeck für Suitengäste; das Spa

Schiffs gehört den Familien. „Four Elements" heißt die Action-Zone über drei Decks mit Klettergarten, Poollandschaft und Wasserrutschen. Ganz das Gegenteil: das Patiodeck. Es ist der Ruhebereich für die Suitengäste und Bewohner der Panoramakabinen auf Deck 16. Wenn es eine Schnittmenge zur **Europa 2** gibt, dann hier im Bug des Schiffs. Große Klasse hat der Sport- und Wellnessbereich: Das zuzahlungspflichtige „Organic Spa" dürfte führend auf den Weltmeeren sein. Maßstäbe setzt die AIDAprima auch in puncto Umweltverträglichkeit: Sie wird bisher in vier europäischen Häfen mit fast emissionsfreiem Flüssigerdgas (LNG = Liquefied Natural Gas) betrieben und hat zwei Landstromanschlüsse. Außerdem gleitet das Schiff energiesparend auf einem Luftblasenteppich („MALS"-Technologie). Kaum überzeugend ist dagegen die ganzjährige Route ab Hamburg, die mit Southampton, Le Havre, Zeebrugge und Rotterdam fast nur in Industriehäfen führt. Das scheint die AIDA-Klientel ähnlich zu sehen. Konsequenz: Für die Wintersaison 2017/2018 verlässt das Schiff die Hansestadt und kreuzt stattdessen in wärmeren Regionen zwischen den Kanarischen Inseln. – Fest steht auch der (verspätete) Liefertermin der neuen Schwester **AIDAperla**: Der letzte Neubau der Werft Mitsubishi Heavy Industries in Nagasaki wird ab September 2017 von Palma de Mallorca und Barcelona aus durchs Mittelmeer fahren.

Fahrgebiete & Reisen 2017

Die AIDAprima hat 2017 zwei Starthäfen für ihre Westeuropa-Route: Hamburg und Rotterdam, das für Gäste aus Nordrhein-Westfalen schnell erreicht ist. Das genaue Winter-Routing vor den Kanaren sowie die Routen der **AIDAperla** ab September standen bei Redaktionsschluss dieses Buches noch nicht fest.

Metropolen Westeuropas

Von Januar bis Oktober ab/bis Hamburg mit einem Seetag nach Southampton (London), dann nach Le Havre (Paris), Zeebrugge (Brüssel) und Rotterdam (overnight Amsterdam).
7 Nächte, ab € 895 ab/bis Hamburg

Kapitän Harms und die Taufpatin Emma Schweiger

DATEN & FAKTEN

BRZ	125.000	**Crew-Mitglieder**	900
Länge	300,00 m	**PCR (Pass. pro Crew)**	3,6
Breite	73,60 m	**PSR (Platzangebot)**	38,5
Indienststellung	2016	**Passagierdecks**	16
Bordsprache	Deutsch	**Restaurants**	12
Passagiere	max. 3.300	**Bars**	18

Kabinen	1.643 in 14 versch. Kategorien, (u. a. Verandakabinen, Familiensuiten, Lanai-Kabinen mit Wintergarten); Größen: 20–50 m²
Sport & Wellness	Wasserpark mit mehreren Pools, Organic Spa, Fitnesscenter, Eislaufbahn, Sportplatz, Joggingpfad, Kletterwand, Skywalk u. v. m.
Info-/Entertainment	Theatrium mit Lichtershows, Casino, LED-Shows, Livemusik, Vorträgen, Kursen u. v. m.
Dresscode	kein vorgeschriebener Dresscode
Preis pro Nacht	€ 80 bis € 613; Durchschn. € 196
Info	**AIDA Cruises**, Rostock Tel. (0381) 20 27 07 22, www.aida.de

PROFIL

Info-/Entertainment	⚓⚓⚓⚓½
Sport & Wellness	⚓⚓⚓⚓⚓
Gastronomie	⚓⚓⚓⚓
Familienfreundlichkeit	⚓⚓⚓⚓⚓
Service	⚓⚓⚓
Routing	⚓½

Die AIDAstella in Warnemünde

AIDAstella, AIDAmar, AIDAsol, AIDAblu

Brauhaus an Bord, Restaurant-Vielfalt, frisches Design und ein Spa-Bereich der Extraklasse: das Erfolgsrezept der AIDAs der Sphinx-Klasse

Mit der **AIDAstella** wurde 2013 das letzte Schiff dieser Baureihe auf die Meere entlassen. Wie **AIDAblu**, **sol** und **mar** hat es eine besondere Institution an Bord, die konsequent auf die deutsche Volksseele zielt: ein eigenes Brauhaus. An langen Tischen genießen die Passagiere das an Bord gebraute „AIDA Zwickel", u. a. beim Public Viewing zur Fußball-WM, die auch auf der LED-Wand an Deck übertragen wurde. Neu bei dem Quartett ist das East, das orientalische Buffetrestaurant der AIDA-Flotte. Um ein halbes Deck erweitert wurde der 2.600 Quadratmeter große „Body & Soul"-Bereich mit seinem sehr geschmackvollen Interieur. Wichtig zu wissen: Die kostenpflichtigen Plätze in der Wellness-Oase sind begrenzt. Unbedingt empfehlenswert sind die Fahrradtouren mit den schiffseigenen Bikes, darunter auch E-Bikes und Segways. Im Sportbereich haben die AIDA-Schiffe ihre großen Stärken, Fitnessbereich und Saunalandschaft gehören zu den besten auf See, und der Standard der Kurse ist hoch. Gastronomisch auf hohem Level kochen das zahlungspflichtige Gourmetrestaurant Rossini und das Buffalo Steak House, in dem auch exzellente Craft-Biere auf der Karte stehen. Köstlich auch die Speisen in der Sushi-Bar, die allerdings oft hektisch wirkt, weil sie ins East-Buffetrestaurant integriert ist. Auffällig bei allen AIDA-Schiffen ist der extrem gute Wartungszustand, die Reederei pflegt ihre Hardware mit großer Sorgfalt.

Eine Balkon-Suite

Finnische Sauna mit Meerblick

Im Buffalo Steak House

DATEN & FAKTEN

BRZ	71.100	**Passagiere**	2.194/2.500
Länge	252,00 m	**Crew-Mitglieder**	607
Breite	32,20 m	**PCR (Pass. pro Crew)**	4,1
Indienststellung	2010 (blu) bis 2013 (stella)	**PSR (Platzangebot)**	28,4
		Passagierdecks	12
Bordsprache	Deutsch	**Restaurants/Bars**	7/12

Kabinen	1.097 (700 außen, 397 innen), davon 508 mit Balkon, 23 Suiten und Juniorsuiten; Größen: 14–87 m²
Sport & Wellness	Spa mit Wellness-Oase, Sauna u. v. m., Pool, Fitnesscenter, Golf, Basketball, Volleyball, Street Soccer, Jogging, Tauchen
Info-/Entertainment	Showprogramme, Tageskünstler, Tanz, Musik, Theatrium mit tägl. wechselnden Shows, Livebands, Disco, 4-D-Kino
Dresscode	leger, sportlich-elegant
Preis pro Nacht	€ 59 bis € 613; Durchschnitt € 175
Info	**AIDA Cruises** Rostock, Tel. (0381) 20 27 07 22 www.aida.de

PROFIL

Info-/Entertainment	⚓⚓⚓⚓½
Sport & Wellness	⚓⚓⚓⚓⚓
Gastronomie	⚓⚓⚓⚓
Familienfreundlichkeit	⚓⚓⚓⚓⚓
Service	⚓⚓⚓
Routing	⚓⚓⚓

Fahrgebiete & Reisen 2017

Karibik bis April und Ostsee von Mai bis November, mit Basis in Warnemünde, stehen im Programm der **AIDAmar**. Die **AIDAsol** startet mit Kanaren und Madeira und ist von Mai bis September in Hamburg zu Hause (Nordland, Britische Inseln, Westeuropa). Mit den Kanaren beginnt auch die **AIDAblu**, deren Sommerrevier die Adria (ab/bis Venedig) ist. Die **AIDAstella** fährt ab Mai, von Dubai kommend, ab Mallorca im westlichen Mittelmeer.

Kanaren und Madeira mit AIDAblu

Ab/bis Gran Canaria nach Madeira, Lanzarote, Fuerteventura und Teneriffa. **7 Nächte, ab € 585 ab/bis Hafen**

Westl. Mittelmeer mit AIDAstella

Ab/bis Palma de Mallorca nach Ajaccio auf Korsika, Rom, Salerno, Reggio Calabria, Valletta, Palermo, Cagliari auf Sardinien und Ibiza. **10 Nächte, ab € 1.375 ab/bis Hafen**

Auf der Elbe, Kurs Hamburg

Albatros

Oldie mit Fangemeinde – und ein Schiff mit einer langen Geschichte

Seit über 40 Jahren ist die Albatros nun schon auf den Weltmeeren zu Hause. 1973 in Finnland als **Royal Viking Sea** gebaut, ersetzte sie 2004 die erste Albatros des Bonner Veranstalters Phoenix Reisen, der in das Schiff mit der markanten Linie immer wieder investiert hat. Aber wie im richtigen Leben kann auch ein Schiff sein Alter irgendwann nicht mehr verbergen. Die Albatros ist durch ihre Bauart nur sehr bedingt barrierefrei, vielfach befinden sich an den Türen hohe Schwellen. Das trübt die Begeisterung des Phoenix-Publikums aber keineswegs. Nicht zuletzt dank TV-Ruhms durch „Verrückt nach Meer" hat die Albatros ihre Fangemeinde. Das Kreuzfahrterlebnis auf der Albatros ist klassisch, mit festen Plätzen im Restaurant in einer Sitzung und dem obligatorischen Gala-Buffet. Die ineinander übergehenden Restaurants Pelikan und Möwe wurden neu möbliert und sind so optisch auf der Höhe der Zeit. Am Heck ist ein großer Pool der Mittelpunkt des terrassenförmigen Achterdecks. Eine breite Auswahl zweckmäßig eingerichteter Kabinen bietet in jeder Preisklasse die richtige Unterkunft.

Fahrgebiete & Reisen 2017

Nach Reisen durch die Adria und die Ägäis kreuzt die Albatros im Sommer in der Ostsee ab/bis Bremerhaven (mit Nord-Ostsee-Kanal).

DATEN & FAKTEN

BRZ	28.000	**Passagiere**	850
Länge	205,00 m	**Crew-Mitglieder**	ca. 340
Breite	25,00 m	**PCR (Pass. pro Crew)**	2,5
Indienststellung	1973	**PSR (Platzangebot)**	32,9
Umbau/Renov.	2004/10	**Passagierdecks**	8
Bordsprache	Deutsch	**Restaurants/Bars**	2/5

Kabinen	420 (359 außen, 61 innen), davon 9 mit Balkon, 56 Suiten; Größen: 11–64 m²
Sport & Wellness	Pool, 3 Whirlpools, Sauna, türkische Dampfbäder, Fitnessstudio, Solarium/Massage gegen Gebühr
Info-/Entertainment	Showprogramme, Tageskünstler, Tanz, Musik
Dresscode	leger bis elegant; Abendgarderobe ist nicht vorgeschrieben
Preis pro Nacht	€ 67 bis € 491; Durchschn. € 201
Info	**Phoenix Reisen** Bonn, Tel. (0228) 92 60-55 www.phoenixreisen.com

PROFIL

Info-/Entertainment	⚓⚓⚓
Sport & Wellness	⚓⚓⚓
Gastronomie	⚓⚓⚓
Familienfreundlichkeit	⚓⚓⚓
Service	⚓⚓⚓⚓
Routing	⚓⚓⚓⚓½

In der Wesermündung

Artania

Ein Klassiker auf See, der Akzente setzt – unlängst umfassend renoviert

Schon beim Blick vom Kai aus wird deutlich: Mit ihrer klassischen Silhouette ist sie eine Grande Dame unter den Kreuzfahrtschiffen. Sie ist schlank gebaut, hat Platz für 1.200 Passagiere und ist perfekt für Liebhaber der klassischen Kreuzfahrt. Das terrassenförmige Heck bietet lauschige Plätze: perfekt für einen Drink zu zweit oder um mit Freunden den Tag mit Blick auf das Kielwasser ausklingen zu lassen. Auf den großzügigen Außendecks findet jeder schnell seinen Lieblingsplatz. Die Bedienrestaurants Artania und Vier Jahreszeiten bieten eine hohe Qualität und kreative Menüs. Ende 2014 wurde die 1984 als **Royal Princess** gebaute Artania für 40 Millionen Euro umfassend renoviert. In den öffentlichen Bereichen wurden in der fast dreimonatigen Liegezeit auf der Lloyd Werft durchgehend neue Teppiche verlegt, einige Bars erhielten neue Vorhänge und Sitzmöbel, und 450 der insgesamt 600 Kabinen sowie die beiden Suiten wurden komplett neu gestaltet. Innenkabinen gab es auf dem Schiff übrigens noch nie – eine Seltenheit in der klassischen Kreuzfahrt.

Fahrgebiete & Reisen 2017

Zu Jahresbeginn Südsee (mit Australien/Neuseeland), im Frühjahr via Thailand und Dubai nach Venedig, im Sommer Nordeuropa.

DATEN & FAKTEN

BRZ	44.500	Passagiere	1.200
Länge	231,00 m	Crew-Mitglieder	420
Breite	29,00 m	PCR (Pass. pro Crew)	2,9
Indienststellung	1984	PSR (Platzangebot)	37,1
letzte Renovierung	2014	Passagierdecks	9
Bordsprache	Deutsch	Restaurants/Bars	3/7

Kabinen	600 Außenkabinen, davon 252 mit Balkon, 14 Suiten, 57 Juniorsuiten; Größen: 16–50 m²
Sport & Wellness	2 Pools, mehrere Whirlpools, Wellnessbereich mit Beautysalon, Fitnesscenter, Massage, Sauna
Info-/Entertainment	Showprogramme, Tageskünstler, Tanz, Musik, Bibliothek, Kino, Theater, Internetcafé, Spielzimmer
Dresscode	leger bis festlich-elegant
Preis pro Nacht	€ 120 bis € 818; Durchschn. € 222
Info	**Phoenix Reisen** Bonn, Tel. (0228) 92 60-55 www.phoenixreisen.com

PROFIL

Info-/Entertainment	⚓⚓⚓½
Sport & Wellness	⚓⚓⚓⚓
Gastronomie	⚓⚓⚓⚓
Familienfreundlichkeit	⚓⚓⚓
Service	⚓⚓⚓⚓
Routing	⚓⚓⚓⚓

Auf Reede vor Teneriffa

SCHIFFE DES JAHRES 2016
Kreuzfahrt GuideAward
Gewinner in der Kategorie
ROUTING

Amadea

Viel Platz und heimelige Atmosphäre auf dem aktuellen „Traumschiff"

Für die Nachfolge des einstigen ZDF-Traumschiffs **Deutschland** zeigt sie sich rundherum gewappnet. Zu Recht ist die Amadea das Flaggschiff des Bonner Veranstalters Phoenix Reisen. Die nur 600 Passagiere haben deutlich mehr Platz an Bord als auf den anderen Phoenix-Schiffen und können beispielsweise einen modernen, schicken Wellnessbereich und ein klassisches Terrassenheck mit Lido-Terrasse und Jupiter-Bar genießen. Die Atlantik-Show-Lounge erstreckt sich am Heck über die Decks sechs und sieben; sie ist ein beeindruckender Rahmen für die gelungenen Abendshows. Fürs Kulinarische kann man zwischen dem lockeren Buffetrestaurant Amadea und dem edlen Vier Jahreszeiten (à la carte) wechseln. Die Küche ist

Achterdeck; das Vier Jahreszeiten

bewährt gut und abwechslungsreich. Am Gala-Abend lässt ein Neun-Gänge-Menü das Flair klassischer Oceanliner aufkommen – Traumschiff-Feeling eben. Den Abend verbringt man nach den Shows in der stilvollen Harry's Bar oder im Nachtclub Kopernikus. An Seetagen findet man im klassisch-maritim gestalteten Kaminzimmer eine heimelige Atmosphäre, auf dem langen Promenadendeck kann Boccia und ganz oben eine Partie (Mini-)Golf gespielt werden. Auf dem sehr gepflegten Schiff, das 1991 für japanisches Publikum als **Asuka** gebaut wurde, findet somit jeder schnell seinen Lieblingsplatz, sowohl unter freiem Himmel als auch in den liebevoll eingerichteten öffentlichen Bereichen. Kurzum: viel Raum für wenig Passagiere – und ein rundum würdevolles Traumschiff.

Fahrgebiete & Reisen 2017

Im Frühjahr fährt die Amadea von Costa Rica durch den Panamakanal nach Jamaika und zu den Cayman Islands, dann weiter nach New Orleans, Tampa, Key West und Miami bis nach Nassau auf den Bahamas. Nach einer Tour entlang der US-Ostküste steht die Atlantiküberquerung nach Hamburg im Fahrplan. Den Sommer verbringt das Traumschiff dann an Westeuropas Küsten und im Norden. Im September startet in Bremerhaven eine 3-Nächte-Tour, die zu den „Hamburg Cruise Days" am 8. September führt.

Frühling in Nordeuropa

Am 26.5. ab/bis Hamburg über Invergordon in Schottland nach Hafnarfjördur, Akureyri und Eskifjördur in Island; zurück über die Färöer- und die Shetland-Inseln sowie Bergen und Stavanger im Süden Norwegens. **14 Nächte, ab € 1.999 ab/bis Hamburg**

Herbstreise ins Schwarze Meer

Am 20.10. von Nizza über Valletta und Mykonos nach Odessa in der Ukraine, Konstanza in Rumänien und Nessebar in Bulgarien; zurück über Istanbul, Kerkyra (Korfu), Kotor und Split nach Venedig. **17 Nächte, ab € 2.499 ab/bis Hafen**

Golf an Deck

FOTO: C. Assies

DATEN & FAKTEN

BRZ	29.000	**Passagiere**	600
Länge	193,00 m	**Crew-Mitglieder**	280
Breite	25,00 m	**PCR (Pass. pro Crew)**	2,1
Indienststellung	1991	**PSR (Platzangebot)**	48,3
letzte Renovierung	2011	**Passagierdecks**	8
Bordsprache	Deutsch	**Restaurants/Bars**	2/5

Kabinen 314 Außenkabinen, davon 116 mit Balkon, 46 Suiten; Größen: 15–71 m²

Sport & Wellness Golfabschlag/Putting Greens, Pool, Whirlpools, Spa-Bereich mit Sauna, Massagen, Dampfbad etc., Fitness, Joggingpfad, Morgengymnastik

Info-/Entertainment Showprogramme, Tageskünstler, Tanz, Musik, Bibliothek, Internetcafé

Dresscode leger bis festlich-elegant

Preis pro Nacht € 148 bis € 750
Durchschnitt € 264

Info **Phoenix Reisen**
Bonn, Tel. (0228) 92 60-55
www.phoenixreisen.com

PROFIL

Info-/Entertainment	⚓⚓⚓½
Sport & Wellness	⚓⚓⚓⚓
Gastronomie	⚓⚓⚓⚓
Familienfreundlichkeit	⚓⚓⚓
Service	⚓⚓⚓⚓½
Routing	⚓⚓⚓⚓½

90 Meter über dem Schiff: die Glasgondel „North Star"

Anthem of the Seas

Roboter an der Bar, Hightech im Theater, eine Glasgondel über dem Schiff, „Fallschirmspringen", Autoscooter: die „Quantum Class" von Royal Caribbean

2016 hat die **Harmony of the Seas** (S. 172) ihnen die Schau gestohlen. Dass **Quantum**, **Anthem** und **Ovation of the Seas** (2014–16) per se revolutionärer waren (sowie 2009/10 auch **Oasis** und **Allure of the Seas**), sollte man darüber jedoch nicht vergessen. Als Europäer wird man, wenn man das überprüfen will, 2017 die Anthem buchen: Sie kreuzt ab New York, während Quantum und Ovation die Boom-Märkte China und Australien bedienen – eine andere Welt. Also zur Anthem – und der neuen Kreuzfahrtwelt, die sie verkörpert: „Smartship" heißt die Überschrift, unter der man hier ins digitale Zeitalter katapultiert wird. Schon beim Check-in fängt es an: Man erledigt ihn vorab daheim am PC – und erspart sich dadurch das Warten am Terminal. Doch erst an Bord geht es mit dem Hightech richtig los: Highspeed-WLAN (gegen Gebühr) ist rund um die Uhr verfügbar; eine personalisierte App weist den Weg zu allen Aktivitäten. Statt einer Bordkarte trägt man ein Armband, das die Kabine öffnet und alle Drinks an der Bar registriert – auch an der Bionic Bar, wo Roboter statt Kellner die Cocktails mixen. Und legt man sich in einer Innenkabine zu Bett, blickt man dennoch aufs „Meer": Ein Screen an der Wand simuliert den „virtuellen Balkon". Simuliert ist auch das Erlebnis „iFly": Wie an einem Fallschirm schwebt man auf einer Windsäule über dem Boden. Gleich 90 Meter hoch geht es dann in der Glaskapsel „North Star": Von einem Kran him-

Im Fallschirmsprung-Simulator

Die Showlounge „Two70°"

melwärts gebracht, blickt man über das Schiff aufs Meer. Dann der Abend: In der Lounge „Two70°", die mit so viel Technik ausgestattet ist wie wohl kaum ein Theater der Welt, lässt man sich von schwebenden Artisten ebenso bezaubern wie von fliegenden Videoschirmen. Aber gibt es auch Handgemachtes? Ja, das hinreißende Live-Musical „We Will Rock You" im 1.300 Plätze fassenden Theater, den Sport im „SeaPlex", der mal Basketballplatz, mal Trapez-Arena, mal Autoscooter ist. Und nicht zuletzt: in 18 Restaurants Gaumenfreuden, die von Menschenhand gemacht und serviert werden – *noch* besser, als jeder Roboter das kann.

Fahrgebiete & Reisen 2017

Die **Anthem** ist fest in New York stationiert, für 7- bis 12-Nächte-Törns in die Karibik und zu den Bahamas (**7 N., ab € 1.105**). Die **Quantum** fährt 2017 in Fernost ab/bis Shanghai, die **Ovation** zusätzlich in Australien (ab/bis Sydney) und in Südostasien (ab/bis Singapur).

Ein Jumbo für fast 5.000 Passagiere

DATEN & FAKTEN

BRZ	167.800	Crew-Mitglieder	1.300
Länge	348,00 m	PCR (Pass. pro Crew)	3,2
Breite	41,00 m	PSR (Platzangebot)	40,1
Indienststellung	2015	Passagierdecks	16
Bordsprache	Englisch	Restaurants	18
Passagiere	4.188/4.905	Bars	19

Kabinen	2.090: 1.717 außen, davon 1.570 mit Balkon, 373 innen mit virtuellem Balkon, 28 Single-Studios, 16 Familiensuiten; Größen: 13,8–192 m²
Sport & Wellness	4 Pools, Fallschirmsimulator, Sportdeck SeaPlex, Autoscooter, Rollschuhbahn, Fitnesscenter/Spa u. v. m.
Info-/Entertainment	Music Hall, Panoramasalon Two70°, Aussichtskapsel North Star, Akrobatik, Eisbar, Kinderclub u. v. m.
Dresscode	leger, abends je nach Anlass schicker
Preis pro Nacht	€ 114 bis € 2.550; Durchschn. € 194
Info	**RCL Cruises**, Frankfurt Tel. (069) 92 00 71-85 www.royalcaribbean.de

PROFIL

Info-/Entertainment	⚓⚓⚓⚓⚓
Sport & Wellness	⚓⚓⚓⚓⚓
Gastronomie	⚓⚓⚓⚓
Familienfreundlichkeit	⚓⚓⚓⚓⚓
Service	⚓⚓⚓½
Routing	⚓⚓

Trotz Eignerwechsels weiter mit deutschen Gästen

Astor

Klassische Kreuzfahrttradition auf Sommerrouten in Nord- und Ostsee

Trotz der neuen britischen Eigentümerin Cruise & Maritime Voyages werden an Bord der Astor deutsche Kreuzfahrttraditionen hochgehalten – vom Frühschoppen über die Vormittagsbouillon bis zum Kapitänsabend und Mitternachtsimbiss. Das klassische Schiff mit seinen großzügigen Teakholzdecks wurde zuletzt 2010 umfassend renoviert, sämtliche Kabinen wurden dabei modern ausgestattet und teilweise erweitert. Im gediegenen Captain's Club herrscht aber wie eh und je maritimes Flair zwischen Tauwerk und Steuerrad. Gespeist wird in zwei Sitzungen im Waldorf Restaurant oder in einem der beiden Spezialitätenrestaurants, die ohne Zuzahlung buchbar sind. Alternativ steht ein Buffet zur Verfügung. Und danach gibt es natürlich ganz klassische Showformate in der Astor Lounge. Ein USP der Astor: Für nierenkranke Urlauber gibt es im Hospital eine Dialysestation.

Fahrgebiete & Reisen 2017

Im Winter stehen drei lange Weltentdeckerreisen im Programm, die auch auf dem englischsprachigen Markt verkauft werden. Den Sommer verbringt die Astor in Nord- und Ostsee. Im Juni/Juli findet zudem eine große Grönland- und Islandreise ab/bis Bremerhaven statt, angeboten vom Spezialveranstalter Troll Tours.

DATEN & FAKTEN

BRZ	21.000	**Passagiere**	578
Länge	176,50 m	**Crew-Mitglieder**	278
Breite	23,60	**PCR (Pass. pro Crew)**	2,1
Indienststellung	1987	**PSR (Platzangebot)**	36,3
letzte Renovierung	2010	**Passagierdecks**	7
Bordsprache	Deutsch	**Restaurants/Bars**	4/2

Kabinen	289 (198 außen, 91 innen), davon 39 Suiten; Größen: 13–59 m²
Sport & Wellness	Fitnesscenter, Innen- u. Außenpool, Wellness-Oase (Sauna, Dampfbad, Massage, Kosmetik), Volleyball, Tischtennis, Joggingpfad, Yoga, Rücken- und Wassergymnastik
Info-/Entertainment	Showprogramme, Tanz, Klassik, Vorträge/Lesungen, Kursangebote
Dresscode	sportlich-leger bis festlich
Preis pro Nacht	€ 75 bis € 1.090; Durchschnitt € 306
Info	**TransOcean Kreuzfahrten** Offenbach, Tel. (069) 800 871 650 www.transocean.de

PROFIL

Info-/Entertainment	⚓⚓⚓½
Sport & Wellness	⚓⚓⚓½
Gastronomie	⚓⚓⚓½
Familienfreundlichkeit	⚓½
Service	⚓⚓⚓⚓
Routing	⚓⚓⚓

Die Azamara Quest in Hamburg

Azamara Quest & Journey

Frisch renoviert: die Club Cruiser im schicken Boutiquehotel-Style

Wer hektische Betriebsamkeit und Massenbespaßung bei Kreuzfahrten fürchtet, sollte sich dieses US-Schiffsduo anschauen. Inklusive zweier neu hinzugekommener Spa-Suiten beherbergen die beiden „Upper Premium"-Kreuzer nur 690 Gäste in gediegener, gleichwohl entspannt-familiärer Atmosphäre. Die moderate Schiffsgröße erlaubt auch das Entdecken von Häfen abseits der Rennstrecken – oft mit Aufenthalten bis zum späten Abend oder gar über Nacht. Dabei gestaltet sich die Bordinfrastruktur vielfältig und komplett, nur die Standardkabinen sind etwas kompakt. Neben etlichen Inklusivleistungen wie täglich wechselnden Weinen sowie einer Auswahl an Spirituosen und Bieren wird eine im Reisepreis eingeschlossene exklusive Abendveranstaltung an Land namens „AzAmazing Evening" geboten, die es sonst nirgends in der Kreuzfahrt gibt. Das Ergebnis der kürzlich erfolgten Verjüngungskur beider Schiffe konnte bis Redaktionsschluss noch nicht getestet werden, deshalb bleiben sie vorerst unbewertet.

Fahrgebiete & Reisen 2017

Quest: Karibik bis Mai, Mittelmeer bis Oktober, danach Dubai. **Journey**: Südostasien bis Mai, Nordeuropa bis September (u. a. Hamburg im Juni), danach ebenfalls Kurs Dubai.

DATEN & FAKTEN

BRZ	30.277	**Passagiere**	690/710
Länge	180,75 m	**Crew-Mitglieder**	407
Breite	28,95 m	**PCR (Pass. pro Crew)**	1,7
Indienststellung	2000	**PSR (Platzangebot)**	43,6
letzte Renovierung	2015	**Passagierdecks**	9
Bordsprache	Englisch	**Restaurants/Bars**	4/8

Kabinen	347 (321 außen, 26 innen), davon 197 mit Veranda und 44 Suiten mit Butlerservice; Größen: 14–76 m²
Sport & Wellness	Spa und Wellnesscenter (Thalasso, Akupunktur), Fitnessclub, Pool mit Jacuzzi, Aesthetics-Schönheitssalon, Tischtennis, Joggingpfad
Info-/Entertainment	Showprogramme, Vorträge zu den Landausflügen, Pianobar
Dresscode	sportlich-leger bis elegant
Preis pro Nacht	€ 92 bis €2.334; Durchschn. € 286
Info	**Azamara Club Cruises** Frankfurt, Tel. (069) 92 00 71-55 www.azamaraclubcruises.de

PROFIL

Info-/Entertainment
Sport & Wellness
Gastronomie
Familienfreundlichkeit
Service
Routing

aktuell noch nicht bewertet

Im Winter 2016/17 ist die Berlin regelmäßig in Kuba zu Gast

Berlin

Vom Traumschiff zur soliden Mittelklasse: das gemütliche Ferienschiff

Das waren noch Zeiten, als Sascha Hehn in der Traumschiff-Serie als smarter Steward die Damenwelt betörte. Sympathisch und sehr freundlich sind die heutigen Servicekräfte auf der unter FTI-Regie fahrenden Berlin auch heute noch. Nur der Glamour vergangener Jahre ist ein wenig verblasst. Der beliebte Kreuzfahrer ist in die Jahre gekommen; auch die letzte Teilrenovierung (2013/14) konnte daran nicht viel ändern. Gelungen ist aber der Mix aus modernen und luxuriösen Elementen. Immer noch ein Traum sind die vielen wunderschönen Außendecks – ein Highlight für jeden Sonnenuntergangs-Romantiker. Die Standardkabinen sind zweckmäßig und solide eingerichtet. In den Grand- und Junior-Suiten

Das Sonnendeck; eine Außenkabine

spiegeln sich die 1980er-Jahre. Gute Noten verdienen die öffentlichen Bordeinrichtungen, allen voran die riesige Bibliothek im Kolonialstil. Beliebte Treffpunkte am Abend sind die Berlin-Lounge auf dem Sonnendeck und der Yacht Club, eine stilvolle Bar zum Entspannen und Genießen – übrigens mit erfreulich moderaten Getränkepreisen. Bunter geht es in der Sirocco-Lounge zu. Tagsüber werden dort leichte Animation oder Lektorenvorträge geboten, abends das Showprogramm auf der Bühne. Fitnesscenter mit Sauna, ein kleiner Bord-Shop und ein Friseursalon runden das Angebot ab. Zum kulinarischen Aspekt: Im Buffetrestaurant Verandah dominiert ein solides Speisenangebot ohne Chichi. Im Hauptrestaurant wird in zwei Sitzungen à la carte gespeist. Das Angebot verdient gute Noten, nur über das Interieur des Restaurants lässt sich streiten. Noch wichtig zu wissen: Vier der sechs Passagierdecks sind mit einem nachträglich eingebauten kleinen Lift erreichbar.

Fahrgebiete & Reisen 2017

Den Winter verbringt die Berlin in der Karibik mit einwöchigen Kreuzfahrten ab/bis Havanna. Von März bis Juni stehen Mittelmeertörns ab/bis Nizza im Programm, danach folgen Nord- und Ostsee, u. a. mit einem erstmaligen Besuch der Britischen Inseln. Im Herbst geht es zurück ins Mittelmeer (Frankreich, Italien, Kroatien und Griechenland ab Nizza oder Venedig).

Schottland, Irland, England

Am 20.8. ab Kiel via Skagen zur Isle of Skye, dann nach Belfast, Dublin und Cobh in Irland und über die Scilly-Inseln, Guernsey und Southampton nach Bremerhaven. **14 Nächte, ab € 2.279 ab/bis Hafen**

Italien, Griechenland, Malta

Am 18.10. ab Venedig nach Otranto in Süditalien, zur griechischen Insel Kefalonia, dann nach Syrakus/Sizilien, Valletta/Malta und Trapani/Sizilien und zurück über Castellammare di Stabia und Brindisi nach Venedig. **11 Nächte, ab € 1.499 ab/bis Venedig**

Entspannt genießen

DATEN & FAKTEN

BRZ	9.570	Passagiere	412/456
Länge	139,00 m	Crew-Mitglieder	180
Breite	17,50 m	PCR (Pass. pro Crew)	2,3
Indienststellung	1980	PSR (Platzangebot)	23.2
letzte Renov.	2013/14	Passagierdecks	6
Bordsprache	Deutsch	Restaurants/Bars	2/5

Kabinen	206, davon 158 außen, 48 innen, 2 Grand-Suiten, 4 Junior-Suiten, Größen: 14–37 m²
Sport & Wellness	Sauna, Fitnesscenter, Massagen gegen Gebühr, Außen-Pool, Friseur, Bordarzt
Info-/Entertainment	Shows mit Einzelkünstlern, Lektorenvorträge, Live-Musik, große Bibliothek, leichte Animation
Dresscode	sportlich-leger bis formell
Preis pro Nacht	€ 65 bis € 550; Durchschnitt € 179
Info	**FTI Cruises** München, Tel. (0361) 518 03 43 00 www.fti-cruises.com

PROFIL

Info-/Entertainment	⚓⚓
Sport & Wellness	⚓⚓⚓
Gastronomie	⚓⚓⚓½
Familienfreundlichkeit	⚓⚓½
Service	⚓⚓⚓½
Routing	⚓⚓⚓⚓

Am Amazonas

Bremen

Ob Eis oder Asien – Entdecker sind herzlich willkommen an Bord

Das kleine Expeditionsschiff von Hapag-Lloyd Cruises fährt dank höchster Eisklasse in Arktis und Antarktis oft einfach weiter, wenn andere Schiffe schon umdrehen müssen. Aber auch jenseits der Pole findet das Hamburger Traditionsunternehmen immer wieder neue Ziele für das Abenteuer Expedition – so geht es 2017 beispielsweise erstmals nach Japan. Versierte Lektoren und eine sehr gute Küche gehören zum Rahmenprogramm für die Naturschauspiele. Der beheizte Pool und die Rundumverglasung des Pooldecks ermöglichen das Baden auch in kalten Regionen. Der Dresscode auf der Bremen ist „smart casual", Abendroben sind hier nicht gefragt. Die Panorama-Lounge am höchsten Punkt des Schiffs

Zodiac-Fahrt im Eis; das Restaurant

gewährt beste Aussichten, ist mit einer eigenen Bar ausgestattet und dient auch für Vorträge der Fachlektoren. Um draußen nichts zu verpassen, bleiben dabei die Vorhänge gern auch mal geöffnet. Auf den Fluren wecken Fotografien von Michael Poliza Lust auf weitere außergewöhnliche Reiseziele. Komfortable Kabinen, eine offene Brücke und großzügige Außendecks bieten beste Voraussetzungen für deren Genuss. Aber auch Nahegelegenes oder Bekanntes kann bei Studienreisen neu wahrgenommen werden. 2017 fährt das Schiff zum Beispiel einmal mehr die Nordwestpassage, aber auf neuen Wegen: durch die Fury and Hecla Strait.

Fahrgebiete & Reisen 2017

Nach der Antarktis-Saison kreuzt die Bremen ab März vor Neuseeland und Australien sowie in der indonesischen Inselwelt. Via Shanghai zieht sie im Mai Richtung Japan, von wo aus u. a. die sibirische Kamtschatka-Halbinsel und die Kurilen erkundet werden (s. u.). Im Frühsommer folgen mehrere Alaska-Reisen ab Vancouver, danach die Durchquerung der Nordwestpassage mit Ziel Grönland. Im September ist die Bremen in Hamburg zu Gast, bevor sie im Oktober via Marokko, Kapverden und Westafrika wieder zur Wintersaison auf der Südhalbkugel aufbricht.

Expedition Kamtschatka und Kurilen

Ab 20.5. von Otaru (Sapporo) in Japan über Rishiri zur Kamtschatka-Halbinsel in Sibirien (mit 2 Tagen Petropawlosk), zu den Kurilen (u. a. Atlasova, Matua und Yankicho) und nach Korsakow auf der Insel Schalin. **18 Nächte, ab € 10.150 inkl. An- und Abreise ab/bis Dtl.**

Expedition Marokko und Kapverden

Ab 22.10. von Safi (Marrakesch) in Marokko nach Dakar im Senegal und über Agadir/Marokko nach Arecife auf Lanzarote und weiter zu den Kapverden-Inseln Sal, São Nicolau, Sao Vicente, Santo Antão und Santiago. **12 Nächte, ab € 5.920 inkl. An- und Abreise ab/bis Deutschland**

Experte an Bord

DATEN & FAKTEN

BRZ	6.752	**Passagiere**	155
Länge	111,00 m	**Crew-Mitglieder**	100
Breite	17,00 m	**PCR (Pass. pro Crew)**	1,6
Indienststellung	1990	**PSR (Platzangebot)**	41,2
letzte Renovierung	2016	**Passagierdecks**	6
Bordsprache	Deutsch	**Restaurants/Bars**	1/2

Kabinen	80 Außenkabinen (18 m²), davon 16 mit Balkon sowie 2 Suiten (24 m²) mit Balkon
Sport & Wellness	Pool, Fitnessraum & Sauna, Schnorchelausrüstung, Nordic-Walking-Stöcke
Info-/Entertainment	Wissensvermittlung durch Experten verschiedener Fachrichtungen, auch für Teens von 10 bis 17 Jahren
Dresscode	sportlich-leger bis sportlich-elegant
Preis pro Nacht	€ 229 bis € 1.323, Durchschnitt € 663
Info	**Hapag-Lloyd Cruises** Hamburg, Tel. (040) 30 70 30 70 www.hl-cruises.de

PROFIL

Info-/Entertainment	⚓ ⚓ ⚓ ½
Sport & Wellness	⚓ ⚓ ½
Gastronomie	⚓ ⚓ ⚓ ⚓ ½
Familienfreundlichkeit	⚓ ⚓
Service	⚓ ⚓ ⚓ ⚓ ½
Routing	⚓ ⚓ ⚓ ⚓ ⚓

Vor der Küste Kretas: Im letzten Jahr war sie in Europa zu Gast

Carnival Vista

Neue Kabinen-Konzepte, vielfältiges Angebot für Familien, gutes Essen und Service sowie viel Bezug zu Sonne und Meer prägen die Carnival Vista

Die Carnival Vista lebt von ihrem kubanisch-karibischen Flair. Besonders kubanisch geht es in der grandiosen Havana-Bar am Heck des Schiffs zu, mit Innen- und Außenbereich sowie einem Pool mit künstlichen Palmen und Strohhütten. Angrenzend liegen die neuen Havana-Kabinen mit Balkon und Terrasse nebst privater Hängematte. Neue Familienkabinen haben eine eigene Sitz- und Spielecke, eine exklusive Lounge bietet mit Snacks sowie Brett- und Computerspielen einen schönen Rückzugsraum für Familien. Besonders gut gelingt die Integration von Familien im Clubhouse auf Deck zwölf mit Tischtennis, Billard, Bowling, Minigolf und Tischkicker. Gleich daneben finden sich ein Hochseilgarten und der „Skyride": zwei an Schienen hängende Fahrrad-Gondeln, in denen Passagiere einmal rund ums Deck strampeln können. Noch mehr Spaß gibt's im großen Wasserpark inklusive zweier großer Rutschen. Ruhe suchende Erwachsene ziehen sich in den Serenity-Bereich zurück, mit Sonnenliegen, großen Lounge-Möbeln und eigener Bar und Aussicht nach vorn. Viel Bezug zum Meer bietet das breite Promenadendeck mit Bars und Restaurants, aber auch ruhigen Bereichen mit Sonnenliegen. Die Carnival Vista ist im positiven Sinne amerikanisch geprägt: Der Service ist aufmerksam und freundlich, das Essen durchweg sehr gut. Deutsche Speisekarten und einen deutschsprachigen Ansprechpartner an

Restaurant Horizons

Pooldeck und Wasserrutschen

FOTOS: F. Neumeier (3), Carnival Cruise Line (1)

der Rezeption gibt es zwar, ansonsten sollte man aber zumindest ein paar Worte Englisch beherrschen. Was bietet die Carnival Vista sonst noch? Eine beeindruckende LED-Video-Installation in der Form eines Cocktailglases im Atrium, das erste IMAX-Kino auf See, vielfältige Livemusik und Shows im Theater auf qualitativ sehr hohem Niveau und ein ebenso vielfältiges Angebot an Bars und Restaurants, viele davon zuzahlungsfrei.

Fahrgebiete & Reisen 2017

Die Carnival Vista ist ganzjährig in Miami stationiert. Von dort aus fährt sie in die westliche Karibik (mit Cozumel/Mexiko, Grand Cayman und Ocho Rios/Jamaika: **6 Nächte, ab € 653 ab/bis Miami**), in die östliche Karibik (St. Martin, St. Kitts, San Juan/Puerto Rico und Grand Turk: **8 Nächte, ab € 891 ab/bis Miami**) sowie zwei Routen in der südlichen Karibik mit Aruba, Curaçao oder Bonaire, La Romana/Dom. Republik und Grand Turk.

Show im Liquid Lounge Theater

DATEN & FAKTEN

BRZ	133.596	Crew-Mitglieder	1.450
Länge	322,50 m	PCR (Pass. pro Crew)	2,7
Breite	37,19 m	PSR (Platzangebot)	34,0
Indienststellung	2016	Passagierdecks	14
Bordsprache	Englisch	Restaurants	9
Passagiere	3.934/4.977	Bars	13

Kabinen	1.967, davon 752 innen, 1.141 außen, 77 % mit Balkon, 74 Suiten; Größen: 17–52 m²
Sport & Wellness	3 Pools, 6 Whirlpools, Wasserrutsche, Spa, Dampfbad/Sauna, Minigolf, Hochseilgarten, Sportplatz, Joggingbahn u.v.m.
Info-/Entertainment	Shows im Las-Vegas-Stil, vielfältige Livemusik, IMAX- und 4-D-Kino, Bibliothek, Disco, Casino, Shops, Kunstauktionen
Dresscode	sportlich-leger bis elegant
Preis pro Nacht	€ 70 bis € 553; Durchschnitt € 151
Info	**Carnival Cruise Line** München, Tel. (089) 517 03-130 www.carnivalcruiseline.de

PROFIL

Info-/Entertainment	⚓⚓⚓⚓⚓
Sport & Wellness	⚓⚓⚓⚓⚓
Gastronomie	⚓⚓⚓⚓
Familienfreundlichkeit	⚓⚓⚓⚓⚓
Service	⚓⚓⚓⚓
Routing	⚓⚓½

Im Hafen von Valletta auf Malta

FOTO: J. Bohmann

Celebrity Silhouette (Solstice Class)

Chic und jung präsentieren sich die fünf größten Schiffe von Celebrity Cruises aus den USA. In einigen Kabinen-Kategorien gibt's exklusive Extras

Der Lawn Club ganz oben auf Deck 15 ist mit seinen 2.000 Quadratmetern Echtrasen das auffälligste Merkmal der Solstice-Klasse von Celebrity Cruises. Je nach Schiff ist dieser einzigartige Ort mit einer Glasbläsershow, einem Freiluft-Grillrestaurant oder mit Cabanas als privater Rückzugsmöglichkeit ausgestattet. Die Schiffe beeindrucken durch ihr durchgängiges, edel-modernes Design, einschließlich aller 24 Restaurants und Bars. Abendliche Hotspots sind die Martini Bar sowie die World Class Bar mit ausgefallenen Cocktails. Hochwertige Speisen, ein aufmerksamer Service, manchmal aber auch ausgelassene Mottopartys bilden eine gute Mischung an Bord dieser Premiumschiffe mit ihrem kosmopolitischen Flair. Insgesamt gibt Celebrity sich einen sehr modernen, jungen Anstrich mit zeitgenössischer Musik und neuen Restaurants wie dem Sushi on 5. Das jüngste Schiff der Reihe, die 2012 getaufte **Celebrity Reflection**, hat übrigens ein zusätzliches Deck und entsprechend mehr Kabinen als die ersten vier Schwestern. Suitenbewohnern steht mit dem Luminae ein eigenes Restaurant zur Verfügung, außerdem mit dem Michael's Club eine eigene, exklusive Lounge, kostenlose Premium-Getränke und ein Butlerservice. Wer die „Aqua-Class" bucht, hat direkten Zugang zum Spa und dem Restaurant Blu, das vom Frühstück bis zum Dinner mit exzellenter, leichter Küche punktet.

Das Restaurant Grand Cuvée

Die zentrale Lobby

Echtrasen: der Lawn Club

DATEN & FAKTEN C. Silhouette

BRZ	122.210	Passagiere	2.886/3.181
Länge	315,00 m	Crew-Mitglieder	1.233
Breite	36,80 m	PCR (Pass. pro Crew)	2,3
Indienststellung	2011 (Solstice Class: ab 2008)	PSR (Platzangebot)	42,3
Bordsprache	Englisch	Passagierdecks	13
		Restaurants/Bars	13/9

Kabinen	1.443, davon 143 innen, 1.234 außen, 85 % mit Balkon, 66 Suiten; Größen: 16–120 m²
Sport & Wellness	Pool, Aqua-Spa mit Solarium, Persian Garden, Aqua-Class-Kabinen, Spa-Café
Info-/Entertainment	Shows im Broadway-Stil, Akrobaten, Lawn Club mit diversen Aktivitäten (u. a. einer Glasbläserwerkstatt) u. v. m.
Dresscode	sportlich-elegant
Preis pro Nacht	€ 69 bis € 3.241; Durchschnitt € 194
Info	**Celebrity Cruises** Frankfurt, Tel. (069) 92 00 71-85 www.celebritycruises.de

PROFIL

Info-/Entertainment	⚓⚓⚓⚓½
Sport & Wellness	⚓⚓⚓⚓½
Gastronomie	⚓⚓⚓⚓½
Familienfreundlichkeit	⚓⚓⚓⚓
Service	⚓⚓⚓⚓
Routing	⚓⚓⚓⚓

Fahrgebiete & Reisen 2017

Silhouette und **Eclipse** verbringen den Sommer in Nordeuropa, Letztere fährt zudem von Southampton aus zu den Kanaren. Die **Reflection** kreuzt im Mittelmeer, wie im Herbst auch **Silhouette** und **Eclipse**. Die **Equinox** ist ganzjährig in der Karibik unterwegs. Im Winter bieten vier der Schwestern Karibikrouten an, nur die **Solstice** ist rund um Australien und Neuseeland sowie im Pazifik unterwegs.

Skandinavien/Russland (Silhouette)

Am 19.5. ab/bis Amsterdam nach Oslo, Kopenhagen, Warnemünde, Helsinki, St. Petersburg (overnight), Tallinn und Stockholm. **13 Nächte, ab € 1.830 ab/bis Amsterdam**

Portugal/Azoren (Eclipse)

Eine ungewöhnliche Route: zu den Azoren, nach Madeira, Lissabon und La Coruña. **11 N., ab € 1.729 ab/bis Southampton**

Das perfekte Schiff für Fans der griechischen Inselwelt

FOTO: F. Neumeier

Celestyal Nefeli

Griechenland „all-inclusive" – und so authentisch, wie es nur geht

Auf der Nefeli zelebriert Celestyal Cruises griechische Lebensart und macht Griechenland nicht nur beim Landgang, sondern auch an Bord hautnah erlebbar. Das kleine Schiff steuert Häfen an, die für große Kreuzfahrtschiffe unzugänglich sind. An Bord sorgen eine gute, griechisch inspirierte Küche und ebensolches Entertainment wie beispielsweise ein erstklassiger Bouzouki-Spieler für Hellas-Feeling pur. Sehr positiv: Trinkgelder und Getränke sind im Reisepreis enthalten. Das Schiff wurde 1992 als **Crown Jewel** in Dienst gestellt, lief später unter anderem als **Cunard Crown Jewel** und **Superstar Gemini**. Nach einer Renovierung fährt sie seit 2016 für Celestyal. Ein breites, umlaufendes Promenadendeck, der terrassenartige Heckbereich auf vier Ebenen, das Sonnendeck mit Blick nach vorn und ein großzügiger Poolbereich inklusive windgeschützter Bar machen die Nefeli zum idealen Schönwetterschiff. Besonders überzeugt die freundliche Crew. Viele Kellner und Kabinenstewards sprechen gutes Englisch, oft auch Deutsch. Infos und Speisekarten gibt es ohnehin auf Deutsch, und meist sind auch deutschsprachige Landausflüge im Angebot.

Fahrgebiete & Reisen 2017

Im Sommer Wochentörns durch die griechische Inselwelt mit mehreren Zustiegsmöglichkeiten.

DATEN & FAKTEN

BRZ	19.093	**Crew-Mitglieder**	367
Länge	163,81 m	**Bordspr.**	Engl., Griechisch
Breite	22,50 m	**PCR (Pass. pro Crew)**	2,2
Indienststellung	1992	**PSR (Platzangebot)**	23,8
letzte Renovierung	2015	**Passagierdecks**	8
Passagiere	802	**Restaurants/Bars**	2/6

Kabinen	400 Kabinen, davon 123 innen, 277 außen, 31 Juniorsuiten und 12 Executive-Suiten; Größen: 11–15 m²
Sport & Wellness	Pool, Whirlpool, Fitnesscenter, Massagen, Beautysalon
Info-/Entertainment	Abendliche Shows, Casino, Bibliothek, Nachtclub, Boutique, Duty-free-Shop, Internet (gegen Gebühr)
Dresscode	überwiegend leger; bei 7-tägigen Reisen ein Gala-Abend
Preis pro Nacht	€ 99 bis € 292; Durchschnitt € 170
Info	**H & H Touristik**, Karlsruhe, Tel. (0721) 97 67 50 00, www.hht.de

PROFIL

Info-/Entertainment	⚓ ⚓ ½
Sport & Wellness	⚓ ⚓ ½
Gastronomie	⚓ ⚓ ⚓ ½
Familienfreundlichkeit	⚓ ⚓ ⚓
Service	⚓ ⚓ ⚓ ½
Routing	⚓ ⚓ ½

Das Erfolgsduo in der Ostsee

Color Magic & Color Fantasy

Zum Reinschnuppern: „Mini-Kreuzfahrten“ auf der Strecke Kiel–Oslo

Kreuzfahrt light – das ist diese Linienschiffsreise von gerade mal zwei Nächten, von Kiel nach Oslo und retour. Die beiden fast baugleichen Fähren bieten die Erfolgsidee an: Seit dem Start 2005 haben sich die Gästezahlen fast verzwanzigfacht. Auch weil man in Oslo ein paar Nächte bleiben kann, wenn man schon mal da ist: Mit ihren zubuchbaren Hotelpaketen ist die Linie Deutschlands größter Norwegen-Veranstalter. Dass sie nebenbei auch Autos transportiert, vergisst man schnell, wenn man die Flaniermeile im Bauch des Schiffs betritt, auf der sich Casino, Cocktailbars und Duty-free-Shops reihen. Sehenswert sind die Shows im Theater; neu ist eine nachmittägliche Teezeremonie mit dem „Flying Culinary Circus“. Gespeist wird vom Buffet oder mehrgängig im Heckrestaurant; sofern nicht als Paket gebucht, sind die Mahlzeiten aber extra zu zahlen. Das gilt auch für das Spaßbad „Aqualand“ auf Deck zwölf – und für alle Drinks in den Bars. Gratis ist dagegen der Blick aus der Observation Lounge, 15 Decks überm Meer.

Fahrgebiete & Reisen 2017

Tägliche Abfahrten von Kiel nach Oslo und zurück, mit 1 Nacht an Bord: **ab € 89**

DATEN & FAKTEN Color Magic

BRZ	75.100	**Passagiere**	2.700
Länge	224,00 m	**Crew-Mitglieder**	250
Breite	35,00 m	**PCR (Pass. pro Crew)**	11
Indienststellung	2005/07	**PSR (Platzangebot)**	27,1
Bordsprache	Deutsch, Norwegisch, Englisch	**Passagierdecks**	10
		Restaurants/Bars	8/10

Kabinen	1.016 (343 innen, 673 außen), davon 34 Suiten; Größen: 10,5–35 m²
Sport & Wellness	Color Spa & Fitnesscenter, Aqualand, Golfsimulator
Info-/Entertainment	Show-Lounge, Pianobar, Pub, Observation Lounge, Casino, große Shopping-Promenade
Dresscode	sportlich bis elegant
Besonderheit	Autodecks für 550 Fahrzeuge
Preis pro Nacht	€ 89 bis € 639; Durchschnitt € 218
Info	**Color Line** Kiel, Tel. (0431) 73 00-100 www.colorline.com

PROFIL

Info-/Entertainment	⚓ ⚓ ⚓ ⚓
Sport & Wellness	⚓ ⚓ ⚓ ½
Gastronomie	⚓ ⚓ ⚓ ½
Familienfreundlichkeit	⚓ ⚓ ⚓ ⚓
Service	⚓ ⚓ ⚓
Routing	⚓ ½

Einer der festen Routenhäfen: La Spezia

Costa Diadema

Dolce Vita zur See: Mit seinem neuesten Schiff bekennt sich Costa zu seinen italienischen Wurzeln. Farbenfroh-fröhlich und südländisch geht es an Bord zu

Die Costa Diadema, das aktuelle Flaggschiff von Costa Crociere aus Genua, kreuzt seit Ende 2014 durchs Mittelmeer. In Farbgebung und Dekoration kommt sie deutlich dezenter daher als frühere Flottengeschwister – nur im blau leuchtenden Atrium leistet sie sich einen kraftvollen Akzent. Durch die meist italienischen Gäste an Bord geht es südländisch-temperamentvoll zu unter dem gelben Schornstein, dem Wahrzeichen aller Costa-Schiffe. Die Restaurants und Bars auf den Decks vier und fünf gehen ineinander über und öffnen sich mit Außenpavillons zu einer wohltuend breiten Promenade. Die Kabinen sind hell und zweckmäßig, wenn auch eine Spur zu nüchtern. Das macht aber das genussbetonte, fröhlich-bunte Borderlebnis wett. Themenabende von der „Weißen Nacht“ bis zum Maskenball garantieren gute Unterhaltung, ebenso wie das mit Operneinlagen und Folklore bewusst italienisch gefärbte Bühnenprogramm. So mancher Kellner entpuppt sich dabei als „Pavarotti light“ und schmettert zwischen den Gängen Klassiker wie „Volare“. Man speist, inklusive Gala-Abend, mit fester Tischzeit im Fiorentino oder Adularia. Die Stimmung der zweiten Tischzeit ist deutlich ausgelassener. Flexible Zeiten gelten im Corona Blu oder auch beim Buffet; das auf Deck zehn hat allerdings einen Lärmpegel wie zur Rushhour auf Roms Piazza del Popolo. Aufpreispflichtige Alternativen sind ein Clubrestaurant und das Samsara-Wellnessrestau-

Außenbar Teodora

Fahrstühle in der Lobby

FOTOS: J. Bohmann (3), Costa Crociere (1)

rant. Das japanische Teppanyaki steht für Erlebnis-Essen: Showköche jonglieren mit Messern und Pfeffermühlen. Auch eine Pizzeria, eine exzellente Eisdiele und eine lauschige Heckbar (Teodora, Deck fünf) gibt es – und einen Biergarten, der auf diesem Schiff aber deplatziert wirkt, so wie der einsame Alleinunterhalter. Ein kluger Schachzug: Man kann in jedem Hafen der ganzjährig gleichbleibenden Route zusteigen; dadurch verteilt sich der Ein- und Ausschiffungstrubel. Ein großes Herz, typisch Costa, hat die Diadema für Kinder: Ihr Spiel- und Planschbereich mit Ritterburg und Piratenschiff sucht seinesgleichen.

Fahrgebiete & Reisen 2017

Die Diadema kreuzt ganzjährig ab/bis Savona oder Rom im westlichen Mittelmeer. Auch die Routenhäfen der 7-Nächte-Reise (Marseille, Barcelona, Palma de Mallorca, Neapel, La Spezia) können als Start- und Zielhafen gebucht werden. **7 Nächte, ab € 729 ab/bis Hafen**

Selfie mit Roboter Pepper

DATEN & FAKTEN

BRZ	132.500	**Passagiere**	3.724/4.947
Länge	306,00 m	**Crew**	1.253
Breite	37,20 m	**PCR (Pass. pro Crew)**	3,9
Indienststellung	2014	**PSR (Platzangebot)**	26,8
Bordsprachen	Italienisch, Englisch, Deutsch, Franz.	**Passagierdecks**	13
		Restaurants/Bars	7/11

Kabinen	1.862, davon 141 Samsara-Kabinen und -Suiten, 64 Suiten mit Balkon, 756 Kabinen mit Balkon
Sport & Wellness	3 Pools, 4 Whirlpools, Samsara-Spa über zwei Decks, Fitness, Sauna, Solarium, Thalasso-Therapie, Sportplatz, Jogging-Parcours u. v. m.
Info-/Entertainment	Theater, Casino, 4-D-Kino, Disco, Grand-Prix-Simulator, Shopping-Center, Videospiele, Kinderclub
Dresscode	sportlich-leger; Gala-Abende
Preis pro Nacht	€ 63 bis € 493; Durchschnitt € 170
Info	**Costa Kreuzfahrten** Hamburg, Tel. (040) 570 12 13 14 www.costakreuzfahrten.de

PROFIL

Info-/Entertainment	⚓⚓⚓⚓
Sport & Wellness	⚓⚓⚓⚓½
Gastronomie	⚓⚓⚓⚓
Familienfreundlichkeit	⚓⚓⚓⚓⚓
Service	⚓⚓⚓½
Routing	⚓⚓⚓

In den norwegischen Fjorden

Costa Luminosa

Die Globetrotterin von Costa: mit italienischer Lebensart auf Weltreise

Nicht von ungefähr schickt Costa die Costa Luminosa 2017 auf Weltreise, wie schon zuvor ihre Schwester **Costa Deliziosa**. Das Schiff ist nicht zu groß, bietet aber genug Abwechslung für längere Reisen. Und es ist auf jedes Wetter und Fahrgebiet vorbereitet: Das breite Promenadendeck verfügt über verglaste Bereiche, der Haupt-Pool ist mit einem zurückfahrbaren Glasdach geschützt, und für die auf der Weltreise folgenden Sommerreisen im Mittelmeer bietet sie großzügige Sonnendecks und einen Heck-Pool mitsamt lauschiger Bar. Das Spa ist groß und hell, zusätzlich gibt es einen großen Thalasso-Whirlpool. Im Atrium bildet die wuchtige Statue „Donna Sdraiata" des kolumbianischen Künstlers Botero einen Gegenpol zur Holzoptik und den Farbflächen der großen Bar. Farbiges Licht und kräftige Farben setzen überall opulente Design-Akzente. Man speist, inklusive Gala-Abend, im Hauptrestaurant Taurus oder im Buffetrestaurant Andromeda. Zuzahlungspflichtige Alternativen sind der Club Luminosa mit Glaskuppeldach und das Samsara-Wellnessrestaurant. Für die Kids gibt's einen Spielplatz mit Planschbecken sowie schön gelegene Kids- und Teens-Clubs mit Tageslicht.

Fahrgebiete & Reisen 2017

Weltreise von Januar bis April, den Rest des Jahres östliches Mittelmeer ab/bis Venedig.

DATEN & FAKTEN

BRZ	92.720	**Crew-Mitglieder**	1.050
Länge	294,00 m	**Bordspr.**	Engl., It., Dt., Sp.
Breite	32,25 m	**PCR (Pass. pro Crew)**	2,2
Indienststellung	2009	**PSR (Platzangebot)**	41,0
Renovierung	regelmäßig	**Passagierdecks**	12
Passagiere	2.260/2.826	**Restaurants/Bars**	4/11

Kabinen	1.130, davon 280 innen, 850 außen, 624 mit Balkon, 148 Suiten; Größen: 14–41 m²
Sport & Wellness	2 Pools, 4 Whirlpools, Joggingparcours, Samsara Spa
Info-/Entertainment	Theater, 4-D-Kino, Casino, Disco, Bibliothek, Kapelle, Grand-Prix-Simulator, Golfabschlagplatz und Putting Green, Kinderclub
Dresscode	sportlich-leger, Gala-Abende
Preis pro Nacht	€ 50 bis € 501; Durchschnitt € 136
Info	**Costa Kreuzfahrten** Hamburg, Tel. (040) 570 12 13 14 www.costakreuzfahrten.de

PROFIL

Info-/Entertainment	⚓⚓⚓⚓
Sport & Wellness	⚓⚓⚓⚓½
Gastronomie	⚓⚓⚓⚓
Familienfreundlichkeit	⚓⚓⚓⚓½
Service	⚓⚓⚓½
Routing	⚓⚓⚓⚓½

Gelber Schornstein: das Costa-Markenzeichen

Costa Magica

„Italy's Finest" auf Nordlandkurs: 2017 ab/bis Bremerhaven zu erleben

Nord-Süd-Gefälle einmal umgekehrt: Nach Kiel, Warnemünde und Hamburg bringt die Genueser Reederei ihre energetisch-fröhliche (zuweilen aber auch entsprechend laute) Italianità nun auch an die Weser in den vierten deutschen Abfahrtshafen. Obschon das Innendekor wie bei der neu in China fahrenden baugleichen **Costa Fortuna** etwas schrill, in Teilen vielleicht auch kitschig erscheinen mag – der Essenz des Reedereislogans „Italy's Finest" tut dies keinen Abbruch. So wurde unter anderem das gastronomische Erlebnis mittels regionaler Zutaten flottenweit nochmals erheblich aufgewertet und kommt jetzt für ein Schiff der Mainstream-Klasse erstaunlich authentisch und hochklassig daher. Abends speist man, inklusive Kapitänsgala, traditionell in zwei Sitzungen oder im Selbstbedienungsbuffet. Alternativ bietet sich das aufpreispflichtige À-la-carte-Clubrestaurant in entspanntem Ambiente an. Die Standardkabinen präsentieren sich ohne unnötigen modischen Schnickschnack, dafür hell und freundlich – und erfreulich geräumig.

Fahrgebiete & Reisen 2017

Nach Karibik und Mittelmeer stehen von Mai bis September ab/bis Bremerhaven die norwegischen Fjorde im Plan: **8 Nächte ab € 1.249, 13 Nächte ab € 2.149**

DATEN & FAKTEN

BRZ	103.000	**Crew-Mitglieder**	1.090
Länge	272,19 m	**Bordspr.**	Engl., It., Dt., Sp.
Breite	35,54 m	**PCR (Pass. pro Crew)**	2,5
Indienststellung	2004	**PSR (Platzangebot)**	40,0
Renovierung	regelmäßig	**Passagierdecks**	13
Passagiere	2.716/3.020	**Restaurants/Bars**	4/11

Kabinen	1.358, davon 857 außen, 501 innen, 552 mit Balkon, 58 Suiten; Größen: 14–43 m²
Sport & Wellness	4 Pools, 5 Whirlpools, Wasserrutsche, Sportplatz, Joggingparcours, Wellnesscenter mit Fitnessraum, Sauna und Dampfbad
Info-/Entertainment	Theater, Casino, Disco, Bibliothek, Kinderclub, Playstations
Dresscode	sportlich-leger, Gala-Abende
Preis pro Nacht	€ 56 bis € 396; Durchschnitt € 93
Info	**Costa Kreuzfahrten** Hamburg, Tel. (040) 570 12 13 14 www.costakreuzfahrten.de

PROFIL

Info-/Entertainment	⚓⚓⚓⚓
Sport & Wellness	⚓⚓⚓⚓
Gastronomie	⚓⚓⚓⚓
Familienfreundlichkeit	⚓⚓⚓⚓⚓
Service	⚓⚓⚓½
Routing	⚓⚓⚓½

Mehr Yacht als Cruiseliner

Crystal Esprit

Crystal-Luxus im familiären Ambiente – was will man mehr?

Seit Dezember 2015 für Crystal Cruises unterwegs, gehört die Crystal Esprit mit ihren gerade mal 31 Suiten eher in die Sparte Luxusyacht als Kreuzfahrtschiff. Naturmaterialien, traditionelle Muster und hier und da eine maritime Note machen es leicht, sich wohlzufühlen. Es gibt iPads auf allen Suiten, Butlerservice und ein All-inclusive-Konzept – die Luxusreederei setzt ihren Qualitätsanspruch in einem intimen Rahmen um. Schöne Geste: Eine Stunde Internet pro Tag ist inklusive. Vier gastronomische Alternativen stehen zur Wahl, vom 24-Stunden-Selbstbedienungsbistro über leichte, regional inspirierte Gerichte im Terrace mit Außensitzplätzen bis hin zum klassischen Yacht Club Restaurant. Aufgrund ihres geringen Tiefgangs kann die Crystal Esprit auch in kleinen Häfen halten, die den Großen verwehrt bleiben. Dank der Marina am Heck können die Gäste direkt von Bord aus schwimmen und schnorcheln sowie Kajak, Wasserski oder Jetski fahren. Und: Für Tauchgänge steht sogar ein Mini-U-Boot bereit!

Fahrgebiete & Reisen 2017

Das Jahr startet mit einwöchigen Seychellen-Kreuzfahrten, nach der Suez-Kanal-Passage im April kreuzt das Schiff ab Piräus, Venedig oder Dubrovnik in der Adria. Im Dezember stehen drei Reisen ab/bis Dubai im Programm.

DATEN & FAKTEN

BRZ	3.300	**Passagiere**	62
Länge	85,00 m	**Crew-Mitglieder**	91
Breite	14,00 m	**PCR (Pass. pro Crew)**	1,5
Indienststellung (nach Umbau)	2015	**PSR (Platzangebot)**	53,9
		Passagierdecks	4
Bordsprache	Englisch	**Restaurants/Bars**	4/1

Kabinen	31 Suiten mit Meerblick, davon 1 Ownersuite; Größen: 21–48 m²
Sport & Wellness	Wasser- und Jetski, Kajakfahrten, Angelausrüstung, Schnorchelequipment, Fitnessstudio, Pool
Info-/Entertainment	Bibliothek, Casino, Tanzmusik, Vorträge, Kurse, W-LAN
Dresscode	elegant-casual
Preis pro Nacht	€ 672 bis € 2.433; Durchschn. € 1.190
Info	**Aviation & Tourism International** Tel. (06023) 91 71 50, www.atiworld.de **Vista Travel**, Tel. (040) 30 97 98 40, www.vistatravel.de

PROFIL

Info-/Entertainment
Sport & Wellness
Gastronomie
Familienfreundlichkeit
Service
Routing

aktuell noch nicht bewertet

Auf Eisfahrt in der Antarktis

Crystal Symphony (mit Crystal Serenity)

Die Luxusflotte aus Japan expandiert

Nicht nur mit der **Crystal Esprit** (links), sondern auch mit der Bestellung von drei neuen Schiffen (ab 2018) lässt die Reederei aus Japan aufhorchen. Und wer einmal mitfuhr, der weiß: Crystal spielt in der ersten Liga der Kreuzfahrt. Das Niveau, auf dem die Gäste verwöhnt werden, ist überragend. Gastronomie und Service sind Weltklasse. Auf der Symphony etwa kann die Küchencrew aus 30.000 (!) Rezepten wählen. Das sorgt für Abwechslung und höchste Qualität, im Hauptrestaurant wie im italienischen Prego oder im asiatischen Silk Road. Alle Getränke sind seit 2012 inkludiert. Der Service ist nahezu perfekt, die Crew bestens eingespielt. Dass die meisten von ihnen schon jahrelang dabei sind, verwundert nicht: „Happy crew – happy guests" lautet die Philosophie der Reederei, die ihre Besatzung überdurchschnittlich bezahlt, hegt und pflegt. Der Gästemix ist international: Japaner, Amerikaner, Briten, Skandinavier. Deutsche sind in der Minderheit. Eher dezent ist das Bordleben. Das Entertainment ist traditionell, aber niveauvoll.

Fahrgebiete & Reisen 2017

Die **Symphony** fährt von Australien über Japan nach Kalifornien, ist im Sommer in Nordeuropa und im Winter in Südafrika. Die bauähnliche **Serenity** besucht wie 2016 im Sommer Alaska.

DATEN & FAKTEN Crystal Symphony

BRZ	51.044	**Passagiere**	960/1.010
Länge	237,10 m	**Crew-Mitglieder**	545
Breite	30,20 m	**PCR (Pass. pro Crew)**	1,8
Indienststellung	1995	**PSR (Platzangebot)**	53,2
letzte Renovierung	2011	**Passagierdecks**	8
Bordsprache	Englisch	**Restaurants/Bars**	3/7

Kabinen	480 Außenkabinen, davon 276 mit Balkon und 64 Penthouses; Größen: 19–92 m²
Sport & Wellness	2 Pools, 2 Jacuzzis, Fitnesscenter, Spa mit Sauna, Dampfbad und Beautysalon, Tennis, Golfabschlag
Info-/Entertainment	Shows, Konzerte, Comedy, Kino, Kurse, Casino, Gentleman Hosts
Dresscode	leger, elegant oder informell
Preis pro Nacht	€ 230 bis € 3.581; Durchschn. € 672
Info	**Aviation & Tourism International** Tel. (06023) 91 71 50, www.atiworld.de **Vista Travel**, Tel. (040) 30 97 98 40, www.vistatravel.de

PROFIL

Info-/Entertainment	⚓ ⚓ ⚓ ⚓
Sport & Wellness	⚓ ⚓ ⚓ ⚓
Gastronomie	⚓ ⚓ ⚓ ⚓ ⚓
Familienfreundlichkeit	⚓ ⚓ ⚓ ½
Service	⚓ ⚓ ⚓ ⚓ ⚓
Routing	⚓ ⚓ ⚓ ⚓

Alte Bekannte in neuen Farben

Deutschland

Das „Traumschiff" ist zurück – im gewohnten Outfit, aber legerer

Wohl kein anderes Kreuzfahrtschiff, das 2016 zurück auf den deutschen Markt kam, wurde mit so viel Spannung erwartet wie die Deutschland. Unter dem Namen **World Odyssey** war sie Ende 2015 zu einer schwimmenden Universität für bis zu 600 Studenten avanciert und fuhr für die US-Organisation „Semester at Sea". Seit 2016 hat Phoenix Reisen das Schiff für fünf Jahre gechartert – jeweils von Mai bis September. Und die ersten Passagiere atmeten erleichtert auf: „Ihre" Deutschland erwartete sie in altem Glanz. Das Outfit des ehemaligen ZDF-Traumschiffs mit viel Messing, Art déco und Jugendstil sowie Teakholz auf den Außendecks ist geblieben. Im Frühjahr 2016 war die Deutschland in der Navantia-Werft in Cádiz

Vier Jahreszeiten; Bar Lili Marleen

noch renoviert und mit den Phoenix-Farben versehen worden, und die Außenkabinen auf den Decks sieben und acht bekamen französische Balkone. Die Studentenpartys hat das „Grandhotel auf See" jedenfalls bestens überstanden, ganz so vornehm wie zu Deilmann-Zeiten geht es jetzt aber nicht mehr zu. An Bord herrscht die typisch familiäre Phoenix-Stimmung. Der Dresscode ist leger und nur zu bestimmten Anlässen festlich. Der Look der Kabinen ist klassisch-maritim. Seit 2016 gibt es zwei Suiten mit richtigen Balkonen. Zwei À-la-carte-Restaurants laden ein: das Berlin (zwei Tischzeiten) und das Vier Jahreszeiten. Letzteres kann einmal pro Reise kostenfrei reserviert werden. Zweimal pro Kreuzfahrt findet ein Captain's Dinner statt. Es gibt einen kleinen Außenpool sowie einen beheizten Innenpool mit Gegenstromanlage. Der Fitnessraum ist klein, aber trotzdem nie überfüllt; die Sauna ist kostenlos. Für Unterhaltung u. a. sorgen Lektorenvorträge, Tanzkurse, Filme im Kino, Bingo, Dartspiele, Modenschauen. Abends treffen sich die Gäste im prunkvollen Kaisersaal, wo sie Shows mit Musik und Tanz, Zauberern, Klassik-Solisten und Artisten erwarten.

Fahrgebiete & Reisen 2017

Die Deutschland startet für Phoenix mit einer Westeuropa-Reise im Mai ab Hamburg, danach kreuzt sie bis September in Nordeuropa. Ziele sind hier u. a. die norwegischen Fjorde, Dänemark, die Ostsee-Metropolen, Grönland, Spitzbergen und die Britischen Inseln.

Große Grönlandkreuzfahrt

Am 9.8 ab/bis Bremerhaven nach Akureyri, Prins Christian Sund, Ilulissat, Søndre Strømfjord, Kangerlussuaq, Nuk, Qaqortoq und Scrabster in Schottland. Mit 6 Seetagen.
23 Nächte, ab € 3.399 ab/bis Bremerhaven

Kurztörn nach Dänemark

Am 8.5. oder 1.9. ab/bis Bremerhaven durch den Nord-Ostsee-Kanal nach Kopenhagen, Wismar, Travemünde und Eckernförde.
4 Nächte, ab € 499 ab/bis Bremerhaven

Fensterplatz im Kaisersaal

FOTO: S. Müller

DATEN & FAKTEN

BRZ	22.496	**Passagiere**	500/590
Länge	175,49 m	**Crew-Mitglieder**	250–280
Breite	23,00 m	**PCR (Pass. pro Crew)**	2,0
Indienststellung	1998	**PSR (Platzangebot)**	45,0
letzte Renovierung	2016	**Passagierdecks**	8
Bordsprache	Deutsch	**Restaurants/Bars**	3/5

Kabinen	298 Kabinen und Suiten, davon 91 innen, 207 außen; Größen: 12–45 m²
Sport & Wellness	2 Pools, Wellness-Spa, Sauna, Fitnessbereich, Kurse, Golfabschlag, Shuffleboard
Info-/Entertainment	Show- und Musikprogramme, Klassik, Tanz, Lektorenvorträge, Kreativkurse
Dresscode	sportlich-leger bis festlich-elegant
Preis pro Nacht	€ 147 bis € 717; Durchschnitt € 340
Info	**Phoenix Reisen** Bonn, Tel. (0228) 92 60-55 www.phoenixreisen.com

PROFIL

Info-/Entertainment	⚓⚓⚓⚓
Sport & Wellness	⚓⚓⚓½
Gastronomie	⚓⚓⚓⚓
Familienfreundlichkeit	⚓⚓
Service	⚓⚓⚓⚓
Routing	⚓⚓⚓½

Auf „Grand Tour“ in Norwegen

Disney Magic

Kreuzfahrten mit Micky & Co. - auch 2017 wieder mit Europa-Besuchen

Neu im Theater: das Musical „Tangled“

Es ist als schwimmender Funpark konzipiert – und doch hat das heute älteste Schiff der Disney-Flotte (sie soll bis 2021 von jetzt vier auf sechs anwachsen) das Flair eines traditionellen Oceanliners. Mit ihren eleganten Linien, dem nachtblauen, mit goldenen Schnörkeln verzierten Rumpf und zwei mächtigen Schornsteinen, an denen Mickys Konterfei prangt, ist die Magic ein echter Hingucker. Mit gelben statt orangefarbenen Rettungsbooten übrigens – ein Unikat in der Branche. Ihre bauähnliche Schwester **Disney Wonder** (1999) und die größeren **Disney Dream** (2011) und **Disney Fantasy** (2012) tun es ihr darin nach – das Konzept verfing also rundum. Dabei verzichtet Disney auf alles Angestaubte: Das Captain's Dinner sucht man so vergeblich wie den Rauchersalon. Stattdessen wird Kindern ein Paradies auf den Meeren bereitet: Auf sie warten originale Disney-Shows (aktuell: das Rapunzel-Märchen „Tangled"), ein 3-D-Kino, große Kinderclubs mit bestens geschulten Betreuern, Babysitting schon ab drei Monaten – und große Kabinen, die grundsätzlich mit separater Toilette ausgestattet sind. Und die Erwachsenen? Für sie gibt es originelle Restaurants und Bars sowie einen eigenen kinderfreien Pool. Apropos Restaurants: Hier bietet Disney als besonderes Konzept das „Rotational Dining": Dabei können die Gäste allabendlich zwischen drei Themenrestaurants wechseln – und die Kellner wechseln mit. Besonders ist auch das Flair an Bord: Alles schwelgt, quasi als Verlängerung der Kinderwelt für die Großen, im Art déco, nostalgische Bullaugen inklusive. Die Bordsprache ist Englisch, das Ambiente amerikanisch – und Disney-„gebrandet". Micky, Goofy, Donald Duck & Co. sind allgegenwärtig. Der Service ist exzellent und herzlich – wozu auch diese Geste gehört: Bei der Ausschiffung verabschiedet der Kapitän jeden Passagier persönlich mit Handschlag.

Fahrgebiete & Reisen 2017

Wie 2016 ist die **Disney Magic** auch 2017 wieder in Europa zu Gast (von Mai bis September), mit Erstanläufen in Amsterdam und Portland/Südengland – und mit einer Stippvisite in Warnemünde Ende Juni, von wo aus die mehrheitlich amerikanischen Gäste die deutsche Hauptstadt Berlin besuchen werden.

Metropolen der Ostsee

Am 28.5. oder 18.6. ab/bis Kopenhagen nach Tallinn, Sankt Petersburg, Helsinki und Stockholm. Mit zwei Seetagen. **7 Nächte, ab € 1.658 ab/bis Kopenhagen**

Rund um Westeuropa

Am 21.7. von Dover über Le Havre, Lissabon und Cádiz nach Barcelona. Mit drei Seetagen. **7 Nächte, ab € 1.903 ab/bis Hafen**

Allgegenwärtig: Micky & Co.

DATEN & FAKTEN

BRZ	83.969	**Passagiere**	2.713
Länge	293,80 m	**Crew-Mitglieder**	950
Breite	32,00 m	**PCR (Pass. pro Crew)**	2,9
Indienststellung	1998	**PSR (Platzangebot)**	30,9
letzte Renovierung	2016	**Passagierdecks**	11
Bordsprache	Englisch	**Restaurants/Bars**	4/7

Kabinen	875 (262 innen, 613 außen), davon 22 Suiten, 384 mit Balkon; Größen: 16,8–90 m²
Sport & Wellness	3 Pools, 6 Whirlpools, Senses Spa für Erwachsene, Chill Spa für Teens, Sportdeck/Basketball, Sauna, Massage, Wasserrutsche Aqua Dunk
Info-/Entertainment	Disney-Musicals, Kinderanimation (ab 3 Monate), 3-D-Kino, Musicals im Theater, Feuerwerk auf See u. v. m.
Dresscode	ungezwungen
Preis pro Nacht	€ 110 bis € 2.732; Durchschnitt € 532
Info	**Disney Cruise Line**, Florida www.disneycruise.disney.go.com **Dertour**, Tel. (069) 95 88 59 28

PROFIL

Info-/Entertainment	⚓⚓⚓⚓
Sport & Wellness	⚓⚓⚓⚓½
Gastronomie	⚓⚓⚓⚓
Familienfreundlichkeit	⚓⚓⚓⚓½
Service	⚓⚓⚓⚓
Routing	⚓⚓⚓½

Vor der Osterinsel

Europa

Betuchte und eher betagte Gäste: Luxusyacht auf höchstem Niveau

Eine Spa-Suite; das Europa Restaurant

Lange galt die Europa als bestes Kreuzfahrtschiff der Welt. Seit 2013 hat sie mit der **Europa 2** Konkurrenz aus der eigenen Flotte bekommen. Die klassische Klientel wird sich eher auf der „alten" Europa wiederfinden. Sie pflegt Traditionen wie Gala-Abend und Captain's Table, die es auf dem Newcomer nicht mehr gibt. Die herausragenden Qualitäten der Europa stehen auch weiterhin für sich: Grandios ist die Gastronomie, perfekt der Service, ob beim Gala-Dinner im Europa-Restaurant oder bei der Erlebnisküche im lockeren Lido Café. Und was Dieter Müller in seinem Spezialitätenrestaurant zubereiten lässt (auch wenn er nicht immer persönlich am Herd steht), hat große Klasse: Hier kommt

Kochen von Kunst. Gastronomisches Highlight ist alljährlich die Veranstaltung „Europas Beste“, die am 25. August 2017 nach Antwerpen und Mallorca nun in Hamburg stattfindet. Dort treffen sich die besten Sterneköche, Winzer, Chocolatiers und andere kulinarische Könner zum Gourmet-Festival. Einmal im Jahr gibt es zudem traditionell das Sansibar-Sylt-Event, dann ankert das Schiff vor List. Der schönste Ort für den Sundowner ist die Sansibar im Heck, deren klassische Bar auch der Hotspot für Nachtschwärmer ist. Luxuriös sind nicht nur die öffentlichen Räume, sondern auch die Kabinen. Man wohnt ausschließlich in Suiten, in den Penthouse-Suiten (Deck zehn) gibt es Butlerservice. Manchmal wirkt der Service zu perfektionistisch, was auf Kosten der natürlichen Lockerheit geht. Zusätzlich zum Wellnessbereich „Ocean Spa“ stehen vier Spa-Suiten mit beleuchteter Whirlwanne bereit – Anwendungen und Ernährungsberatung inklusive.

Fahrgebiete & Reisen 2017

Das Europa-Jahr beginnt in Australien, Japan und China. Über Hawaii geht es im Mai weiter zur Westküste Nordamerikas und nach Mexiko. Via Panama führt die Route in die Karibik und zur US-Ostküste und im Juli weiter nach Hamburg. Ab dort stehen bis September Nordland und Ostsee im Programm, gefolgt von Herbstreisen im Mittelmeer. Im November folgen die Kanaren – und zum Jahreswechsel die Karibik.

Kurzreise: Hamburg Cruise Days

Am 9.9. ab/bis Hamburg nach Oslo und Kopenhagen – mit der Auslaufparade der Hamburg Cruise Days zum Reiseauftakt. **3 Nächte, ab € 2.060 ab/bis Hamburg**

Im Advent nach Jamaika und Kuba

Am 4.12. von Panama über Progreso/Mexiko, Santa Marta/Kolumbien, Ocho Rios und Port Antonio auf Jamaika nach Santiago, Cienfuegos, Punta Frances und María La Gorda auf Kuba nach Havanna. **16 Nächte, ab € 9.700 inkl. An-/Abreise ab/bis Deutschland**

Auf dem Promenadendeck

DATEN & FAKTEN

BRZ	28.890	**Passagiere**	max. 408
Länge	198,60 m	**Crew-Mitglieder**	280
Breite	24,00 m	**PCR (Pass. pro Crew)**	1,5
Indienststellung	1999	**PSR (Platzangebot)**	70,8
letzte Renovierung	2011	**Passagierdecks**	7
Bordsprache	Deutsch	**Restaurants/Bars**	4/6

Kabinen	192 Außensuiten (27 m²), davon 168 mit Balkon und 4 Spa-Suiten; 12 Penthouse-Suiten mit 45 oder 85 m²
Sport & Wellness	Pool, Fitnessraum, Ocean Spa, Sauna, Kurse, Personal Trainer, Golf Pro, Fahrräder, Tanzkurse, Nordic Walking, Schnorchelausrüstung
Info-/Entertainment	Stars der klassischen und Unterhaltungsmusik, Maler, Lektoren, Schauspieler, Schriftsteller, Galerie, Themenreisen, Familienangebote
Dresscode	sportlich-elegant bis elegant
Preis pro Nacht	€ 320 bis € 3.410; Durchschn. € 764
Info	**Hapag-Lloyd Cruises** Tel. (040) 30 70 30 70 www.hl-cruises.de

PROFIL

Info-/Entertainment	⚓⚓⚓⚓
Sport & Wellness	⚓⚓⚓⚓
Gastronomie	⚓⚓⚓⚓⚓
Familienfreundlichkeit	⚓⚓⚓½
Service	⚓⚓⚓⚓⚓
Routing	⚓⚓⚓⚓½

Im Nord-Ostsee-Kanal

SCHIFFE DES JAHRES 2016
Kreuzfahrt GuideAward
Gewinner in der Kategorie GASTRONOMIE

Europa 2

Luxus 2.0: Das schönste Schiff der Welt ist ein Raumwunder

Wo sie auftaucht, wird sie bestaunt: Die Europa 2 ist für viele das derzeit schönste Schiff der Welt. Im Mai 2013 startete sie mit einem für Hapag-Lloyd Cruises revolutionären Konzept: „21 Knoten und keine Krawatte" lautet der Slogan. Will sagen: Wie ihre ältere Schwester **Europa** steht sie für formvollendeten Luxus – jedoch betont lässig interpretiert, ohne Kleiderzwang, ohne Captain's Dinner und ohne feste Plätze im Restaurant. Letzteres ist schon deshalb nicht nötig, weil es sieben traumschöne Esstempel an Bord gibt, in denen die Küchen Frankreichs (Tarragon), Italiens (Serenissima) oder Asiens (Elements) aufs Feinste zelebriert werden – und für die keine Zuzahlung verlangt wird, außer im Private Dining Room

Das Pooldeck; eine Grand Ocean Suite

Grande Réserve. Neben solcher (Wahl-)Freiheit heißt Luxus aber vor allem auch: Platz! Kein Schiff verschwendet davon so viel wie dieses. Auf der Europa 2 wird niemals ein Gast seine Liege mit einem Handtuch belegen (müssen). Opulent sind die Lobby (auf die jedes Grandhotel stolz wäre), die Außendecks sowie der Spa-Bereich. Und keine der eleganten Suiten, allesamt mit Veranda und mit Gimmicks wie einem Entertainmentsystem im Spiegel oder einer Regenwalddusche im Bad ausgestattet, ist kleiner als 28 Quadratmeter. Das „Luxus-Problem" der Europa 2: Unter der Großzügigkeit leidet das Bordleben – es „verläuft sich". Abhilfe können innovative Themenreisen wie „Soul Kitchen" (Dancing, Singing, Cooking) und „Fashion 2sea" schaffen, dadurch kann das Schiff mehr „Software-Seele" bekommen. Bereits nach zwei Jahren wurde die Europa 2 gezielt renoviert. So hat z. B. die Sansibar im Heck mehr maritimes Flair bekommen, was sich mehr als positiv auf den (nächtlichen) Bordumsatz ausgewirkt hat.

Fahrgebiete & Reisen 2017

Von Australien, Hongkong, Singapur und Dubai kommend, trifft die Europa 2 im Mai im Mittelmeer ein, das sie bis Juli ab Venedig, Piräus und Monaco erkundet. Von August bis Oktober ist sie sechsmal in Hamburg zu Gast, zu Abfahrten ins Nordland, ins Baltikum und zu den Britischen Inseln. Ende Oktober fährt sie ab Lissabon über den Alantik zu Winterreisen in der Karibik.

„Fashion2sea" (Monaco–Lissabon)

Ab 10.7. von Monaco über Barcelona, Mallorca, Ibiza, Málaga und Cádiz nach Lissabon – mit Workshops, Modenschauen u. v. m. zum Thema Mode. **8 Nächte, ab € 6.080 inkl. An-/Abreise**

„In2Balance" (Bahamas–Miami)

Themenreise zu fernöstlichen Entspannungstechniken und innovativen Trainingsmethoden mit ausgewählten Coaches. Ab 8.11. von Nassau über Turks & Caicos, St. Martin, St. Bart's, Curaçao, Aruba und Jamaika. **14 Nächte, ab € 8.910 inkl. An-/Abreise**

„Daybeds" unter freiem Himmel

DATEN & FAKTEN

BRZ	40.000	**Crew-Mitglieder**	370
Länge	225,38 m	**PCR (Pass. pro Crew)**	1,4
Breite	26,70 m	**PSR (Platzangebot)**	77,5
Indienststellung	2013	**Passagierdecks**	7
Bordsprache	Deutsch	**Restaurants**	8
Passagiere	max. 516	**Bars**	6

Kabinen	251 Außensuiten mit Veranda (Größen: 27–114 m²), davon u. a. 16 Spa-Suiten (52 m²) und 7 Familien-Apartments (2 x 27 m²)
Sport & Wellness	Pool mit ausfahrbarem Dach, Ocean Spa (620 m²), Fitnessbereich, Kurse, Personal Trainer, Golf Pro, Fahrräder, Nordic Walking
Info-/Entertainment	Show-Theater, internationale Gast-Stars, Jazzclub, Kino, Literatursalon, Disco, Kunstgalerie, Miele-Kochschule, Themenreisen, Kinderclub
Dresscode	lässige Eleganz – ohne Vorschriften
Preis pro Nacht	€ 441 bis € 3.482; Durchschn. € 1.116
Info	**Hapag-Lloyd Cruises**, Tel. (040) 30 70 30 70, www.hl-cruises.de

PROFIL

Info-/Entertainment	⚓⚓⚓⚓
Sport & Wellness	⚓⚓⚓⚓½
Gastronomie	⚓⚓⚓⚓⚓
Familienfreundlichkeit	⚓⚓⚓⚓½
Service	⚓⚓⚓⚓⚓
Routing	⚓⚓⚓½

Vor der norwegischen Küste bei Bergen

Hamburg

Das Plantours-Schiff kreuzt 2017 nicht mehr im Mittelmeer

Seit Sommer 2012 fährt die einstige Columbus von Hapag-Lloyd Cruises als „Hamburg" – ausgerechnet für einen Bremer Veranstalter. Bei Plantours ist sie das einzige Hochseeschiff, die Reederei ist aber auf der Suche nach einer Flottenschwester. Die große Stärke der Hamburg: Sie läuft nicht nur die gängigen Ziele an, befährt zum Beispiel als einziges deutschsprachiges Schiff die Großen Seen in Nordamerika. Das Mittelmeer dagegen ignoriert das Schiff in der kommenden Saison komplett, stattdessen setzt es einen Schwerpunkt auf Kuba mit mehreren Abfahrten ab Havanna. Die Hamburg hat eine treue Stammklientel, die vor allem der älteren Generation angehört. Das Schiff will (und muss) sich für neue Zielgrup-

Eine der acht Suiten; Barbecue an Deck

pen öffnen. Dazu stehen zunehmend besondere Themenreisen im Programm wie die erfolgreichen „Heimathäfen"-Touren mit dem Ankerherz Verlag: Die „Kreuzfahrt vor der Haustür" führt von Hamburg nach Helgoland, Sylt, Borkum und zurück und ist auch in den kommenden Jahren fester Bestandteil des Programms. Schauspieler wie Dietmar Bär oder Axel Prahl lesen in der Lounge Geschichten, deren Protagonisten mit an Bord sind. Spürbar verbessert hat die Hamburg ihren Service und die Gastronomie. Im Restaurant finden alle Gäste zeitgleich Platz, so dass man flexibel bleibt, die Mahlzeiten an Fahrplan und Landgänge anzupassen. Die lockere Alternative ist das Buffet im Palmgarten mit seinen Außenplätzen auf dem Sonnendeck, wo bei schönem Wetter rund um den Pool das Barbecue zubereitet wird.

Fahrgebiete & Reisen 2017

Aus Südamerika kommend, erreicht die Hamburg im März die Karibik. Höhepunkte sind dort die ersten Kuba-Reisen ab/bis Havanna, das 2017 einen Schwerpunkt im Routing bildet. Im April geht es via Kanaren und Azoren nach Europa. Bis August sind Hamburg, Kiel und Bremerhaven die Starthäfen für Nordland- und Baltikumreisen. Im September folgen drei Grönland-Reisen, die letzte mit Kurs Kanada: Im Indian Summer fährt das Schiff auf den Großen Seen bis Detroit und Chicago. Dann folgt erneut Kuba: Viermal ist Havanna Start und Ziel 11- bis 14-tägiger Reisen.

England, Irland, Schottland

Am 21.7. von Bremerhaven über London, die Isles of Scilly, Dublin, Belfast, Stornoway (Insel Lewis) und Rosyth (Edinburgh) nach Hamburg. Mit 3 Seetagen. **11 Nächte, ab € 1.799 ab/bis Hafen**

Rund um Kuba im November

Am 10.11. oder 29.11. (plus zwei weitere Termine 2018) ab/bis Havanna zu fünf kubanischen Häfen sowie nach Montego Bay auf Jamaika. **10 N., ab € 2.499 inkl. Flügen ab/bis Dtl.**

Im Programm: das Trendziel Kuba

DATEN & FAKTEN

BRZ	14.903	Passagiere	400/420
Länge	144,00 m	Crew-Mitglieder	170
Breite	21,50 m	PCR (Pass. pro Crew)	2,4
Indienststellung	1997	PSR (Platzangebot)	37,3
letzte Renovierung	2012	Passagierdecks	6
Bordsprache	Deutsch	Restaurants/Bars	1/3

Kabinen	197 (63 innen, 13 m²; 134 außen, 15 m²), 8 Suiten (31,5 m², davon 2 mit, 6 ohne Balkon)
Sport & Wellness	Pool, Fitnessraum, Sauna, Fahrräder (Gratisausleihe), Morgengymnastik, Nordic-Walking-Stöcke
Info-/Entertainment	Band, Künstler, Unterhaltungsmusik, Lektorenvorträge, Tanz, Show, Alleinunterhalter, Kinderbetreuung auf ausgew. Reisen
Dresscode	sportlich-leger bis sportlich-elegant
Preis pro Nacht	€ 180 bis € 633; Durchschnitt € 329
Info	**Plantours Kreuzfahrten** Bremen, Tel. (0421) 173 69-0 www.plantours-partner.de

PROFIL

Info-/Entertainment	⚓⚓⚓
Sport & Wellness	⚓⚓⚓
Gastronomie	⚓⚓⚓½
Familienfreundlichkeit	⚓⚓⚓
Service	⚓⚓⚓½
Routing	⚓⚓⚓⚓⚓

Nur noch bis 2018 unter Vertrag bei Hapag-Lloyd Cruises

Hanseatic

Im Abendkleid zum Nordpol – das kann nur dieses Schiff!

Im Sommer 2017 fährt das mit fünf Sternen bewertete Schiff erstmals zum Nordpol. Eine von sieben Expeditionspremieren im Katalog von Hapag-Lloyd Cruises. Es muss aber nicht immer ins Eis gehen: Eine andere neue Route führt durch die europäische Inselwelt – von Island bis zur Iberischen Halbinsel. Allen Reisen gemeinsam ist: Zodiacs und kompetente Lektoren lassen sie zu ganz besonderen Erlebnissen werden. Bei Familienexpeditionen kommen sogar zehn- bis 17-jährige „Entdecker" mit eigenen Ausflügen, Vorträgen und Experimenten auf ihre Kosten. Eine großzügige Bibliothek lädt derweil die Erwachsenen zur Wissensvertiefung ein. Die 2011 und 2013 renovierten Kabinen bieten gemütliche Rückzugsorte in

Auf dem Explorer Deck; Zodiac-Fahrt

warmen Brauntönen. Wobei gemütlich nicht klein heißt: Mindestens 22 Quadratmeter stehen jedem Gast zur Verfügung, und in den beiden höchsten Kabinenkategorien ist sogar ein Butlerservice inkludiert. Auch die Kulinarik bewegt sich auf Top-Niveau: Während es im Hauptrestaurant Marco Polo auch mal formell wird (Stichwort: Kapitänsabend), geht es im frischen Bistro Lemaire spielerischer zu. Fans des Schiffs sollten sich beeilen, noch eine Reise zu buchen: Die aktuelle Chartervereinbarung der Hanseatic läuft bis April 2018. Da im Jahr darauf zwei Fünf-Sterne-Neubauten im Expeditions-Segment bei Hapag-Lloyd Cruises in Fahrt gehen (S. 14), dürfte es fraglich sein, ob die Hanseatic bleibt.

Fahrgebiete & Reisen 2017

Das Hanseatic-Jahr startet traditionell in der Antarktis, ab März folgen die beliebten Amazonasreisen bis Iquitos (S. 72), anschließend die Transatlantikfahrt über die Kanaren nach Europa. Auf die Britischen Inseln und Norwegen mit Spitzbergen folgen im August und September Grönland-Expeditionen. Ende September geht es wieder südwärts: zunächst via Britische Inseln zu den Kanaren und Kapverden – und im Oktober vom Senegal aus über den Atlantik nach Curaçao in der Karibik. Via Panamakanal geht es weiter nach Ecuador, Peru und Chile und erneut in die Antarktis.

Expedition Grönland und Island

Ab 9.9. von Kangerlussuaq zur Westküste Grönlands (u. a. Ilulissat, Disko-Bucht, Nuuk), dann längs der Südküste und durch den Prins Christian Sund (eisabhängig) zur Ostküste der weißen Insel und abschließend nach Reykjavík auf Island. **15 Nächte, ab € 10.470 inkl. An-/Abreise ab/bis Deutschland**

Weihnachten in der Antarktis

Vom 15.12.17 bis 6.1.18 ab/bis Ushuaia/Argentinien zu den Falkland- und Südshetland-Inseln, nach Südgeorgien, ins Weddell-Meer und durch die Drake-Passage. **21 Nächte, ab € 16.220 inkl. An-/Abreise ab/bis Deutschland**

In der Antarktis

DATEN & FAKTEN

BRZ	8.378	**Passagiere**	175
Länge	122,80 m	**Crew-Mitglieder**	125
Breite	18,00 m	**PCR (Pass. pro Crew)**	1,4
Indienststellung	1993	**PSR (Platzangebot)**	45,5
letzte Renovierung	2015	**Passagierdecks**	7
Bordsprache	Deutsch	**Restaurants/Bars**	2/2

Kabinen	88 Außenkabinen (22 m²), 4 Suiten (44 m²)
Sport & Wellness	Pool, Fitnessraum, Sauna & Whirlpool, Schnorchelausrüstung, Nordic Walking-Stöcke
Info-/Entertainment	Wissensvermittlung durch Experten verschiedener Fachrichtungen, auch für Teens von 10 bis 17 Jahren
Dresscode	sportlich-leger, sportlich-elegant
Preis pro Nacht	€ 253 bis € 1.568; Durchschnitt € 710
Info	**Hapag-Lloyd Kreuzfahrten** Hamburg, Tel. (040) 30 70 30 70 www.hl-cruises.de

PROFIL

Info-/Entertainment	⚓⚓⚓½
Sport & Wellness	⚓⚓½
Gastronomie	⚓⚓⚓⚓½
Familienfreundlichkeit	⚓⚓½
Service	⚓⚓⚓⚓⚓
Routing	⚓⚓⚓⚓⚓

Eine schwimmende Stadt für fast 9.000 Menschen

SCHIFFE DES JAHRES 2016
Kreuzfahrt GuideAward
Gewinner in der Kategorie
INFO- & ENTERTAINMENT

Harmony of the Seas (Oasis Class)

Die längste Rutsche, ein Park mit 12.000 Pflanzen, Kabinen für beinahe 7.000 Passagiere: Das größte Kreuzfahrtschiff der Welt bricht alle Rekorde

Mit **Allure** und **Oasis of the Seas** gehört sie zur Oasis Class von Royal Caribbean. Doch fast noch mehr als die 2009/10 gestarteten Schwestern hat die Harmony die Kreuzfahrtwelt elektrisiert. Hierzulande sicher auch, weil sie in St. Nazaire gebaut wurde und im Mittelmeer ihre Jungfernsaison fuhr. Zweifelsohne aber, weil alles an ihr größer, schneller, höher ist als alles bisher Bekannte. Zwar ist sie nur je zwei Meter länger und breiter als die Schwestern, jedoch bietet sie neben Oasis-Class-Features wie dem Central Park und der Royal Promenade im Schiffsbauch, dem Aqua Theater im Heck oder dem Karussell am Boardwalk auch ein „Best-of" der „Smartships" der Quantum Class (S. 140): die Roboter-Bar, das ultraschnelle Internet, die „WOW Bands", die die Kabinenkarte ersetzen. Nur die Gondel „North Star" schwebt nicht über ihr – dafür geht es rekordverdächtig in die Tiefe: in der Trockenrutsche „Ultimate Abyss", 30 Meter lang und über zehn Decks reichend. Oder alternativ in der Wasserrutsche „Perfect Storm", auch sie die bisher ausgeklügeltste ihrer Art. Um die 6.000 Gäste fahren mit – und staunen, dass sie sich so verteilen, dass sie bei den Rutschen, am Surfsimulator, an der Zip-Line oder im Theater (wo der Nostalgie-Klassiker „Grease" gegeben wird) ihren Platz finden. Wie auch in den 19 Restaurants und 20 Bars, die vom Hotdog bei Johnny Rockets bis zur Molekularküche im Wonderland so viel bieten, dass man es auf einer Reise niemals alles aus-

Aqua Theater im Heck

Central Park im Schiffsinneren

probieren kann: 350 Köche zaubern bis zu 30.000 Mahlzeiten jeden Tag, mit schon mal 5.000 Hummern an einem Abend. 2.747 Kabinen hat das Schiff – die kleinste ist neun, die größte 149 Quadratmeter groß –, und erstmals gibt es für Suitengäste einen privaten Bereich. Wer aber in einer Kabine „zur Straße" residiert, d. h. über Central Park oder Boardwalk, sollte Straßenlärm mögen. Wie überhaupt: Weil viele Kinder an Bord sind, für die das Schiff perfekt ist, geht es bunt zu. Und eigentlich ist es keine Schiffsreise mehr, sondern ein Las Vegas zur See.

Fahrgebiete & Reisen 2017

Nach der Jungfernsaison im Mittelmeer wurde die **Harmony** in Fort Lauderdale stationiert. Von dort fährt sie 2017 auf 7-Nächte-Törns in die Karibik (u. a. Jamaika, Puerto Rico, St. Maarten, Mexiko und Labadee/Haiti; **ab € 1.022**). Auch die **Allure** hat Fort Lauderdale als Basishafen, die **Oasis** Port Canaveral bei Orlando.

Rutschen-Trio „Perfect Storm"

DATEN & FAKTEN

BRZ	226.963	**Crew-Mitglieder**	2.100
Länge	362,13 m	**PCR (Pass. pro Crew)**	2,6
Breite	64,00 m	**PSR (Platzangebot)**	41,4
Indienststellung	2016	**Passagierdecks**	16
Bordsprache	Englisch	**Restaurants**	19
Passagiere	5.479/6.780	**Bars**	20

Kabinen	2.747 (2.223 außen, 524 innen), davon 1.768 Balkonkabinen und 227 Suiten; Größen: 9–149 m²
Sport & Wellness	4 Pools, 10 Whirlpools, 3 Wasser-/2 Trockenrutschen, Surfsimulatoren, Joggingpfad, Eislaufbahn, Kletterwand, Zip-Line, Basketball, Minigolf, Fitness/Spa, Kinderclubs u. v. m.
Info-/Entertainment	Broadway-Shows, Aqua-Show im Heck, Eisrevuen, Jazzclub, Comedy, Boardwalk mit Karussell u. v. m.
Dresscode	leger, abends je nach Anlass schicker
Preis pro Nacht	€ 121 bis € 5.226; Durchschnitt €297
Info	**RCL Cruises**, Frankfurt Tel. (069) 92 00 71-85 www.royalcaribbean.de

PROFIL

Info-/Entertainment	⚓⚓⚓⚓⚓
Sport & Wellness	⚓⚓⚓⚓⚓
Gastronomie	⚓⚓⚓⚓
Familienfreundlichkeit	⚓⚓⚓⚓⚓
Service	⚓⚓⚓½
Routing	⚓⚓

Markenzeichen der Holland America Line: der nachtblaue Rumpf

Koningsdam

Das jüngste Schiff der Holland America Line vereint Gemütlichkeit mit innovativen Designideen. Kulinarik spielt weiterhin eine große Rolle

Im Mai 2016 ging sie in Rotterdam an den Start, getauft von Königin Máxima – so weit erfüllte man beliebte Traditionen des Hauses. Umso gespannter durfte man daher sein, wie viel Modernisierung die Traditionsreederei bei ihrem neuen Flaggschiff wagen würde. Ergebnis: Ja, es gibt sie noch, die klassischen Holzvertäfelungen und gemütlichen Sessel! Jedoch genießt man in ihnen neue musikalische Unterhaltungsformate, darunter ein gelungenes Livemusikquiz. Und nur wenige Meter weiter hinten im Schiff warten helle Räume, das „Culinary Arts Center" etwa. Wie auf den Vorgängerschiffen finden dort tagsüber Kochkurse statt, zusätzlich aber können bis zu 60 Passagiere hier jetzt gegen Zuzahlung abends Speisen aus biologischem Anbau genießen, gewürzt mit Mikro-Kräutern aus dem bordeigenen Gewächsschrank. Nebenan kreieren Gäste sogar ihren eigenen Wein, und wenige Schritte weiter kosten sie niederländische Snacks auf Delfter Porzellan oder die leichte Küche der ersten französischen Brasserie der Flotte. Bereits bekannt sind dagegen der Steakhouse-Klassiker Pinnacle Grill und seine beliebten Fine-Dining-Abende sowie das panasiatische Spezialitätenrestaurant Tamarind. Letzteres bietet auf Deck zehn am Heck wunderbare Ausblicke aufs Meer und auf den Poolbereich, der sich jetzt über mehrere Ebenen erstreckt. 912 großzügige Balkonkabinen sind Rekord für die Flotte, außerdem gibt es Familien- und

Main Dining Room

Theater „The World Stage“

Die Taufpatin: Königin Máxima

FOTO: P. Günther

Singlekabinen. Die umlaufende Promenade auf Deck drei ist hingegen wieder eine schöne Reminiszenz an die alten Oceanliner-Zeiten.

Fahrgebiete & Reisen 2017

Den Winter verbringt die Koningsdam in der Karibik. Im April beginnt die Europasaison, die sich nach einem Abstecher ins Mittelmeer auf Nordeuropa konzentriert. Ab Amsterdam geht es nach Island und zum Nordkap hinauf.

14 Tage nördliche Inseln

Im Juli nach Edinburgh, Invergordon, Reykjavík, Ísafjörður, Akureyri, Ålesund und Bergen. **13 Nächte, ab € 2.599 ab/bis Amsterdam**

14 Tage Mitternachtssonne

Eine Sommerreise entlang der norwegischen Küste, mit Stavanger, Eidfjord, Hardangerfjord, Ålesund, Trondheim, Honningsvåg, Geiranger, Bergen, Flåm, Sognefjord. **13 Nächte, ab € 1.599 ab/bis Amsterdam**

DATEN & FAKTEN

BRZ	99.500	Crew-Mitglieder	1.036
Länge	297,00 m	PCR (Pass. pro Crew)	2,6
Breite	35,00 m	PSR (Platzangebot)	37,5
Indienststellung	2016	Passagierdecks	14
Bordsprache	Englisch	Restaurants	6
Passagiere	2.650/3.375	Bars	4

Kabinen	1.331 (davon 1.054 außen, 277 innen); Größen: ca. 13–126 m²
Sport & Wellness	2 Pools, 5 Whirlpools, Spa mit Fitnesscenter und Beautysalon, Saunas, Massage, Basketball-/Volleyballfeld, Joggingtrack
Info-/Entertainment	Casino, Theater, Billboard Onboard, Lincoln Center Stage, Kunstgalerie, Digital Workshops, Kinderclub
Dresscode	leger, abends mitunter formell
Preis pro Nacht	€ 60 bis € 2.019; Durchschnitt € 216
Info	**Holland America Line**, Rotterdam In Dtl. buchbar über Thomas Cook, TUI, Lufthansa Reisebüros oder über www.hollandamerica.com

PROFIL

Info-/Entertainment	⚓⚓⚓⚓
Sport & Wellness	⚓⚓⚓⚓
Gastronomie	⚓⚓⚓⚓
Familienfreundlichkeit	⚓⚓⚓½
Service	⚓⚓⚓⚓
Routing	⚓⚓⚓½

Zu Gast in Marseille

FOTO: P. Günther

Le Lyrial

Französisches Savoir-vivre, in der Antarktis ebenso wie im Mittelmeer

Die Lyrial ist die jüngste von vier stylishen Kreuzfahrtyachten unter der Flagge der französischen Reederei Ponant. Mit zehn Kabinen weniger an Bord als ihre Schwestern **Austral**, **Boréal** und **Soléal** bietet sie größere Suiten. Die wendigen Schiffe eignen sich dank Eisklasse sowohl für luxuriöse Expeditionen ins Eis als auch für den mediterranen Genussurlaub: Die Marina im Heck dient mal als Anleger für Zodiacs, mal als Badeplattform. Mit 244 bis 264 Gästen (Antarktis: 200) fahren die Yachten auch entlegene Ziele an. Dabei erleben die Gäste kleine Häfen und Inseln individuell, oft bis spätabends oder auch über Nacht. Französische Marken setzen Akzente, vom Gebäck über die Butter bis hin zum Pflegeprodukt im Bad. Das Design in Grau- und Weißtönen erinnert an Boutiquehotels, die Kabinen warten mit Tageslichtbädern und separaten WCs auf. Bordsprachen sind Französisch und Englisch. Gutes Niveau hat die Küche: mittags frisch vom Grill, abends wahlweise im Hauptrestaurant oder auf dem Sonnendeck. Die meisten Getränke an Bord – sogar der Champagner – sind im Preis inkludiert.

Fahrgebiete & Reisen 2017

Die jüngste Ponant-Yacht fährt im Sommer im Mittelmeer, im Winter in die Antarktis.

DATEN & FAKTEN

BRZ	10.992	Crew-Mitglieder	139
Länge	142,10 m	PCR (Pass. pro Crew)	1,75
Breite	18,00 m	PSR (Platzangebot)	41,5
Indienststellung	2015	Passagierdecks	6
Bordsprache	Engl., Frz.	Restaurants	2
Passagiere	244	Bars	3

Kabinen	122 Außenkabinen und -suiten, davon 114 mit Balkon; Größen: 18–54 m²
Sport & Wellness	Außenpool, Spa-Bereich/Hamam, Massage, Friseur, Beauty-Corner, kleiner Fitnessbereich (u. a. Kinesis), Kurse
Info-/Entertainment	Theater, Wii-Bereich, Disco, Bibliothek, interaktives TV, WLAN
Preis pro Nacht	€ 173 bis € 3.060; Durchschn. € 690
Dresscode	leger bis elegant
Info	**Ponant Yacht Kreuzfahrten** Hamburg, Tel. (040) 80 80 93 143 www.ponant.com

PROFIL

Info-/Entertainment	⚓⚓⚓
Sport & Wellness	⚓⚓½
Gastronomie	⚓⚓⚓⚓
Familienfreundlichkeit	⚓⚓
Service	⚓⚓⚓½
Routing	⚓⚓⚓⚓½

Die Riviera in Istanbul

Marina & Riviera

Viel Raum und Schiffsambiente für Paare und Gourmets

Die beiden Schiffe der „O-Class" von Oceania Cruises sind eine Weiterentwicklung der kleineren „R-Class" (S. 209). Sie bieten viel Raum pro Passagier – in den öffentlichen Bereichen und den Kabinen: Die Standard-Balkonkabine misst 26 Quadratmeter. Viel Kunst und edles Interieur setzen Akzente. Trotz des Luxus ist die Atmosphäre an Bord entspannt. Ein besonderer Fokus liegt auf der Gastronomie: Die meisten der neun Restaurants sind – ebenso wie alle alkoholfreien Getränke – im Preis inkludiert. Zu den besonders beliebten Angeboten zählt die asiatische Küche des Red Ginger und das französische Angebot des kulinarischen Flottendirektors Jacques Pépin. Neben einem wachsenden Programm in der Kochschule gibt es immer mehr kulinarische Erkundungstouren an Land. Das Konzept wendet sich vorwiegend an Paare, für Kinder gibt es keine Angebote. Dank des „OLife Choice-Programms" ist auf vielen Abfahrten der Internetzugang inkludiert, zusätzlich können die Passagiere zwischen kostenlosen Landausflügen, Getränkepaketen oder Bordguthaben wählen.

Fahrgebiete & Reisen 2017

Beide Schiffe starten in der Karibik. Im Sommer fährt die **Riviera** dann viel im Mittelmeer und die **Marina** in Nordeuropa.

DATEN & FAKTEN

BRZ	66.084	**Passagiere**	1.250/1.360
Länge	239,20 m	**Crew-Mitglieder**	800
Breite	32,20 m	**PCR (Pass. pro Crew)**	1,56
Indienststellung	Marina 2011, Riviera: 2012	**PSR (Platzangebot)**	47,8
		Passagierdecks	11
Bordsprache	Englisch	**Restaurants/Bars**	9/7

Kabinen	625, davon 611 außen (22–26 m²), 14 innen (16 m²), 444 mit Balkon und 147 Suiten (39–230 m²)
Sport & Wellness	1 Pool, 3 Whirlpools, Canyon Ranch Spa (Massage, Dampfsauna, Thalasso), Fitnessraum, Shuffleboard
Info-/Entertainment	Kochkurse im Culinary Center, Malkurse, Meditation, Casino, Bibliothek, Internet, Show/Livemusik, Teestunde
Dresscode	keine Vorschriften
Preis pro Nacht	€ 130 bis € 1.693; Durchschn. € 414
Info	**Cruise Group**, Surberg Tel. (0861) 90 99 60 40 www.oceaniakreuzfahrten.com

PROFIL

Info-/Entertainment	⚓⚓⚓½
Sport & Wellness	⚓⚓⚓½
Gastronomie	⚓⚓⚓⚓⚓
Familienfreundlichkeit	⚓⚓
Service	⚓⚓⚓⚓⚓
Routing	⚓⚓⚓⚓

Mein Schiff 2 in den norwegischen Fjorden

FOTO: J. Bohmann

Mein Schiff 1 & 2

Die beiden Pionierschiffe der TUI-Cruises-Flotte. Ihre Ära endet bald

Mit Eventreisen wie dem „Rockliner“ von Udo Lindenberg und der „Full Metal Cruise“ haben die einstigen Celebrity-Schiffe neue Zielgruppen an Bord geholt. Grundpfeiler des Erfolgs ist das „Premium alles inklusive“-Konzept: Fast alle Getränke und die Trinkgelder sind im Reisepreis enthalten. Viele kostenlose Sportangebote und die freie Benutzung der großzügigen Saunalandschaft rechtfertigen zudem das Label „Wohlfühlschiffe“. Im Gegensatz zu den Neubauten **Mein Schiff 3** bis **6** bieten die kleinen Schwestern gemütliche Details wie die versteckte Aussicht Bar auf der **1**, direkt über dem rauschenden Fahrwasser. Die fünf Inklusiv-Restaurants (u. a. ein Ableger von Gosch) liegen qualitativ über dem Niveau der Konkurrenz. Gegen Zuzahlung werden gehobene Ansprüche im Steakhouse Surf & Turf, der Sushi-Bar und im Richards befriedigt. Für Liebhaber der ersten TUI-Cruises-Schiffe heißt es jedoch bald Abschied nehmen: Mein Schiff 1 wird im April 2018, Mein Schiff 2 ein Jahr später durch Neubauten ersetzt – und an die britische Konzernschwester Thomson Cruises abgegeben.

Fahrgebiete & Reisen 2017

Mein Schiff 1: Mittelmeer, Nordeuropa, Asien; **Mein Schiff 2**: Mittelmeer und Kanaren.

DATEN & FAKTEN

BRZ	77.303/76.998	**Passagiere**	2.405/2.390
Länge	262,50 m	**Crew-Mitglieder**	780/780
Breite	32,20 m	**PCR (Pass./Crew)**	3,1/3,0
Indienststellung	1996/97	**PSR (Platzang.)**	32,1/33,2
Umbau	2009/11	**Passagierdecks**	10/10
Bordsprache	Deutsch	**Rest./Bars**	9/11 | 8/10

Kabinen	952/962, davon ca. 1/3 innen (16 m²), 2/3 außen (16–20 m²; ca. 430 mit Balkon oder Veranda), 40 Juniorsuiten (22 m²) u. 10 Suiten (49 m²)
Sport & Wellness	2 Pools, 1.700 m² Spa (diverse Saunen, Anwendungen, kleinere Schönheitskorrekturen), Fitness
Info-/Entertainment	Abend- und Showprogramme, Diskothek, Casino, Wii-Corner, Livemusik, Kochshows
Dresscode	leger bis sportlich-elegant
Preis pro Nacht	€ 78 bis € 591; Durchschnitt € 200
Info	**TUI Cruises**, Hamburg, Tel. (040) 286 67 71 11, www.tuicruises.com

PROFIL

Info-/Entertainment	⚓⚓⚓⚓½
Sport & Wellness	⚓⚓⚓⚓½
Gastronomie	⚓⚓⚓⚓
Familienfreundlichkeit	⚓⚓⚓⚓
Service	⚓⚓⚓½
Routing	⚓⚓⚓

Taufe der Mein Schiff 3 in Hamburg mit Helene Fischer

Mein Schiff 3 & 4

Die Neubauten von TUI Cruises haben schnell ihre Fans gefunden

Wer Sport, insbesondere Wassersport, liebt, findet hier sein Dorado: Der große Pool misst 25 Meter! Folgerichtig also, dass Ex-Schwimmstar Franziska van Almsick die **Mein Schiff 4** taufte – bei der **Mein Schiff 3** hatte Helene Fischer die Ehre. Ein sportives Highlight auf beiden Schiffen ist auch die „Arena", der Ort für Ballspiele und fürs Public Viewing. Wenn Fußball auf der LED-Wand übertragen wird, vermittelt die große Tribüne echte Stadion-Atmosphäre; auch auf den Kabinen kann man Sky empfangen. Ungewöhnlich ist der gläserne „Diamant" im Heck mit der (meist verwaisten) Kaffee-Lounge und Rundumblick aufs Meer. Auch kulturell sind die beiden TUI-Schwestern kreativ: Im „Klanghaus" stehen Klassik, Lesungen und Comedy auf dem Programm. Der Platz fürs maritime Museum „Meerleben" auf der **3** wurde auf der **4** durch eine Bar mit überdimensionalem Schiffsmodell ersetzt. Wie auf den älteren TUI-Schiffen gilt „Premium alles inklusive": Nur die Spezialitätenrestaurants Richards, Surf & Turf und der sehr gute Japaner Hanami sind zuzahlungspflichtig.

Fahrgebiete & Reisen 2017

Mein Schiff 3: Dubai, Nordeuropa und Mittelmeer; **Mein Schiff 4**: Karibik, Mittelmeer, Nordeuropa und Kanaren.

DATEN & FAKTEN

BRZ	99.526	**Crew-Mitglieder**	1.000
Länge	293,30 m	**PCR (Pass. pro Crew)**	2,5
Breite	35,80 m	**PSR (Platzangebot)**	39,7
Indienststellung	2013/14	**Passagierdecks**	15
Bordsprache	Deutsch	**Restaurants**	11
Passagiere	2.506	**Bars**	12

Kabinen	1.253 (dav. 123 innen, 1.130 außen), 957 mit Balkon, 64 Juniorsuiten, 12 Suiten, 10 barrierefrei; Größen: 17–54 m²
Sport & Wellness	25-Meter-Pool, 1.700 m² Spa & Meer (diverse Saunen, Rasul, Massagen), Fitness, Sportarena an Deck, Friseur
Info-/Entertainment	Shows, Musicals, Theater, Klanghaus (Klassik), maritimes Museum, Diskothek, Casino, Themenreisen
Dresscode	leger bis sportlich-elegant
Preis pro Nacht	€ 86 bis € 786; Durchschnitt € 224
Info	**TUI Cruises**, Hamburg, Tel. (040) 286 67 71 11, www.tuicruises.com

PROFIL

Info-/Entertainment	⚓ ⚓ ⚓ ⚓ ½
Sport & Wellness	⚓ ⚓ ½ ⚓ ½
Gastronomie	⚓ ⚓ ⚓ ⚓
Familienfreundlichkeit	⚓ ⚓ ⚓ ⚓
Service	⚓ ⚓ ⚓ ½
Routing	⚓ ⚓ ⚓

Erfolg hoch fünf – und die Mein Schiff 6 folgt 2017

Mein Schiff 5

Mit dem dritten Neubau hat TUI Cruises das Konzept verfeinert. Und sich vom „Fine Dining“ verabschiedet: Das Gourmetrestaurant Richards gibt es nicht mehr

Ein Highlight der Mein Schiff 5 steht schon fest: das Studio. Es hat das Klanghaus abgelöst, das zwar ungewöhnlich war, aber doch den Charme eines Musikkonservatoriums versprühte. Dagegegn das Studio: Industrie-Design, farbig-flexible Lichteffekte, angegliederte Bar und, als besondere Innovation, eine „Hologramm-Bühne“, auf der virtuelle Künstler ihre Kleinkunst zelebrieren. Dieter Hallervorden in 3D-Illusion performt so erschreckend echt, als stünde er real auf der Bühne. Wie auch der virtuelle Musical-Star Ute Lemper und Breakdance-Weltmeister –weitere sollen folgen. Gastronomisch hat sich eine Menge getan. Mein Schiff 5 hat sich vom „Fine Dining“ verabschiedet. Das Gourmetrestaurant Richards gibt es nicht mehr, stattdessen das Schmankerl mit deftiger Austria-Alpenlandküche, dazu Zithermusik und Reh (oder Gams?) sowie Geweihe an der Wand. Das Hanami ist in den „Diamanten“ umgezogen. Die Café-Lounge ist einer Nespresso-Kooperation gewichen, die gut ins stilsichere neue Ambiente der Rezeption auf Deck 3 passt. Auf Deck 4 präsentiert sich eine Marketing-Kooperation: Mit der Lumas-Bar hat hier die bekannte Fotogalerie einen Hochsee-Ableger, die Werke sind im sehr stimmigen Interieur integriert. Insgesamt setzt die **5** noch konsequenter um, was ihre Vorläufer begannen: entspannter Urlaub auf See in modernem, zeitgemäßem Ambiente – und deutlich stressfreier als auf anderen

Himmel & Meer Lounge

Die LUMAS Bar

Schiffen dieser Größe. Mit der **Mein Schiff 6** kommt 2017 schon der nächste Neubau. Die (ausverkaufte) Jungfernfahrt startet am 3. Juni in Kiel.

Fahrgebiete & Reisen 2017

Mein Schiff 5 beginnt das Jahr in der Karibik, mit 14tägigen Reisen ab Barbados oder der Dominikanischen Republik. Im April wird Palma de Mallorca Basishafen für den Rest des Jahres, im Frühjahr und zum Jahresende im Wechsel mit Malta und Antalya/Türkei. Die im Juni erwartete **Mein Schiff 6** wird zunächst in Kiel stationiert – und ab September in Bayonne/New Jersey für Kreuzfahrten nach Kanada und längs der Ostküste der USA.

Westliches Mittelmeer ab Mallorca

12 Termine ab April: Von Palma nach Korsika, Rom, La Spezia, Monaco, Toulon, Barcelona und Ibiza. **10 Nächte, ab € 1.548 ab/bis Palma de Mallorca**

Im Kids Club

DATEN & FAKTEN

BRZ	98.785	**Crew-Mitglieder**	ca. 1.000
Länge	295,00 m	**PCR (Pass. pro Crew)**	25
Breite	35,80 m	**PSR (Platzangebot)**	38,9
Indienststellung	2016	**Passagierdecks**	12
Bordsprache	Deutsch	**Restaurants**	13
Passagiere	2.534/k. A.	**Bars**	13

Kabinen	1.267, davon 127 innen, 1.140 außen (963 mit Balkon, 80 Suiten); Größen: 17–54 m²
Sport & Wellness	25-Meter-Pool, Spa & Meer Anwendungen, Saunabereich, Fitness-Studio, Workshops (Pilates, Yoga), Sportplatz, Joggingbahn u.v.m.
Info-/Entertainment	„Holo Shows" im Studio, Musical, Varieté u.v.m. im Theater, Edutainment & Vorträge, Malatelier, Shops („Neuer Wall"), Themenreisen
Dresscode	leger bis sportlich-elegant
Preis pro Nacht	€ 92 bis € 577; Durchschnitt € 212
Info	**TUI Cruises** Hamburg, Tel. (040) 286 67 71 11 www.tuicruises.com

PROFIL

Info-/Entertainment	⚓⚓⚓⚓½
Sport & Wellness	⚓⚓⚓⚓½
Gastronomie	⚓⚓⚓⚓
Familienfreundlichkeit	⚓⚓⚓⚓
Service	⚓⚓⚓½
Routing	⚓⚓⚓

Ein musikalisches Schiff – wie sein Name

MSC Musica

Mit mediterranem Flair von Venedig aus ins östliche Mittelmeer

Der Name verrät es schon: Musik ist das zentrale Thema dieses Schiffs. Vom gläsernen Flügel im Zentrum des Atriums über das sanfte Plätschern eines dreistöckigen Wasserfalls bis hin zu den Namen der Decks begegnet einem überall Musikalisches. Bei mediterran geprägtem Flair kann es auf der zweitkleinsten Schiffsklasse von MSC (zu der auch **MSC Orchestra**, **Magnifica** und **Poesia** zählen) auch mal etwas turbulenter zugehen – zumal bei vielen italienischen Mitreisenden. Aber auch bei Deutschen ist Venedig als Abfahrtshafen sehr beliebt. Zwei Drittel der Standardkabinen warten mit eigenem Balkon auf. In den zwei Hauptrestaurants mit festen Tischzeiten in zwei Sitzungen und am Buffet stehen gute italienische ebenso wie internationale Spezialitäten auf der Karte. Das einzige aufpreispflichtige Restaurant ist die exzellente Sushi-Bar. Zwei Gala-Abende pro Reise geben Gelegenheit, die Garderobe auszuführen.

Fahrgebiete & Reisen 2017

Das Jahr beginnt und endet für die **MSC Musica** in Südamerika, von April bis November geht es ins östliche Mittelmeer ab/bis Venedig. Auch **MSC Orchestra** und **Poesia** fahren im Sommer im Mittelmeer, die **MSC Magnifica** in der Ostsee ab Warnemünde.

DATEN & FAKTEN

BRZ	92.409	**Passagiere**	2.550/2.900
Länge	293,80 m	**Crew-Mitglieder**	1.054
Breite	32,20 m	**PCR (Pass. pro Crew)**	2,4
Indienststellung	2007	**PSR (Platzangebot)**	36,2
Renovierung	2013	**Passagierdecks**	12
Bordspr.	Dt., Engl., It., Fr., Sp.	**Restaurants/Bars**	4/16

Kabinen	1.275, davon 173 außen, 809 mit Balkon, 18 Suiten, Größen: 13–31 m²
Sport & Wellness	3 Pools, davon 1 für Kinder, 4 Whirlpools, Fitnesscenter, Tennis, Golfsimulator, Basketball, Volleyball, MSC Aurea Spa
Info-/Entertainment	Shows im Theater, Disco, Casino, Internetcafé, Bibliothek, Kinderspielbereiche innen und außen, Videospiele
Dresscode	kein vorgeschriebener Dresscode
Preis pro Nacht	€ 39 bis € 635; Durchschn. € 187
Info	**MSC Kreuzfahrten** München, Tel. (089) 203 04 38 01 www.msc-kreuzfahrten.de

PROFIL

Info-/Entertainment	⚓⚓⚓½
Sport & Wellness	⚓⚓⚓⚓
Gastronomie	⚓⚓⚓
Familienfreundlichkeit	⚓⚓⚓⚓
Service	⚓⚓⚓
Routing	⚓⚓⚓

2015 um 24 Meter verlängert

MSC Opera

Mehr Platz und neue Balkone – dank Schiffsverlängerung

50 Millionen Euro investierte MSC Cruises in 24 x 28 Meter mehr Raum – auf zwölf Decks der MSC Opera. So wuchs sie 2015 ebenso wie ihre Schwestern **MSC Lirica**, **Sinfonia** und **Armonia** in einer faszinierenden, dreimonatigen Operation am offenen Schiff in die Länge. Der zusätzliche Platz wurde in 197 neue Kabinen investiert, davon 30 mit Balkon. Auch 174 vorhandene Kabinen erhielten einen Balkon und wurden renoviert. Die Restaurants wuchsen um 600 Quadratmeter und bieten mehr Auswahl. Zudem gibt es im L'Approdo nun flexible Tischzeiten für höherwertige Kabinenkategorien. Die Zahl der Kinderbereiche stieg von drei auf fünf, Chicco und Lego heißen die neuen Partner bei der Ausstattung. Auf dem Sonnendeck wartet ein Wasserpark auf die Kids. Die Erwachsenen können derweil die neue Shoppingmall besuchen oder sich im erweiterten Spa verwöhnen lassen. Außerdem verspricht MSC 20 Stunden Unterhaltung pro Tag, in der neuen großen Musik-Lounge.

Fahrgebiete & Reisen 2017

MSC Opera kreuzt ganzjährig vor Kuba, **MSC Lirica** und **Armonia** im Winter ebenso (plus Karibik), während die **Sinfonia** rund um Südafrika fährt. Den Sommer verbringen Lirica, Armonia und Sinfonia im Mittelmeer.

DATEN & FAKTEN

BRZ	65.591	**Passagiere**	2.150/2.680
Länge	274,90 m	**Crew-Mitglieder**	ca. 728
Breite	32,00 m	**PCR (Pass. pro Crew)**	3,0
Indienststellung	2004	**PSR (Platzangebot)**	30,5
Umbau	2015	**Passagierdecks**	9
Bordspr.	Dt., Engl., It., Fr., Sp.	**Restaurants/Bars**	4/7

Kabinen	1.071; davon 636 mit Balkon (204 neue Balkonkabinen auf Deck 9/10); Größen: 13–27 m²
Sport & Wellness	2 Pools, 2 Whirlpools, Fitnesscenter, Minigolf, MSC Aurea Spa, Dampfbad/Sauna, Solarium
Info-/Entertainment	Casino, Shows im Theater, Disco, Livemusik, Internetcafé, Videospiele, Bibliothek, 5 Kinderclubs, Babybetreuung, Wasserpark
Dresscode	kein vorgeschriebener Dresscode
Preis pro Nacht	€ 39 bis € 633; Durchschn. € 164
Info	**MSC Kreuzfahrten** München, Tel. (089) 203 04 38 01 www.msc-kreuzfahrten.de

PROFIL

Info-/Entertainment	⚓⚓⚓½
Sport & Wellness	⚓⚓⚓⚓
Gastronomie	⚓⚓⚓
Familienfreundlichkeit	⚓⚓⚓⚓
Service	⚓⚓⚓
Routing	⚓⚓⚓

MSC Preziosa an der Pier in Lissabon

MSC Preziosa (mit MSC Fantasia, Divina, Splendida)

Exklusiv geht es im Yacht Club der großen MSC-Schiffe zu. Diesen Luxus kann man auf der MSC Preziosa ab Hamburg genießen, auf der MSC Fantasia ab Kiel

Mit der MSC Preziosa bekommt Hamburg für den Sommer 2017 das neueste Schiff der MSC-Flotte mit attraktiven Fahrtrouten. Langweilig wird es an Bord der vier weitgehend baugleichen Schwestern **MSC Preziosa**, **MSC Fantasia**, **MSC Divina** und **MSC Splendida** nicht so schnell. Mediterran lebhaft, kinderfreundlich und unternehmungslustig sind Passagiere wie Crew, die Stimmung gleicht oft der auf einer belebten italienischen Piazza. Design und Stil kommen dabei nicht zu kurz, und die Bordangebote wurden von Schiff zu Schiff erweitert. Auf der 2013 in Dienst gestellten MSC Preziosa finden sich z. B. das Slow-Food-Restaurant Eataly, ein Infinity-Pool oder eine ultralange Wasserrutsche inklusive Kinder-Aquapark.

Was die MSC-Schiffe besonders auszeichnet, ist ein exzellentes Preis-Leistungs-Verhältnis und oftmals sehr günstige Einstiegspreise. Dafür kann man zwar keinen gehobenen Luxus erwarten, erhält aber einen preiswerten Kreuzfahrt-Urlaub auf modernen, großen Schiffen. Wer es edler und ruhiger will, reist im entsprechend teureren, exklusiven MSC Yacht Club. Die Suiten des drei Decks hohen, dezent abgetrennten Bereichs vorn am Schiff oberhalb der Brücke sind zwar nicht wesentlich größer als Standardkabinen. Ihre Bewohner genießen aber Butlerservice rund um die Uhr, ein eigenes Sonnendeck mit schönem Blick nach vorn und kleinem Pool inklusive, eine großzügige Aussichtslounge mit Open Bar und ein eigenes

Die zentrale Lobby

Im Yacht Club

Restaurant auf gehobenem Niveau. Diese Formel von gepflegtem, ruhigem Ambiente, verbunden mit der Infrastruktur eines großen, energiegeladenen Schiffs für rund 4.000 Gäste, findet durchaus Anhänger.

Fahrgebiete & Reisen 2017

Die **MSC Preziosa** kreuzt von April bis September ab/bis Hamburg auf 7- bis 25-Nächte-Routen nach Norwegen, Großbritannien, Irland, Island, Spitzbergen und zu westeuropäischen Metropolen, die **MSC Fantasia** ab/bis Kiel ins Baltikum und nach Norwegen (7 bis 14 Nächte). Die **MSC Splendida** bietet feste Wochenrouten im Mittelmeer an; die **MSC Divina** kreuzt ab/bis Miami in der Karibik.

Schottland und Island (MSC Preziosa)

Am 29.5. ab/bis Hamburg nach Invergordon, Akureyri, Ísafjörður, Reykjavík, Kirkwall (Orkney Islands), mit 4 Seetagen **11 N., ab € 1.399 ab/bis Hamburg**

Kinderbereich Doremi Castle

DATEN & FAKTEN MSC Preziosa

BRZ	139.072	**Passagiere**	3.502/4.345
Länge	333,33 m	**Crew-Mitglieder**	1.388
Breite	37,92 m	**PCR (Pass. pro Crew)**	2,5
Indienststellung	2013	**PSR (Platzangebot)**	39,7
Bordsprachen	Italienisch, Englisch, Deutsch, Franz.	**Passagierdecks**	13
		Restaurants/Bars	8/15

Kabinen	1.751 (1.249 außen, 405 innen), davon 1.134 Außenkabinen mit Balkon; 97 Suiten, davon 66 im Yacht Club mit Butlerservice; Größen: 15–53 m²
Sport & Wellness	4 Pools, Jacuzzis, Aquapark, Fitness, Squashplatz, MSC Aurea Spa mit Solarium, Infinity-Pool u. v. m.
Info-/Entertainment	Theater, Casino, Disco, Kinderclub, 4-D-Kino, Formel-1-Simulator u. v. m.
Dresscode	kein vorgeschriebener Dresscode
Preis pro Nacht	€ 65 bis € 994, Durchschnitt € 203 Yacht Club: ab ca. € 280
Info	**MSC Kreuzfahrten** München, Tel. (089) 203 04 38 01 www.msc-kreuzfahrten.de

PROFIL (ohne Yacht Club*)

Info-/Entertainment	⚓⚓⚓⚓
Sport & Wellness	⚓⚓⚓⚓½
Gastronomie	⚓⚓⚓½
Familienfreundlichkeit	⚓⚓⚓⚓½
Service	⚓⚓⚓
Routing	⚓⚓⚓⚓

* Yacht Club: Gastronomie 4 Anker, Service 4,5 Anker

Vorn ganz oben: der Suitenbereich The Haven

Norwegian Epic

Das Flaggschiff von Norwegian Cruise Line im Mittelmeer

Es kommt auf die inneren Werte an. Das gilt auch bei der Epic, dem zweitgrößten Schiff der Norwegians aus Miami: Sieben Jahre nach Indienststellung ist ihr äußeres Erscheinungsbild immer noch gewöhnungsbedürftig. Im Inneren aber wurde sie im Herbst 2015 renoviert, in vier Spezialitätenrestaurants und in den Hauptrestaurants Manhattan Room und Taste. Neu ist The Cavern Club, dem legendären Club in Liverpool nachempfunden, der durch die Beatles-Auftritte Kultstatus bekam. Insgesamt stehen 23 (!) Restaurants zur Wahl, ein Großteil davon inklusive. Zuzahlen muss man für das Teppanyaki mit asiatischem Show-Cooking oder für Cagney's Steakhouse, das Steaks und Meeresfrüchte anbietet. Für Unterhaltung sorgen eine fulminante Akrobatikshow zum Dinner im Spiegel Tent, Broadwayshows oder die Wasserrutsche „Epic Plunge" auf dem Pooldeck. Neu ist „Splash Golf", wo Wasserelemente und Minigolf für die ganze Familie zusammengebracht werden. Die 13 Kabinenkategorien reichen vom Studio für Alleinreisende bis zur Deluxe Owner's Suite im The Haven.

Fahrgebiete & Reisen 2017

Im Sommer westl. Mittelmeer ab/bis Barcelona oder Rom (**7 Nächte, ab € 919**), im Winter östliche Karibik (**7 Nächte, ab € 1.009**).

DATEN & FAKTEN

BRZ	155.873	**Crew-Mitglieder**	1.730
Länge	325,00 m	**PCR (Pass. pro Crew)**	2,4
Breite	40,00 m	**PSR (Platzangebot)**	36,9
Indienststellung	2010	**Passagierdecks**	19
Bordsprache	Englisch	**Restaurants**	23
Passagiere	4.228/5.368	**Bars**	18

Kabinen	2.124 in 13 Kategorien, davon 1.436 außen, 688 innen; ca. 9–47 m²
Sport & Wellness	2 Pools, 5 Whirlpools, Abseilwand, Bowlingbahn, Sportdeck, Wasserrutschen, Fitnesscenter, Mandara Spa (2.883 m²) mit 39 Spa-Kabinen
Info-/Entertainment	Liveshows, Varieté-Dinnershow, Nickelodeon-Mottoshows, Comedy Club, Theater, Discos, Casino, Kinderclub u. v. m.
Dresscode	kein vorgeschriebener Dresscode
Preis pro Nacht	€ 71 bis € 2.125; Durchschnitt € 193
Info	**Norwegian Cruise Line**, Wiesbaden Tel. (0611) 360 70, www.ncl.de

PROFIL (ohne The Haven*)

Info-/Entertainment	⚓⚓⚓⚓⚓
Sport & Wellness	⚓⚓⚓⚓½
Gastronomie	⚓⚓⚓⚓
Familienfreundlichkeit	⚓⚓⚓⚓½
Service	⚓⚓⚓½
Routing	⚓⚓½

* The Haven: Service 5, Gastronomie 4,5 Anker

Die Hamburg-Botschafterin der Norwegians im Sommer 2017

Norwegian Jade

Der Freestyle-Cruiser kreuzt runderneuert erstmals ab Hamburg

Sie ist das Schiff der Norwegians für Hamburg. Im Sommer 2017 startet die Jade zu sechs Reisen ab der Elbmetropole nach Norwegen, Island und Großbritannien, wo sie mit Southampton ihren eigentlichen Basishafen hat. Mit erstmals für deutsches Publikum aufgelegten Inklusiv-Angeboten soll sie neue Gäste für das Freestyle-Konzept begeistern. Dafür wird das 2006 als **Pride of Hawaii** in Papenburg gebaute Schiff zuvor auf den Bahamas runderneuert. Auf allen Außendecks werden die Teakholzböden erneuert; Teppiche, Vorhänge und Kunstwerke in Bars und Restaurants werden ausgetauscht; komplett umgestaltet werden der Suitenbereich The Haven, die Disco Bliss Ultra Lounge und das Buffetrestaurant. Erstklassiges Entertainment darf man ebenso erwarten wie vielfältige Dining-Erlebnissse in zwölf Restaurants (acht zuzahlungspflichtig): Flottenweit führt Norwegian zurzeit neue Menüs ein. Überschaubar ist die Größe des Schiffs: Mit 2.402 Passagieren ist es die charmante Alternative zur doppelt so großen **Norwegian Getaway**, die 2017 ab Warnemünde fährt.

Fahrgebiete & Reisen 2017

Ab/bis Hamburg am 4.6. nach Südnorwegen und Southampton: **9 N., ab € 1.329**. Am 16.7. nach Norwegen, Schottland, Island: **9 N., ab € 2.159**.

DATEN & FAKTEN

BRZ	93.558	**Passagiere**	2.402/2.846
Länge	294,00 m	**Crew-Mitglieder**	1.067
Breite	32,00 m	**PCR (Pass. pro Crew)**	2,7
Indienststellung	2006	**PSR (Platzangebot)**	32,9
Umbau/Renov.	2008/11	**Passagierdecks**	12
Bordsprache	Englisch	**Restaurants/Bars**	12/13

Kabinen	1.189 (243 außen, 405 innen, 360 mit Balkon), davon 181 Suiten; Größen: 13–408 m²
Sport & Wellness	2 Pools, 1 Kinderpool, 4 Whirlpools, Spa & Fitness, Tennis, Jogging, Basket-/Volleyball, auf Pearl & Gem auch Bowlingbahn und Kletterwand
Info-/Entertainment	Show, Casino, Tages- und Abendprogramm, großer Kinderbereich
Dresscode	kein vorgeschriebener Dresscode
Preis pro Nacht	€ 93 bis € 1.913; Durchschnitt € 145
Info	**Norwegian Cruise Line** Wiesbaden, Tel. (0611) 360 70 www.ncl.de

PROFIL (ohne The Haven*)

Info-/Entertainment	⚓⚓⚓⚓½
Sport & Wellness	⚓⚓⚓⚓
Gastronomie	⚓⚓⚓⚓
Familienfreundlichkeit	⚓⚓⚓⚓½
Service	⚓⚓⚓½
Routing	⚓⚓⚓½

* The Haven: Service und Gastronomie 4,5 Anker

Ein Hingucker: der bunt bemalte Bug

Norwegian Getaway

Ein Freestyle-Cruiser der neuen Generation, der 2017 mit Ostseekreuzfahrten ab Warnemünde auch deutsches Publikum überzeugen soll

Das Schiff für Miami, die Norwegian Getaway kommt in die Ostsee! Die Beorderung des ursprünglich für den Sonnenstaat konzipierten Schiffs in europäische Gewässer ist auch ein klares Bekenntnis der US-Reederei zum deutschen Markt. Mit Einstiegen in Warnemünde sollen möglichst viele deutschsprachige Gäste das neue Alles-inklusive-Konzept von NCL buchen – das interessanterweise auch nur für den deutschsprachigen Markt gilt. 2014 bei Meyer in Papenburg gebaut, ist die Getaway in weiten Teilen baugleich mit der ein Jahr zuvor abgelieferten **Norwegian Breakaway**. 17 Restaurants mit Spezialitäten der französischen und italienischen Küche sowie von anderen NCL-Schiffen liebgewonnene Gourmet-Tempel wie der Churrascaria und der Teppanyaki bieten eine hervorragende Küche und viel Abwechslung. Das Freestyle-Cruising-Konzept lässt in den Restaurants und elf Bars (fast) rund um die Uhr keine Wünsche offen. Für Nervenkitzel sorgen im Aqua Park fünf Wasserrutschen, darunter zwei „Free-Fall"-Rutschen und der Hochseilgarten im drei Decks hohen Sportkomplex mit „The Plank" (Die Planke, die 2,50 Meter über die Bordwand hinausführt). Auch wenn an Bord Platz für 4.028 Passagiere ist, finden Gäste auf der Norwegian Getaway reizvolle, ruhige Plätze nah am Meer. Die auf der Breakaway eingeführte Waterfront-Promenade sorgt für eine ganz besondere Atmosphäre beim abendlichen Sundowner.

Outdoor Dining an der Waterfront

Im Illusionarium

FOTOS: C. Assies (1), C. Oldendorf (2), Norwegian Cruise Line (1)

Das Entertainment ist preisgekrönt – zu Recht. Denn Broadway-Shows (das Musical „Legally Blond“ und die Tanzshow „Burn the Floor“), eine Magieshow zum Dinner im Illusionarium und Auftritte von Grammy-Gewinnern in der „Grammy Experience“ bieten Unterhaltung auf See in einer anderen Dimension. Das alles in modernen, geräumigen Kabinen oder im Suiten-Bereich The Haven. Mit seinen Abfahrten quasi vor der Haustür dürfte das Schiff ein Highlight der Kreuzfahrtsaison 2017 werden.

Fahrgebiete & Reisen 2017

Von Miami kommend, kreuzt die Getaway von Mitte Mai bis Oktober durch die Ostsee auf 7- bis 9-Nächte-Kreuzfahrten. Auftakt bildet im Mai eine Kurztour von Kopenhagen nach Warnemünde; beide sind auch Starthäfen für die regulären Reisen. Die Routen führen nach Tallin, St. Petersburg, Helsinki, Stockholm und Kopenhagen. **9 Nächte, ab € 1.529; 7 Nächte ab € 1.129, jeweils ab/bis Warnemünde**

Wasserrutschen an Deck

DATEN & FAKTEN

BRZ	145.655	**Crew-Mitglieder**	1.640
Länge	324,00 m	**PCR (Pass. pro Crew)**	2,5
Breite	40,00 m	**PSR (Platzangebot)**	36,2
Indienststellung	2013	**Passagierdecks**	18
Bordsprache	Englisch	**Restaurants**	17
Passagiere	4.028/4.941	**Bars**	22

Kabinen	2.014 in 38 Kategorien, davon 1.506 außen, 508 innen; Größen: ca. 9–111 m^2
Sport & Wellness	3 Pools, Whirlpools, Klettergarten, Bowlingbahn, Sportdeck, Wasserrutschen, Fitnesscenter, Mandara Spa (2.136 m^2) mit 72 Spa-Kabinen
Info-/Entertainment	Musicals, Dinnershow, Grammy-Stars, Mottoshows, Comedy Club, Theater, Discos, Casino, Kinderclub u. v. m.
Dresscode	kein vorgeschriebener Dresscode
Preis pro Nacht	€ 91 bis € 1.600; Durchschnitt € 234
Info	**Norwegian Cruise Line**, Wiesbaden Tel. (0611) 360 70, www.ncl.de

PROFIL (ohne The Haven*)

Info-/Entertainment	⚓⚓⚓⚓½
Sport & Wellness	⚓⚓⚓⚓½
Gastronomie	⚓⚓⚓⚓
Familienfreundlichkeit	⚓⚓⚓⚓½
Service	⚓⚓⚓½
Routing	⚓⚓⚓

* The Haven: Service und Gastronomie 4,5 Anker

Dank eisverstärktem Rumpf auch vor Grönland einsetzbar

Ocean Diamond

Intensive Islandumrundungen vom Spezialveranstalter

Zehn Ziele in zehn Tagen – der Hamburger Islandspezialist Island Pro Travel setzt auf „Destinationskreuzfahrten mit softem Expeditionscharakter“. Bis zu 224 Gäste erleben die Vielfalt der Insel aus Feuer und Eis. Neu im Programm der Ocean Diamond für 2017 ist ein Abstecher zur Insel Grimsey, direkt auf dem Polarkreis. Großer Pluspunkt sind die isländischen Reiseleiter an Bord, die Deutsch sprechen. Als ausgebildete Sänger sorgen sie zudem für die Abendunterhaltung. Das Landausflugsprogramm reicht von einem Besuch der schwarzen Strände im Süden des Landes über Wanderungen oder Helikopterflüge über den größten Gletscher Europas bis hin zum Hochseeangeln oder Reitausflug. Touren mit den 18 Zodiacs sind im Preis inkludiert, nasse Anlandungen finden nicht statt. Auch Kombinationsreisen mit Grönland und eine Kurzreise zu den Nordlichtern sind buchbar. Alljährlich modernisiert die Reederei weitere Bereiche des Schiffs, jüngst wurden die Außenkabinen auf Deck sechs und die Main Lounge gründlich aufgefrischt.

Fahrgebiete & Reisen 2017

Islandumrundung an acht Terminen zwischen Mai und September. **9 Nächte, ab € 1.495 ab/bis Reykjavík** (einmal inkl. Hotel).

DATEN & FAKTEN

BRZ	8.282	**Passagiere**	224
Länge	124,00 m	**Crew-Mitglieder**	106
Breite	16,00 m	**PCR (Pass. pro Crew)**	2,1
Indienststellung	1986	**PSR (Platzangebot)**	36,9
Renovierung	2016	**Passagierdecks**	5
Bordspr.	Deutsch, Englisch	**Restaurants/Bars**	1/2

Kabinen	109 Außenkabinen, 10 mit Balkon, 99 mit Bullauge oder Panoramafenster; Größen: 19–37 m²
Sport & Wellness	Fitnessbereich, Wellness- und Massagenprogramm, Krankenstation mit Bordarzt
Info-/Entertainment	Lektorenvorträge, Vorlesungen, Unterhaltung, Sat-TV, Bibliothek
Dresscode	sportlich-leger
Preis pro Nacht	€ 177 bis € 1.030; Durchschnitt ca. € 453
Info	**Island Pro Travel** Hamburg, Tel. (040) 286 68 70 www.islandprotravel.de

PROFIL

Info-/Entertainment	⚓⚓⚓½
Sport & Wellness	⚓⚓½
Gastronomie	⚓⚓⚓
Familienfreundlichkeit	⚓⚓
Service	⚓⚓⚓⚓
Routing	⚓⚓⚓⚓

Auf Sommerkreuzfahrt im hohen Norden

Ocean Majesty

Kleiner Wohlfühl-Klassiker mit Reisen von deutschen Häfen aus

Klassische Kreuzfahrttradition trifft auf moderne Elemente: Hansa Touristik kombiniert Kapitänsabende mit offenen Tischzeiten und der Möglichkeit, alle Reisen inklusive Getränkepaket zu buchen. Tischwein und Wasser sind ohnehin im Preis inbegriffen, alle weiteren Nebenkosten moderat. Alternativ zum À-la-carte-Restaurant im Schiffsbauch kann man auf dem offenen Lidodeck jede Mahlzeit vom Buffet unterm Heizstrahler genießen. Mittags gibt es hier eine leichte Alternative zur Hausmannskost, die frisch zubereitet wird. Das Entertainmentprogramm reicht von der Jazz Matinee bis zum Talkformat „Nachtcafé" in der Observation Lounge. Frisch renoviert präsentiert sich die Majestic Lounge in Beerentönen, in der Observation Lounge gibt es neue Ohrensessel. So genannte Air Curtains schützen nun auf den Decks sieben und acht vor Zugluft in den öffentlichen Bereichen. Auf fast allen Reisen fahren Kinder und Jugendliche kostenlos in der Kabine der Eltern mit, für sie gibt es auch ein Programm an Bord. Ein Wermutstropfen: Aufgrund vieler Türschwellen ist das Schiff für Rollstuhlfahrer ungeeignet.

Fahrgebiete & Reisen 2017

Nord- und Ostsee mit Nordkap, Grönland und Island sowie Mittelmeer. Neu: die Azoren.

DATEN & FAKTEN

BRZ	10.417	**Passagiere**	500/548
Länge	136,00 m	**Crew-Mitglieder**	235
Breite	19,20 m	**PCR (Pass. pro Crew)**	2,1
Indienststellung	1995	**PSR (Platzangebot)**	20,8
Renovierung	2012/13	**Passagierdecks**	8
Bordsprache	Deutsch	**Restaurants/Bars**	2/5

Kabinen	274 (193 außen, 81 innen), 8 mit Balkon, 185 mit Fenster oder Bullauge; Größen: 14–23 m²
Sport & Wellness	Wellnessbereich mit Sauna, Massage und Beautysalon, Shuffleboard, Joggingpfad
Info-/Entertainment	Animation, Show, Unterhaltung, Tanz, Sat-TV, Kino
Dresscode	„elegant" nur an 2 Gala-Abenden
Preis pro Nacht	€ 114 bis € 520; Durchschnitt ca. € 236
Info	**Hansa Touristik** Stuttgart, Tel. (0711) 22 93 16 90 www.hansatouristik.de

PROFIL

Info-/Entertainment	⚓⚓⚓
Sport & Wellness	⚓⚓
Gastronomie	⚓⚓⚓
Familienfreundlichkeit	⚓⚓
Service	⚓⚓⚓½
Routing	⚓⚓⚓½

Anlegen in Liverpool

Queen Mary 2

Der legendäre Transatlantik-Liner präsentiert sich frisch renoviert

Wenn sie den Hamburger Hafen besucht, stehen die Menschen noch immer am Ufer und winken. Als einziger Transatlantik-Liner der Neuzeit fasziniert die „Queen“ alle. Üppig ist das Raumangebot pro Passagier, groß die Abwechslung im Bordprogramm. Das klassische Stufenheck und traditionelle Bälle in Abendgarderobe lassen längst vergangene Zeiten wieder aufleben. Aber das Leben an Bord wird auch lockerer: Jenseits der formellen Abende herrscht kein Krawattenzwang mehr. Den Fünf-Uhr-Tee gibt es inzwischen gegen Zuzahlung auch als edle Champagner-Variante. Bei einer intensiven Renovierung (S. 42) wurden 2016 alle bestehenden Kabinen aufgewertet und 50 zusätzliche untergebracht, darunter

Frisch renoviert: Restaurants und Atrium

15 großzügige Einzelkabinen. Neue Teppiche, Möbel und Bilder sorgen auch in den öffentlichen Bereichen für einen frischen Eindruck. Die auffälligste Veränderung hat auf Deck sieben stattgefunden: Das Buffetrestaurant wurde völlig neu gestaltet und bietet abends nun abwechselnd fünf statt bisher drei À-la-carte-Zuzahlungsalternativen. Und der Winter Garden lädt im neuen Design als Carinthia Lounge zum Verweilen ein, hier gibt es nun auch morgens, mittags und abends leichte, hochwertige Snacks. Ein Deck höher ist das Todd English analog zu den anderen Cunard-Schiffen dem französischen Verandah-Restaurant gewichen, damit unterstreicht die Reederei ihre internationaler werdende Ausrichtung. Außerdem gibt es neue Kooperationen an Bord, etwa mit dem Kaffeehersteller illy, der auch Maschinen in den Suiten bereitstellt, oder dem Schokoladenprofi Godiva. Auch für die tierischen Gäste wurde mit zehn neuen Unterkünften sowie einem New Yorker Hydranten und einer Liverpooler Straßenlaterne auf dem „Gassi-Deck" gesorgt.

Fahrgebiete & Reisen 2017

Nach der traditionellen Weltreise ab/bis Southampton startet die Queen Mary 2 am 8. Mai in die Transatlantiksaison. Von den 23 Passagen führen auch vier bis Hamburg. Außerdem bietet das Schiff Kreuzfahrten nach Norwegen, Kanada und Neuengland an. Weihnachten und Silvester finden in der Karibik statt.

Transatlantik: New York–Hamburg

Die „Crossings" ab New York starten am 12. August und am 20. Oktober. Nach sechs Seetagen erreicht das Schiff Southampton, zwei Tage später das Endziel Hamburg. Anschließend findet die Passage in umgekehrter Richtung statt. **9 Nächte, ab € 1.940 inkl. Anreisearrangement**

Norwegische Fjorde

Auf der Reise in die norwegischen Fjorde besucht die Queen Mary 2 ab dem 21. August Bergen, Ålesund, Olden, Flåm und Stavanger. **8 Nächte, ab € 1.690 ab/bis Hamburg**

Empfang in einer Suite

DATEN & FAKTEN

BRZ	151.400	Passagiere	2.691
Länge	345,00 m	Crew-Mitglieder	1.292
Breite	41,00 m	PCR (Pass. pro Crew)	2,5
Indienststellung	2004	PSR (Platzangebot)	48,0
letzte Renovierung	2016	Passagierdecks	13
Bordsprache	Englisch	Restaurants/Bars	9/12

Kabinen	1.353, davon 277 innen, Balkon: 813, 172 Suiten; Größen: 15–209 m²
Sport & Wellness	5 Pools, Golfsimulator, Basketball, Shuffleboard, Tischtennis, Laufpfad, Spa und Fitnesscenter
Info-/Entertainment	Planetarium, Casino, Theater/Kino, Nachtclub, Ballsaal, Kinderclub, täglich wechselndes Showprogramm, Bingo/Spiele etc.
Dresscode	Tagsüber „casual", abends „formal" oder „informal"
Preis pro Nacht	€ 113 bis € 2.501; Durchschnitt € 312
Info	**Cunard Line** Hamburg, Tel. (040) 41 53 35 55 www.cunard.de

PROFIL (ohne Grill Class*)

Info-/Entertainment	⚓⚓⚓⚓⚓
Sport & Wellness	⚓⚓⚓⚓
Gastronomie	⚓⚓⚓⚓
Familienfreundlichkeit	⚓⚓⚓
Service	⚓⚓⚓⚓
Routing	⚓⚓⚓½

* Grill Class: Gastronomie und Service je 4,5 Anker

Die jüngste der drei Cunard-Queens

Queen Elizabeth

Elegantes Understatement im Art déco – nicht nur für Weltreisende

Die jüngste Cunard-Königin atmet Kreuzfahrtgeschichte: Auf allen Decks erinnern Fotos und Ausstellungsstücke an jene längst vergangenen Zeiten, in denen die Reise mit einem Kreuzfahrtschiff noch ein Luxusgut war. Luxuriös ist das Weltreisenangebot der britischen Traditionsreederei aber noch heute: Alle drei Cunard-Queens gehen 2017 auf Weltreise. Die Queen Elizabeth beginnt und endet die 125-tägige Tour in Hamburg und bietet – ebenso wie auf ihren Nordlandreisen – ein deutschsprachiges Landprogramm an. 2010 von der Queen höchstpersönlich getauft, punktet die „Lizzy" mit einem Country Garden auf dem Achterdeck, der zu Rasenspielen wie Krocket und Boule einlädt. Auf demselben Deck liegen die Grill-Class-Suiten mitsamt eigenem Restaurant mit Außenbereich. Und beim letzten Werftaufenthalt spendierte die Reederei dem Schiff neun Kabinen für Einzelreisende.

Fahrgebiete & Reisen 2017

Sowohl die Weltreise als auch drei Schnupperreisen finden ab/bis Hamburg statt. Außerdem gibt es eine Schnuppertour ab/bis Kiel sowie Kreuzfahrten nach Skandinavien, Russland oder Island ab/bis Rotterdam. Ab Ende August fährt das Schiff im Mittelmeer und zu den Kanaren.

DATEN & FAKTEN

BRZ	90.900	**Passagiere**	2.068/2.447
Länge	294,00 m	**Crew-Mitglieder**	1.003
Breite	32,00 m	**PCR (Pass. pro Crew)**	2,1
Indienststellung	2010	**PSR (Platzangebot)**	44,0
letzte Renovierung	2014	**Passagierdecks**	12
Bordsprache	Englisch	**Restaurants/Bars**	9/10

Kabinen	1.046, davon 85 % Außen- und 72 % Balkonkabinen; Größen: 14–198 m² (Grand Suite)
Sport & Wellness	2 Pools, 4 Whirlpools, Spa (u. a. Aromatherapie), Fitnesscenter, Boule, Paddle-Tennis, Krocket an Deck
Info-/Entertainment	Theater mit Privatlogen, Kino, Bibliothek, Galerie, Museumspfad, Casino, Internetcenter, Kinderclub, Tanzunterricht, Vorträge u. v. m.
Dresscode	tagsüber „casual", abends „formal" oder „informal"
Preis pro Nacht	€ 105 bis € 1.588; Durchschn. € 289
Info	**Cunard Line**, www.cunard.de Hamburg, Tel. (040) 41 53 35 55

PROFIL (ohne Grill Class*)

Info-/Entertainment	⚓⚓⚓⚓
Sport & Wellness	⚓⚓⚓⚓
Gastronomie	⚓⚓⚓⚓
Familienfreundlichkeit	⚓⚓⚓
Service	⚓⚓⚓⚓
Routing	⚓⚓⚓⚓

* Grill Class: Gastronomie und Service je 4,5 Anker

Auch für Alleinreisende eine gute Wahl

Queen Victoria

Neu: von Hamburg nach Südamerika in viktorianischem Ambiente

Der Name ist Programm: Als Gesamtkunstwerk im Stil und Geist der viktorianischen Ära hat die kleinste Cunard-Königin viele Fans gefunden. Der Queens Room über zwei Decks bietet die perfekte Bühne für die nostalgischen Themenbälle. Tagsüber findet hier nicht nur die Teatime statt, auch Fechtkurse werden geboten. Exzellent speist man im Hauptrestaurant Britannia (empfehlenswert: das Frühstück à la carte!). Wie auf allen anderen Schiffen der Flotte steht das französische Zuzahlungsrestaurant Verandah mit Gerichten von Jean-Marie Zimmermann mittags und abends als Alternative zur Verfügung. Darüber hinaus ist für Suitengäste ein romantisches Freiluftrestaurant reserviert. Im Vergleich zur **Queen Mary 2** wurden die Suiten der Grill Class unauffälliger ins Gesamtkonzept integriert. Und: Es gibt auch neun Kabinen für Alleinreisende, acht liegen außen, eine innen.

Fahrgebiete & Reisen 2017

Die 120-tägige Weltreise findet ab/bis Southampton statt. Nach einer Kanarenkreuzfahrt im Mai bleibt die kleinste Königin bis November im Mittelmeer. Weihnachten verbringt das Schiff vor den Kanarischen Inseln, im Januar 2018 startet dann eine 79-tägige Südamerikareise ab/bis Hamburg.

DATEN & FAKTEN

BRZ	90.000	**Passagiere**	1.990/2.430
Länge	294,00 m	**Crew-Mitglieder**	981
Breite	32,00 m	**PCR (Pass. pro Crew)**	2,5
Indienststellung	2007	**PSR (Platzangebot)**	37,0
letzte Renovierung	2015	**Passagierdecks**	12
Bordsprache	Englisch	**Restaurants/Bars**	7/10

Kabinen	925 (796 außen, 129 innen), davon 657 mit Balkon/Veranda; Größen: 14–198 m²
Sport & Wellness	2 Pools, Driving Range/Putting Green, Shuffleboard, Tischtennis, Laufpfad, Spa und Fitness, Fechtkurse
Info-/Entertainment	Computercenter, Bibliothek, Casino, Theater/Kino, Nachtclub/Disco, Video, Kids-/Teen-Center, Cunardia
Dresscode	tagsüber „casual", abends „formal" oder „informal"
Preis pro Nacht	€ 136 bis € 1.595; Durchschn. € 281
Info	**Cunard Line**, www.cunard.de Hamburg, Tel. (040) 41 53 35 55

PROFIL (ohne Grill Class*)

Info-/Entertainment	⚓⚓⚓⚓
Sport & Wellness	⚓⚓⚓⚓
Gastronomie	⚓⚓⚓⚓
Familienfreundlichkeit	⚓⚓⚓
Service	⚓⚓⚓⚓
Routing	⚓⚓⚓⚓

* Grill Class: Gastronomie & Service je 4,5 Anker

Unter vollen Segeln vor der Amalfiküste FOTO: C. Assies

Royal Clipper

Fünf Masten, 5.000 Quadratmeter Segelfläche – und tolle Routen

Noch darf sich die Royal Clipper an ihrem Guinnessbuch-Rekord freuen, denn noch ist sie das größte Segelschiff der Welt. Konkurrenz bekommt sie bald aus der eigenen Familie, da ihr schwedischer Eigner Mikael Krafft einen neuen Fünfmaster bauen lässt. Noch größer, noch luxuriöser. Doch bis die neue kleine, große Schwester das Zepter übernimmt, pflügt die Royal Clipper majestätisch durch die Weltmeere. Dabei nimmt sie bis zu 227 Passagiere mit, die bei den Landausflügen stolz auf ihr prächtiges Heim auf Zeit deuten: „Ja genau, ich reise mit diesem dicken Schiff!" Das Ambiente ist schick, aber zwanglos. Im dreistöckigen Atrium werden die Mahlzeiten eingenommen – auch beim Abendessen ohne

Blick ins Atrium; die versammelte Crew

Krawattenzwang und Sitzordnung. Dafür mit aufmerksamem Service und erstklassiger Qualität. Überflüssige Pfunde können im kleinen Fitnessbereich „Captain Nemo Lounge" wieder abtrainiert werden, oder besser noch: beim Wassersport. Die ausklappbare Badeplattform am Heck dient als Heimathafen für Kanu & Co. Auch Schnorchel-Equipment steht bereit zur Erforschung der Unterwasserwelt. Wer lieber hoch hinaus will, kann seine Nerven beim Mastklettern testen – keine Sorge: Es geht nur bis zum ersten Krähennest und das vollständig gesichert. Kleiner Wermutstropfen der Königlichen: Die fünf Masten und die entsprechend nötige Menge an Befestigung brauchen viel Platz, so dass es am Oberdeck ein bisschen eng und gedrängt wirkt, zumal dort auch die drei Pools untergebracht sind. Wem das zu kuschelig ist, weicht direkt auf den luftigen Lieblingsplatz einiger Gäste aus. Im Bugsprietnetz liegend, genießt man, fast frei schwebend, eine einzigartige Perspektive: den Himmel über und das Meer unter sich. Und manchmal surfen sogar Delfine auf der Bugwelle.

Fahrgebiete & Reisen 2017

Im Winter fährt die Royal Clipper zu den Grenadinen und den Windward-Inseln. Anfang April startet die 17-tägige Atlantiküberquerung von Barbados nach Cannes. Von Mai bis Oktober ist das Schiff vorwiegend ab/bis Cannes, Civitavecchia oder Venedig im Mittelmeer unterwegs. Im Herbst kreuzt es über Südspanien, Marokko, Lissabon und Teneriffa nach Barbados, wo die nächste Karibiksaison beginnt.

Von Lissabon nach Málaga

Fünf Nächte, vier Länder: am 24.4. ab Lissabon über Portimão (Portugal), Tanger (Marokko), Gibraltar und Motril nach Málaga (Spanien).
5 Nächte, ab € 1.304 ab/bis Hafen

Inseln und Küsten Süditaliens

Am 10.6. oder 22.7. von Civitavecchia über Ponza, Palmarola, Sorrent, Amalfi, Taormina und Lipari zurück in Richtung Ewiger Stadt.
7 Nächte, ab € 2.330 ab/bis Hafen

Abends an Deck

DATEN & FAKTEN

BRZ	5.000	**Passagiere**	227
Länge	134,00 m	**Crew-Mitglieder**	106
Breite	16,00 m	**Passagierdecks**	4
Indienststellung	2000	**PCR (Pass. pro Crew)**	2,6
letzte Renovierung	2007	**PSR (Platzangebot)**	18
Bordsprache	Engl., Dt., Frz.	**Restaurants/Bars**	1/2

Kabinen	110 (104 außen, 6 innen), davon 14 Suiten mit Balkon, 2 Eignerkabinen; Größen: ca. 10–33 m²
Sport & Wellness	3 Pools, Morgengymnastik, Tauchen, Wasserski, Surfen, Dingi-Segeln, Fitnesscenter
Info-/Entertainment	Captain's Storytime, Nautikkunde, Knotenkunde, Krabbenrennen, Quiz, Talentshow, Modenschau etc.
Dresscode	kein Dresscode, zum Abendessen im Restaurant lange Hosen
Preis pro Nacht	€ 108 bis € 786; Durchschnitt € 435
Info	**Star Clippers**, Monaco E-Mail: info@starclippers.com www.starclippers.com

PROFIL

Info-/Entertainment	⚓⚓½
Sport & Wellness	⚓⚓⚓½
Gastronomie	⚓⚓⚓½
Familienfreundlichkeit	⚓⚓
Service	⚓⚓⚓½
Routing	⚓⚓⚓½

Vollendete Eleganz – auch in der Vogelperspektive

Seabourn Quest (mit Odyssey & Sojourn)

Perfekter Service, elegante Suiten und Essen auf Sterne-Niveau: Die Seabourn Quest überzeugt auch ein verwöhntes Publikum

Moderne Eleganz, dezente Farben, edle Materialien: Das Design der Seabourn Quest wirkt nie aufdringlich und gefällt ihren meist gut betuchten Gästen – ganz egal, ob sie aus Nordamerika, Nord- oder Südeuropa kommen. Kein Wunder, dass viele Passagiere Repeater sind, sie mögen den aufmerksamen Service der gut geschulten Crew, das ausgezeichnete Abendprogramm und die vielen Rückzugsmöglichkeiten, die das Schiff bietet. Ein beliebter Treffpunkt ist der Seabourn Square. Dort trinkt man kurz einen Cappuccino, checkt seine E-Mails, liest ein Buch oder plaudert mit anderen Urlaubern. Der Clou im Spa ist ein beleuchtetes Kneippbecken mit beheizten Liegen. Eine ausfahrbare Wassersport-Marina ermöglicht Kajakfahren, Windsurfen, Schnorcheln und Tretbootfahren. Die abtrainierten Kalorien kann man auf der Quest leicht wieder zu sich nehmen, weil das Essen einfach fantastisch ist. 2016 wurde das bisherige Restaurant 2 durch The Grill by Thomas Keller ersetzt, in dem man in den Genuss feiner À-la-carte-Speisen des preisgekrönten amerikanischen Drei-Sterne-Kochs Thomas Keller kommt. Er ließ sich von der Küche klassischer amerikanischer Steakhäuser inspirieren. Die Quest ist das erste der derzeit drei Seabourn-Schiffe, das den neuen Gourmet-Tempel bekommen hat. Demnächst soll er auch auf den Schwesterschiffen **Seabourn Odyssey** und **Sojourn** Einzug halten. Auf der Quest gibt es ausschließlich Suiten, fast alle Leistungen an Bord sind im Reise-

Eine Owner-Suite

Das neue Restaurant: The Grill

preis eingeschlossen, selbst die Restaurants, Weine und Champagner sowie das Trinkgeld. Zum Neubau **Seabourn Encore** siehe S. 120.

Fahrgebiete & Reisen 2017

Rund um Westeuropa im Frühling

Nach Winterreisen in Süd- und Mittelamerika trifft die Quest im April in Europa ein. Dort startet sie am 15.4. in Barcelona zur Reise rund um Westeuropa. Am Weg liegen Gibraltar, Portimão, Lissabon, Gijón, Bordeaux (overnight), Cherbourg, Rouen (overnight) und Zeebrugge; Ziel ist Dover. **16 N., ab € 9.998 ab/bis Hafen**

Weiße Nächte in St. Petersburg

Am 8.7. ist in Kopenhagen Start zu einer ungewöhnlichen Ostsee-Reise. Sie führt nach Tallinn, Helsinki und zum Schluss Stockholm – sowie nach St. Petersburg, wo das Schiff drei Tage im Hafen liegt. **7 Nächte, ab € 4.999 ab/bis Hafen**

Das Pooldeck

DATEN & FAKTEN

BRZ	32.000	**Passagiere**	458
Länge	198,00 m	**Crew-Mitglieder**	330
Breite	25,60 m	**PCR (Pass. pro Crew)**	1,4
Indienstst.	2011 (Sojourn 2010, Odyssey 2009)	**PSR (Platzangebot)**	69,9
		Passagierdecks	8
Bordsprache	Englisch	**Restaurants/Bars**	4/6

Kabinen	229 Außensuiten, davon 203 mit Balkon; Größen: 27–110 m²; 7 barrierefreie Suiten
Sport & Wellness	2 Pools, 6 Whirlpools, Spa, Fitnesscenter mit Kinesis Wall, Saunen, Sportdeck, Wassersport-Marina
Info-/Entertainment	Shows, Kabarett, Casino, Lesungen, Bibliothek, Konferenzraum
Dresscode	tagsüber „casual“, einzelne Abende „formal“, ansonsten im Restaurant „informal“
Preis pro Nacht	€ 261 bis € 3.467; Durchschn. € 466
Info	**Seabourn Cruise Line** Tel. 00800 18 72 18 72 www.seabourn.com

PROFIL

Info-/Entertainment	⚓⚓⚓½
Sport & Wellness	⚓⚓⚓⚓
Gastronomie	⚓⚓⚓⚓⚓
Familienfreundlichkeit	⚓⚓½
Service	⚓⚓⚓⚓⚓
Routing	⚓⚓⚓⚓½

Unter vollen Segeln in der Ägäis

Sea Cloud

Die Segelyacht hat schon alles erlebt und betört mit zeitlosem Charme

Während sich die Big Player der Kreuzfahrtszene mit immer mehr Superlativen herumschlagen und händeringend um eine USP, ein Alleinstellungsmerkmal, kämpfen, gibt sich die Sea Cloud gelassen und vollkommen unbeeindruckt. Denn sie ist wahrlich: einzigartig! 1931 stach sie zum ersten Mal in See, als Privatyacht einer reichen amerikanischen Familie. Sie beherbergte Riesenschildkröten von den Galápagosinseln genauso wie karibische Diktatorensöhne, sie diente im Zweiten Weltkrieg verstümmelt ohne Masten als schwimmende Wetterstation und später als diskrete Location für ausschweifende Hollywood-Partys. Später moderte sie jahrelang ungeliebt vor sich hin und ist heute strahlender denn je. Man kann

Auf der Brücke; im Restaurant

ohne Übertreibung sagen, dass dieses Schiff schon wirklich alles erlebt hat, und ihre ruhige Souveränität färbt wohltuend ab. Auf Crew und Gäste. Behaupte bitte keiner, es handle sich nur um ein Ding aus Holz, Stahl, Tauen und Segeln, die Sea Cloud hat eine Seele! Seit 1978 dient sie als Kreuzfahrtschiff und verfügt seit ihrer Generalüberholung 2011 über alle modernen Sicherheitsstandards. Auf der Werft wurde dabei derart sensibel gearbeitet, dass der antike Charme der Viermastbark praktisch vollständig erhalten blieb. Der Luxus, für den die Sea Cloud steht, hat nichts mit vordergründigen Äußerlichkeiten zu tun. Es gibt kein Spa, kein Bling-Bling, und ein Schaulaufen der schicksten It-Bags bleibt erfreulicherweise auch aus. Die Yacht bietet ihren maximal 64 Passagieren ein viel wertvolleres Gut: Zeit. Das mag auch an der Routengestaltung liegen, die grundsätzlich durch die schönsten Ziele besticht und durchaus flexibel gehandhabt werden kann. Ganz wie der Wind weht.

Fahrgebiete & Reisen 2017

Nach Wintertörns in der Karibik und Mittelamerika verbringt die Bark den Sommer hauptsächlich im Mittelmeer (u. a. ab Piräus, Civitavecchia, Venedig, Valletta). Anfang November geht es über Südspanien und Marokko zu den Kanaren, von wo aus das Schiff Ende des Monats wieder in die Karibik aufbricht.

Venedig-Venedig

Es muss nicht immer der ganz große Törn sein. Zum Kennenlernen der alten Dame reicht auch ein Kurztrip. Beispielsweise die Reise ab dem 12.10. von/bis Venedig – mit Stopps in Rab, Rovinj und Triest. **4 Nächte, ab € 1.785 ab/bis Hafen**

Kreuzfahrt mit dem Wind

Ein besonderer Tipp: Bei der Abfahrt am 21.11. stehen nur Start und Ziel der Reise fest, nämlich Las Palmas auf Gran Canaria. Allein der Wind bestimmt den Kurs – und die Stopps –, und der Kapitän folgt seinem Kommando. **7 Nächte, ab € 3.095 ab/bis Hafen**

Die Crew bei der Arbeit

DATEN & FAKTEN

BRZ	2.492	**Passagiere**	max. 64
Länge	109,50 m	**Crew-Mitglieder**	60
Breite	14,94 m	**PCR (Pass. pro Crew)**	1
Indienststellung	1931	**PSR (Platzangebot)**	39
letzte Renovierung	2011	**Passagierdecks**	3
Bordsprache	Deutsch/Engl.	**Restaurants/Bars**	1/2

Kabinen	30 Außenkabinen (9,5–24 m^2) plus 2 historische Eignersuiten (34 und 38 m^2)
Sport & Wellness	Wasserski, Windsurfen, Schnorcheln (Ausrüstungen an Bord), zu bestimmten Terminen Golfreisen mit Turnier
Info-/Entertainment	landeskundliche Vorträge und Themenvorträge, Bordpianist
Dresscode	sportlich-elegant
Preis pro Nacht	€ 183 bis € 1.315; Durchschnitt € 806
Info	**Sea Cloud Cruises** Hamburg, Tel. (040) 30 95 92-50 www.seacloud.de

PROFIL

Info-/Entertainment	⚓⚓
Sport & Wellness	⚓½
Gastronomie	⚓⚓⚓⚓
Familienfreundlichkeit	⚓½
Service	⚓⚓⚓⚓⚓
Routing	⚓⚓⚓½

Vor St. Lucia in der Karibik

Sea Cloud II

Edles Ambiente und eine exquisite Küche unter weißen Segeln

Die junge Schwester der **Sea Cloud** kombiniert Segelflair mit komfortablem Hotelambiente für 94 Passagiere. Edle Hölzer, Stuck, Marmor und Messing prägen die Kabinen. Aber eigentlich geht es den solventen Gästen nur um eines: um die Segel an den Masten der Dreimastbark, die auch höhere Windstärken gelassen hinnimmt. Beliebter Treffpunkt an Bord ist die offene Lidobar, bei gutem Wetter gibt es hier das Mittagsbuffet oder auch mal ein Barbecue. Am Abend stehen mehrgängige, wohlschmeckende Menüs im Restaurant im Programm – mit freier Sitzplatzwahl. Etwa die Hälfte der Gäste sind Repeater, sie schätzen die entspannte Segelatmosphäre. Das Bordprogramm ist aufs Wesentliche reduziert, man genießt lieber den Blick in die Segel vom Sonnendeck hinter der Brücke. Und spielt das Wetter einmal nicht mit, stehen auch noch eine gemütliche Lounge, die kleine Bibliothek und sogar ein Fitnessraum zur Verfügung.

Fahrgebiete & Reisen 2017

Karibik, Kuba & Costa Rica bis April, Europa im Sommer, davon vier Abfahrten ab oder bis Deutschland, z. B. Stockholm–Hamburg. Zum Schnuppern: Ein 5-Tages-Törn ab 31.8. von Bilbao nach Lissabon. Im November Marokko und Kanaren, ab 5.12. Rückreise in die Karibik.

DATEN & FAKTEN

BRZ	3.849	**Passagiere**	max. 94
Länge	105,90 m	**Crew-Mitglieder**	65
Breite	16,00 m	**PCR (Pass. pro Crew)**	1,4
Indienststellung	2001	**PSR (Platzangebot)**	40,1
Renov.	fortlaufend	**Passagierdecks**	4
Bordsprache	Deutsch/Engl.	**Restaurants/Bars**	1/2

Kabinen	47 Außenkabinen (12–23 m²), davon 2 Eignersuiten mit 27 m²
Sport & Wellness	Fitness, Sauna, Badeplattform, Wasserski, Schnorcheln (Ausrüstungen an Bord)
Info-/Entertainment	Bordpianist, Konzerte, landeskundliche und kulinarische Vorträge, prominente Referenten auf Themenreisen
Dresscode	sportlich-elegant
Preis pro Nacht	€ 320 bis € 1.182; Durchschn. € 715
Info	**Sea Cloud Cruises** Hamburg, Tel. (040) 30 95 92-50 www.seacloud.com

PROFIL

Info-/Entertainment	⚓⚓½
Sport & Wellness	⚓⚓½
Gastronomie	⚓⚓⚓⚓
Familienfreundlichkeit	⚓½
Service	⚓⚓⚓⚓½
Routing	⚓⚓⚓½

Luxus pur im Yachtambiente

SCHIFFE DES JAHRES 2016
Kreuzfahrt GuideAward
Gewinner in der Kategorie SERVICE

SeaDream I & II

„It's yachting, not cruising":
Kreuzfahrt auf Kaviarkurs

Kreuzen wie auf der eigenen Yacht – das ist das Konzept des SeaDream Yacht Clubs. Die Atmosphäre an Bord der beiden Luxus-Cruiser ist leger, und die famose Crew achtet aufmerksam auf das Wohl der Gäste, ohne dabei aufdringlich zu wirken. Da die Kabinen keine Balkone haben, findet das Leben an Deck statt. Hier schmecken die hochwertigen Gerichte gleich doppelt gut, egal ob Kaviar oder vegan – und oft auch nach Gästewünschen individuell zubereitet. Wer möchte, kann auch mal in den „Balinese Dream Beds" unterm Sternenhimmel schlafen – eine einmalige Erfahrung. Für Kinder ist das Konzept eher ungeeignet, dafür werden Erwachsene zu Kindern, wenn es an der Marina am Heck Kanus, Jetski, Segler und Wasserski gratis gibt. Spontane Schwimmstopps gehören ebenso zu den Freiheiten des Kapitäns wie die Leitung eines Radausflugs. Der Abend klingt aus an der Top of the Yacht Bar, im Casino oder bei Livemusik im Salon; der Champagner dazu ist im Preis inkludiert. Schnell kommen auch Alleinreisende mit dem internationalen Publikum ins Gespräch.

Fahrgebiete & Reisen 2017

Im Winter fahren die beiden Yachten in der Karibik, im Sommer im Mittelmeer. Dabei finden sieben Passagen des Korinth-Kanals statt.

DATEN & FAKTEN

BRZ	4.260	Passagiere	max. 112
Länge	104,85 m	Crew-Mitglieder	95
Breite	14,30 m	PCR (Pass. pro Crew)	1,2
Indienststellung	1984/85	PSR (Platzangebot)	38,0
letzte Renovierung	2015	Passagierdecks	5
Bordsprache	Englisch	Restaurants/Bars	2/3

Kabinen	56 Außenkabinen, 1 Admiral Suite, 1 Eignersuite; Größen: 18–45 m²
Sport & Wellness	Fitnesscenter, Massagen, Dampfbad, Sauna, Golfsimulator, Mountainbikes, Jetski, Kajaks, Wasserski, Schnorchelausrüstung u. v. m.
Info-/Entertainment	Kino unter Sternen, Cocktailpartys, Vorträge auf Transatlantikreisen
Dresscode	„Yacht Casual" (kein spezieller formeller Dresscode)
Preis pro Nacht	€ 357 bis € 1.450; Durchschn. € 678
Info	**SeaDream Yacht Club** E-Mail: info@seadream.com www.seadream.com

PROFIL

Info-/Entertainment	⚓⚓½
Sport & Wellness	⚓⚓⚓½
Gastronomie	⚓⚓⚓⚓½
Familienfreundlichkeit	⚓½
Service	⚓⚓⚓⚓⚓
Routing	⚓⚓⚓½

Ganz nah am Eis

Sea Spirit

Attraktive Expeditionskreuzfahrten mit deutschsprachiger Betreuung

Mit nur 114 Passagieren ist die Sea Spirit das kleinste durchgängig deutschsprachige Expeditions-Kreuzfahrtschiff. Sehr groß sind die Kabinen, allesamt Suiten. Bordsprachen sind Englisch und Deutsch, deutschsprachige Reiseleiter und Lektoren stehen ebenso zur Verfügung wie deutsche Bordinfos und Speisekarten. Das Schiff debütierte 1991 am deutschen Markt als **Hanseatic Renaissance**; 2015 hat Poseidon Expeditions es umfassend renoviert. Die Atmosphäre an Bord ist leger, Dresscodes gibt es nicht, beim Essen herrscht freie Platzwahl. Eine breite Promenade und großzügige Außendecks sind ideal für das Naturerlebnis auf den Expeditionsreisen in die Polgebiete. Eine Marina auf Wasserniveau gestaltet den Einstieg in die Zodiacs komfortabel. Außerdem gibt es acht Kajaks, ebenso wie Zelte, in denen die Passagiere auch mal an Land übernachten können. Damit kein Landgang an der Ausrüstung scheitert, erhält jeder Arktis- und Antarktispassagier einen Expeditionsparka – und bequeme, wärmeisolierte Gummistiefel gibt es leihweise in allen Größen.

Fahrgebiete & Reisen 2017

Den Sommer verbringt das Schiff in der Arktis mit Grönland, Spitzbergen, Island und Franz-Josef-Land. Im Winter geht es in die Antarktis.

DATEN & FAKTEN

BRZ	4.280	**Passagiere**	114
Länge	90,60 m	**Crew-Mitglieder**	80
Breite	15,30 m	**PCR (Pass. pro Crew)**	1,6
Indienststellung	1991	**PSR (Platzangebot)**	36,2
Renovierung	2015	**Passagierdecks**	5
Bordsprache	Deutsch/Engl.	**Restaurants/Bars**	2/3

Kabinen	52 Außenkabinen (21–43 m²), davon 14 Suiten mit Balkon
Sport & Wellness	Fitnessraum, Hot Tub, Kajaks (gegen Zuzahlung)
Info-/Entertainment	Lektorate; optional zubuchbar: Fotografie-Workshops, Camping in der Antarktis
Dresscode	kein Dresscode
Preis pro Nacht	ab ca. € 475; Durchschnitt ca. € 700
Info	**Poseidon Expeditions** Hamburg, Tel. (040) 75 66 85 55 www.poseidonexpeditions.de

PROFIL

Info-/Entertainment	⚓⚓⚓
Sport & Wellness	⚓⚓½
Gastronomie	⚓⚓⚓
Familienfreundlichkeit	⚓½
Service	⚓⚓⚓½
Routing	⚓⚓⚓⚓½

FOTO: F. Neumeier

Die Sea Star und die historische Sea Pearl (hinten) vor Praslin

Sea Star (mit Sea Bird, Sea Pearl & Sea Shell)

Die Inselwelt der Seychellen bequem per Segelschiff erkunden

Wer die Vielfalt der Seychellen auf bequeme, authentische und bodenständige Weise erleben möchte, der fährt mit Silhouette Cruises. Deren vier Segelschiffe kreuzen ganzjährig rund um die landschaftlich einzigartigen Graniteinseln im Indischen Ozean. Während die rund hundert Jahre alten **Sea Pearl** und **Sea Shell** mit nostalgisch-historischem Segelflair beeindrucken, bieten die Neubauten **Sea Star** und **Sea Bird** mit Badezimmer in der Kabine etwas mehr Komfort. Die Ausstattung an Bord ist einfach, aber gemütlich, die Atmosphäre unter den Passagieren familiär und sehr leger. Die kreolische Küche ist ein Mix verschiedenster Stilrichtungen, die „Bar" besteht aus einem Kühlschrank mit Strichliste. Viel Zeit verbringen die Gäste im Wasser, beim Stand-up-Paddling, Schorcheln oder Tauchen direkt vom Schiff oder von einem kleinen Motorboot aus. Ein Tauchlehrer führt Tauchgänge und gibt Unterricht. Die Landgänge führen sogar zu kleinsten Inseln, die sonst kaum erreichbar sind.

Fahrgebiete & Reisen 2017

Ganzjährig zwischen den Inner Islands der Seychellen: Von November bis April wird eine 7-tägige Route ab/bis Mahé gefahren, von Mai bis Oktober eine 6-tägige ab/bis Praslin.

DATEN & FAKTEN

BRZ	200	Passagiere	18
Länge	40,00 m	Crew-Mitglieder	9
Breite	8,50 m	PCR (Pass. pro Crew)	2,0
Indienststellung	2002	PSR (Platzangebot)	11,1
letzte Renovierung	-	Passagierdecks	2
Bordsprache	Englisch	Restaurants/Bars	1/1

Kabinen	5 Doppelkabinen und 4 Dreierkabinen, Größen: 9–10 m²
Sport & Wellness	Tauch- und Schnorchelausrüstung, Stand-up-Paddling, Schwimmstopps vom Schiff aus
Info-/Entertainment	Strandbarbecue, Literatur im Salon
Dresscode	sportlich-leger
Preis pro Nacht	ab ca. € 199; Durchschnitt: k. A.
Info	**Silhouette Cruises** cruises@seychelles.net www.seychelles-cruises.com

PROFIL

Info-/Entertainment	⚓
Sport & Wellness	⚓⚓⚓
Gastronomie	⚓⚓
Familienfreundlichkeit	⚓
Service	⚓⚓⚓
Routing	⚓⚓⚓

Luxus pur für 750 Passagiere

Seven Seas Explorer

Amerikanischer Ultra-Luxus mit exquisiter Küche, Grand-Hotel-Flair und dem umfassendsten All-inclusive-Konzept der Branche

Regent Seven Seas erhebt für die Seven Seas Explorer den Anspruch, „das luxuriöseste Schiff aller Zeiten“ zu sein. Regents Luxus-Definition: Opulenz, Superlative – und Einzigartiges wie etwa eine 2,7 Tonnen schwere Gebetsmühlen-Skulptur aus Bronze vor dem Asia-Restaurant. Oder ein 150.000 Dollar teures Luxusbett in der Regent Suite. Die Kunstsammlung beinhaltet Originale von Picasso, Miró und Chagall. In großem Stil wurden edles Murano-Glas und exquisiter Naturstein wie etwa Carrara-Marmor verbaut. Das Ambiente erinnert an ein ehrwürdiges Grand Hotel mit modernen Akzenten. In den Bars spielt Livemusik. Die gemütliche Observation Lounge wird abends zur Edel-Disco. Eine große, heimelig eingerichtete Bibliothek ist der Ruhepol des Schiffs. Im Theater geben großflächige LED-Screens die Bühne für Shows im Broadway-Stil, inklusive siebenköpfiger Liveband. Zum Besten auf hoher See gehören die Restaurants: Vom Hauptrestaurant mit riesiger Menü-Auswahl über ein Buffet, das abends zum Edel-Italiener wird, bis hin zu den exzellenten Spezialitätenrestaurants Chartreuse (Franzose), Prime 7 (Steakhaus) und Pacific Rim (Asiate). Sie sind, wie auch sonst nahezu alles an Bord, im Reisepreis enthalten. Selbst die meisten Landausflüge sind auf der Explorer „all inclusive“. Am großzügigen Sonnendeck rund um den Pool gibt's auch schon mal einen eleganten Grillabend mit Tisch an der Reling und Sonnenuntergang zum

Im Hauptrestaurant

Das Pooldeck

FOTOS: F. Neumeier (4)

Dessert. Ganz nah am Meer fühlen sich Gäste auf dem umlaufenden Promenadendeck mit Infinity-Pool am Heck. Von verschiedenen Designern gestaltet, fallen die Suiten optisch recht unterschiedlich aus. Immer dazu gehören Marmorbäder, große Balkone, ultra-bequeme Betten und ein begehbarer Kleiderschrank.

Fahrgebiete & Reisen 2017

Das Schiff fährt 7- bis 24-Nächte-Routen: im Winter in der Karibik, im Frühjahr und Herbst im Mittelmeer und im Sommer in Nordeuropa.

Island und Grönland

Ab 25.7. von Southampton über Dublin, Färöer-Inseln, Island und Südwest-Grönland nach Reykjavík. **15 N., ab € 11.299 ab/bis Hafen**

Großbritannien und Irland

Ab 3.6. ab/bis Southampton nach Newcastle, Edinburgh, Belfast, Dublin, Liverpool, Cork, Holyhead und Dartmouth. **11 N., ab € 7.949**

In der Bibliothek

DATEN & FAKTEN

BRZ	55.254	Crew-Mitglieder	542
Länge	224,00 m	PCR (Pass. pro Crew)	1,1
Breite	31,09 m	PSR (Platzangebot)	72
Indienststellung	2016	Passagierdecks	10
Bordsprache	Englisch	Restaurants	8
Passagiere	750	Bars	9

Kabinen	375 Suiten, alle mit Balkon, ab Penthouse Suite mit persönlichem Butler; Größen: 20–271 m²
Sport & Wellness	Infinity-Pool, 2 Whirlpools, Fitness, Joggingbahn, Golfabschlagplatz, 18-Loch-Putting-Green, Boccia-Platz, Paddle-Tennis, Canyon Ranch Spa
Info-/Entertainment	Theater, Bibliothek, Casino, Lounges mit Livemusik, Kochstudio
Dresscode	casual bis elegant
Preis pro Nacht	€ 389 bis € 4.760 Durchschnitt € 1.057
Info	**Regent Seven Seas Kreuzfahrten** Southampton Tel. +44 2380 68 21 40 de.rssc.com

PROFIL

Info-/Entertainment	⚓⚓⚓⚓
Sport & Wellness	⚓⚓⚓⚓½
Gastronomie	⚓⚓⚓⚓⚓
Familienfreundlichkeit	⚓⚓½
Service	⚓⚓⚓⚓⚓
Routing	⚓⚓⚓⚓½

Unterwegs zu entlegenen Zielen

Silver Explorer

Expedition mit Silversea: Butlerservice und Champagner inklusive

Seit 2009 ist die Luxusmarke Silversea mit diesem Schiff im kleinen, aber feinen Markt für Expeditionen tätig. Dass sie Erfolg damit hat, zeigen die Zukäufe der **Silver Galapagos**, die seit 2013 den Galápagos-Archipel erkundet, und der **Silver Discoverer** (ehemals **Clipper Odyssey**), die 2014 hinzustieß. Weltweit (mit Schwerpunkt bei den Polgebieten) kreuzt die Silver Explorer: ein fast familiäres Schiff für das große Abenteuer de luxe (Eisklasse 1A), mit Destinationen, die für andere tabu sind. Versierte Lektoren bereiten die Gäste darauf vor; viele Landgänge erfolgen in Zodiacs. Exquisit wie die Routen sind aber auch Ausstattung und Service; denn die sind typisch Silversea. Es gibt ausschließlich Außenkabinen, teils mit Veranda oder französischem Balkon, und die Owner's Suite ist 68 Quadratmeter groß. Auch eine marmorverkleidete Badewanne, die individuell bestückte Minibar und Butlerservice für alle sind Standard – und eine exzellente Küche! Gespeist wird mit freier Platzwahl, alle Trinkgelder, Weine und Champagner sind inklusive. Sogar Parkas für die Ausflüge gibt's kostenlos.

Fahrgebiete & Reisen 2017

Antarktis im Winter, Nordeuropa von Mai bis August. Dabei im Juni und Juli Nordnorwegen und Spitzbergen: **9 Nächte, ab € 8.505**

DATEN & FAKTEN

BRZ	6.072	**Passagiere**	130
Länge	108,00 m	**Crew-Mitglieder**	117
Breite	15,80 m	**PCR (Pass. pro Crew)**	1,1
Indienststellung	1989	**PSR (Platzangebot)**	46,0
Umbau	2009	**Passagierdecks**	5
Bordsprache	Engl., Deutsch	**Restaurants/Bars**	2/3

Kabinen	66 Außensuiten und -kabinen, teils mit Veranda/französischem Balkon; Größen: 17–68 m²
Sport & Wellness	Beautysalon, Fitnesscenter, kleiner Spa-Bereich, 2 Whirlpools
Info-/Entertainment	Show Lounge/Lecture Lounge, deutschsprachige Lektoren und Service auf allen Polarreisen, Bibliothek, Internet
Dresscode	leger
Preis pro Nacht	€ 450 bis € 3.217; Durchschnitt €1.482
Info	**Silversea Cruises**, Frankfurt Tel. (069) 222 21 22 83 www.silversea.com

PROFIL

Info-/Entertainment	⚓ ⚓ ⚓ ½
Sport & Wellness	⚓ ⚓
Gastronomie	⚓ ⚓ ⚓ ⚓ ½
Familienfreundlichkeit	⚓ ⚓
Service	⚓ ⚓ ⚓ ⚓ ½
Routing	⚓ ⚓ ⚓ ⚓ ⚓

Schmuckes Schiff für hohe Ansprüche

Sirena

Die „R-Class“ von Oceania Cruises – kulinarisch neu definiert

Die Sirena ist 2016 als vierte Schwester zur „R-Class“ von Oceania Cruises gestoßen. Ebenso wie **Insignia**, **Nautica** und **Regatta** gehört sie zu den ehemaligen Renaissance-Schiffen – mit einem gediegenen Ambiente an Bord. Doch der Flottenneuzugang setzt auch neue Standards: Um das beliebte asiatische Restaurant Red Ginger von der jüngeren „O-Class“ (S. 177) übernehmen zu können, wurden das Steakhaus und der Italiener im Tuscan Steak vereint. Die französischen Kreationen des erfolgreichen Kulinarikdirektors Jacques Pépin kommen mittags in Form einer Bistrokarte im Hauptrestaurant auf den Tisch. Und natürlich dürfen auch das von den Neubauten der Flotte bekannte Edelcafé Baristas (Kaffeespezialitäten sind inklusive!) und das Grillrestaurant Terrace Café nicht fehlen. Das kulinarische Konzept soll im Rahmen der nächsten Werftaufenthalte auch auf den Schwesterschiffen integriert werden – als Erstes ist 2018 die Nautica an der Reihe. Das Entertainment kommt von der neuen Muttergesellschaft Norwegian – und kann sich sehen lassen für die Schiffsgröße.

Fahrgebiete & Reisen 2017

Die Sirena ist 2017 erst im Pazifik unterwegs, bevor sie im Sommer im Mittelmeer fährt.

DATEN & FAKTEN

BRZ	30.277	**Passagiere**	684
Länge	180,96 m	**Crew-Mitglieder**	400
Breite	25,45 m	**PCR (Pass. pro Crew)**	1,7
Indienststellung	1999	**PSR (Platzangebot)**	44.3
letzte Renovierung	2016	**Passagierdecks**	9
Bordsprache	Englisch	**Restaurants/Bars**	5/5

Kabinen	345, davon 319 außen (170 mit Balkon) und 26 innen, 62 Suiten; Größen: 14–92 m²
Sport & Wellness	Pool, Whirlpool, Ocean Spa, Sauna, Friseur/Beauty, Fitnesscenter, Personal Trainer, Joggingtrack
Info-/Entertainment	Gastkünstler in der Lounge, Bibliothek, Kurse, Wein- und Martini-Verkostungen, Casino, Boutique
Dresscode	elegant-casual
Preis pro Nacht	€ 107 bis € 1.043; Durchschn. € 314
Info	**Cruise Group**, Surberg Tel. (0861) 90 99 60 40 www.oceaniakreuzfahrten.com

PROFIL

Info-/Entertainment	⚓⚓⚓½
Sport & Wellness	⚓⚓⚓½
Gastronomie	⚓⚓⚓⚓½
Familienfreundlichkeit	⚓⚓
Service	⚓⚓⚓⚓⚓
Routing	⚓⚓⚓⚓

An der italienischen Riviera

Silver Spirit

All-inclusive-Schiff auf höchstem Niveau: Luxuriöser geht's kaum

Vier Restaurants, persönlicher Butlerservice, Champagner, wann immer man möchte, ausgewählte Ausflüge und sogar die Trinkgelder: Das alles ist auf der noblen Silver Spirit bereits mit dem Reisepreis bezahlt. Noch ist sie das jüngste und größte Schiff der italienischen Familienreederei mit Sitz in Monaco; im April 2017 folgt die mit Spannung erwartete **Silver Muse** (S. 120) ihr nach. Hochwertig ist das klassisch-dezente Design der allesamt außen liegenden und zu 95 Prozent mit Balkonen versehenen Suiten sowie der öffentlichen Räume. Und da das elegante Schiff mit 540 Gästen fast noch Yachtcharakter hat, bietet es seinen internationalen Gästen eine sehr persönliche, intime Atmosphäre. Bemerkenswert ist die Quali-

Frühsport an Deck; Blick in eine Suite

tät der inkludierten Restaurants, vom La Terazza im Heck (tagsüber Buffet, abends Italiener) über das Hauptrestaurant The Restaurant und den Pool Grill unter freiem Himmel (wo man sich sein Dinner auf heißem Vulkangestein selbst zubereitet) bis zum Stars Supper Club mit Tapas und Jazzmusik live. Und wenn man es noch edler möchte, bucht man gegen moderate Zuzahlung das französische Le Champagne (in Kooperation mit Relais & Chateau) oder das japanisch-asiatische Seishin – beide zählen zu den besten Restaurants auf See. Erwähnenswert auch: Silversea hält auf ausgewählten Reisen am Gentleman Host für Alleinreisende fest – und pflegt Traditionen auch beim Dresscode: Für mindestens einen formellen Abend pro Reise sollten der dunkle Anzug und das Abendkleid im Gepäck sein; ansonsten zeigt man sich in den Restaurants sportlich-elegant und ohne Krawatte. Kids und Teens gehören nicht zur bevorzugten Silversea-Klientel. Allerdings gibt es in den Sommermonaten ein kleines Kinderprogramm, so dass zu Ferienzeiten durchaus auch Familien den „Spirit" dieses schönen Schiffs genießen können.

Fahrgebiete & Reisen 2017

Zu Jahresbeginn kreuzt die Silver Spirit rund um Südamerika, bevor sie nach drei Karibikreisen im April in Lissabon eintrifft. Den ganzen Sommer und den Herbst verbringt sie im Mittelmeer und vor Westeuropa. Im November geht es weiter durchs Rote Meer nach Dubai und zu Weihnachten zu den Seychellen.

Von Lissabon nach Venedig

Am 7.7. von Lissabon über Portimão, Cádiz, Málaga, Cartagena, Trapani/Sizilien, Valletta/Malta und Korfu mit zwei Seetagen nach Venedig. **9 Nächte, ab € 4.150 ab/bis Hafen**

Kurs Dubai im November

Am 15.11. von Civitavecchia/Rom über Neapel nach Alexandria (overnight), danach Suez-Passage und weiter über Sharm el Sheikh, Aqaba, Safaga, Salalah und Muscat nach Dubai. Mit 7 Seetagen. **17 N., ab € 5.950 ab/bis Hafen**

Gala-Abend in Monte Carlo

DATEN & FAKTEN

BRZ	36.000	**Crew-Mitglieder**	376
Länge	195,80 m	**PCR (Pass. pro Crew)**	1,4
Breite	26,20 m	**PSR (Platzangebot)**	66,6
Indienststellung	2009	**Passagierdecks**	8
Bordsprache	Englisch	**Restaurants**	6
Passagiere	540	**Bars**	4

Kabinen	270 Außensuiten, davon 256 mit Balkon; Größen: 29–142 m²
Sport & Wellness	Sonnendeck mit Pool u. Jacuzzi, Spa, Anti-Aging und Medi Spa, Akupunktur, Fitnesscenter, Beautysalon
Info-/Entertainment	Show Lounge, intern. Künstler, Vorträge, Casino, Videothek, Bibliothek, WLAN kostenlos
Dresscode	leger bis elegant; ein festlicher Abend pro Reise
Preis pro Nacht	€ 304 bis € 2.694; Durchschn. € 842
Info	**Silversea Cruises**, Frankfurt Tel. (069) 222 21 22 83 www.silversea.com

PROFIL

Info-/Entertainment	⚓⚓⚓⚓
Sport & Wellness	⚓⚓⚓⚓
Gastronomie	⚓⚓⚓⚓⚓
Familienfreundlichkeit	⚓⚓
Service	⚓⚓⚓⚓⚓
Routing	⚓⚓⚓⚓

Schwarz und Weiß mit roter Bauchbinde: klassisch Hurtigruten

Spitsbergen

Erstmals seit neun Jahren: ein neues Schiff bei Hurtigruten

Eigentlich sollte dieses Schiff ganz woanders fahren: Unter dem Namen **Atlantida** wurde es 2007 im Auftrag des portugiesischen Staates auf Kiel gelegt – als Autofähre mit geplantem Einsatz vor den Azoren. Dann kam die Wirtschaftskrise und mit ihr der Baustopp. Die Werft ging pleite, versteigerte den Rohbau an die Reederei Douro Azul – die wiederum verkaufte ihn im April 2015 an Hurtigruten. Auf der Fosen-Werft in Trondheim wurde das Schiff dann in gut sechs Monaten komplett entkernt und umgebaut. Im Juni 2016 ging es als Spitsbergen in Fahrt (S. 84); Patin der feierlichen Taufe vor den Lofoten war die Extrembergsteigerin Cecilie Skog. Für Hurtigruten-Fans ist all das aufregend: Erstmals

Restaurant und Observation Lounge

seit der **Fram** (2007) hat die Flotte wieder Zuwachs – mit einem Schiff, das sich sehen lassen kann. Dezent ist sein helles, skandinavisches Design – unaufgeregt wie alles an Bord. Die Kabinen sind geräumig, sechs Suiten haben einen schmalen Balkon. Entertainment im Kreuzfahrtsinn gibt es nicht – dafür Vorträge von sachkundigen Experten zu den Naturwundern der Postschiffroute, auf der das Schiff fährt. Zentraler Ort an Bord ist das Aussichtsdeck acht – oder bei schlechtem Wetter die Observation Lounge darunter. Ein perfekter Platz, um Fjorde und Sonnenuntergänge zu bestaunen, sind auch die zwei Whirlpools im Heck; auch eine Sauna und einen kleinen Fitnessbereich gibt es dort. Neu für Hurtigruten ist das gastronomische Konzept: Unter dem Motto „Norway's Coastal Kitchen" werden Königskrabben, „Klippfisk" oder Rentierfilet serviert, alles vor Ort frisch eingekauft und zubereitet. Im behaglich eingerichteten Restaurant speist man in mehreren Sitzungen; als Erstes sind immer die Fensterplätze besetzt. Ruhig bleibt es dagegen meist in der Explorer Bar, sicher auch, weil die Getränkepreise in Norwegen bekanntlich saftig sind. Aber deshalb ist man auch nicht hier: Auf der „hurtigen Route" ist die Natur der Star – und die bringen die Spitsbergen und ihre engagierte Crew Nordland-Fans auf die schönste Weise nahe.

Fahrgebiete & Reisen 2017

Bis Mai fährt die Spitsbergen auf der Postschiffroute von Bergen nach Kirkenes und retour. Die One-Way-Variante dauert eine Woche (**6 Nächte, ab € 916**), die volle Hin- und Rückfahrt elf oder zwölf Tage (**11 Nächte, ab € 1.295**). Im Juni beginnt dann ein Nordlandprogramm – mit Expeditionen nach Island, Grönland und zur Ostküste Kanadas.

Von Grönland nach Neufundland

Am 10.7. von Narsarsuaq auf Grönland nach Labrador (2 Anläufe) und Neufundland (5 Anläufe) in Kanada sowie zur französischen Exklave Saint-Pierre-et-Miquelon. **15 Nächte, ab € 7.351 inkl. Flügen ab/bis Deutschland**

Eine Standard-Außenkabine

DATEN & FAKTEN

BRZ	7.344	**Passagiere**	320
Länge	100,45 m	**Crew-Mitglieder**	80
Breite	18,00 m	**PCR (Pass. pro Crew)**	4,0
Indienststellung	2009	**PSR (Platzangebot)**	22,9
Komplettumbau	2016	**Passagierdecks**	6
Bordspr.	Norw., Dt., Engl.	**Restaurants/Bars**	1/1

Kabinen	102 (80 außen, 22 innen), davon 6 Suiten (1 barrierefrei) mit Balkon; Größen: 6–37 m²
Sport & Wellness	Fitnessraum, 2 Whirlpools, Sauna; Lift
Info-/Entertainment	Lektorenvorträge von Experten, Durchsagen von der Brücke, Bibliothek, Observation Lounge, Videospiele, Shop, Internet; „Neptunstaufe" am Polarkreis
Dresscode	sportlich-leger
Preis pro Nacht	€ 115 bis € 1.435; Durchschnitt € 334
Info	**Hurtigruten** Hamburg, Tel. (040) 87 40 83 58 www.hurtigruten.de

PROFIL

Info-/Entertainment	⚓ ⚓ ½
Sport & Wellness	⚓ ⚓
Gastronomie	⚓ ⚓ ⚓ ⚓
Familienfreundlichkeit	⚓ ⚓
Service	⚓ ⚓ ⚓ ½
Routing	⚓ ⚓ ⚓ ⚓

Die Star Clipper in der Karibik

Star Clipper & Star Flyer

Keine Kreuzfahrt ist entspannter als eine Segelreise an Bord dieser Schiffe, auf denen das Leben an Deck von Wind und Wellen bestimmt wird

Vor St. Tropez sind sie die Stars: Neugierig kommen die Schönen und Reichen vorbeigefahren, um Star Clipper oder Star Flyer zu bestaunen. Privilegiert liegen die Passagiere der schnittigen Viermaster im Netz unterm Klüverbaum und genießen die Sonne. Oder klettern – gut gesichert – ins Krähennest, um die Aussicht zu genießen. Immer wieder ein magischer Moment ist das Setzen der Segel, wenn die Deckhands behände in die Masten steigen, Seilwinden knarren und das Tuch sich entfaltet. Ansonsten bleibt das Tagesprogramm überschaubar: sanfte Morgengymnastik an Deck, vielleicht ein wenig Wassersport oder eine Massage, ein Besuch in der gemütlichen Bibliothek, abends Livemusik an der Tropical Bar – open-air natürlich. Das Seglerleben ist entspannt – jedenfalls für die internationale Gästeschar. Schnell kommt man in Kontakt, tauscht sich über die Faszination des Segelns aus. Dazu gibt es eine wunderbare Küche, gute Weine und einen zuverlässigen, persönlichen Service. Schlemmerreisen und Yogakreuzfahrten runden das Angebot ab. Die Vision des Schiffseigners Mikael Krafft, die stolzen Clipperschiffe des 19. Jahrhunderts wiederauferstehen zu lassen, lebt von ihren liebevollen Details. Und von der Route: Die Schiffe liegen in kleinen Häfen abseits des Mainstreams oder auf Reede, die 170 Passagiere gelangen rasch mit den Tenderbooten an Land. Und abends lassen sie sich in den maritimen Kabinen sanft in den

Hauptdeck mit kleinem Pool

Blick voraus über den Bugspriet

Schlaf wiegen. Kein Wunder, dass mehr als die Hälfte der Gäste wiederkommt.

Fahrgebiete & Reisen 2017

Die **Star Clipper** kreuzt im Winter in Asien und ab Mai erstmals ab/bis Bali durch die Inselwelt Indonesiens. Die **Star Flyer** startet das Jahr in Kuba und wechselt dann ins Mittelmeer, mit neuen kombinierbaren Fahrten durch die Kykladen sowie zwischen Venedig und Athen.

Star Flyer: Schnuppern ab Venedig

Rovinj in Kroatien und Piran in Slowenien heißen die zwei Ziele auf dieser Kurzkreuzfahrt ab 13. September. **3 Nächte, ab € 925 ab/bis Venedig**

Star Clipper: Indonesien

Von Bali aus führt die östliche Route zu drei Zielen auf Lombok, in den Komodo-Nationalpark und zum Pink Beach sowie nach Satonda Island. **7 Nächte, ab € 1.960 ab/bis Hafen**

Neu im Programm: Schlemmerreisen

DATEN & FAKTEN

BRZ	3.092	**Passagiere**	170
Länge	115,50	**Crew-Mitglieder**	74
Breite	15,00 m	**PCR (Pass. pro Crew)**	2,3
Indienststellung	1991/92	**PSR (Platzangebot)**	18,2
letzte Renov.	2014/15	**Passagierdecks**	4
Bordsprache	Engl., Dt., Frz.	**Restaurants/Bars**	1/2

Kabinen	84 (78 außen, 6 innen), dav. 8 Suiten, 1 Eignerkabine; Größen: 9–21 m²
Sport & Wellness	2 Pools, Morgengymnastik, Kajak, Wasserski, Surfen, Dingi-Segeln, Schnorcheln
Info-/Entertainment	Nautikkunde, Knotenkunde, Quiz, Talentshow, Modenschau etc.
Dresscode	kein Dresscode, zum Abendessen im Restaurant lange Hosen
Preis pro Nacht	€ 241 bis € 655; Durchschnitt € 403
Info	**Star Clippers**, Monaco info.monaco@starclippers.com www.starclippers.com **Star Clippers Kreuzfahrten** Tel. (0511) 72 66 59 13

PROFIL

Info-/Entertainment	⚓⚓⚓
Sport & Wellness	⚓⚓⚓
Gastronomie	⚓⚓⚓½
Familienfreundlichkeit	⚓⚓
Service	⚓⚓⚓½
Routing	⚓⚓⚓⚓

40°

0°

40°

Hochseeschiffe

Routen

Mare Nostrum

Das Mittelmeer ist eines der vielfältigsten Kreuzfahrtreviere der Welt. Und eines der beliebtesten: Mehr als 400.000 Deutsche erkunden es jedes Jahr per Schiff

Das Mittelmeer ist die Wiege der westlichen Zivilisation und die Geburtsstätte der Weltreligionen Christentum, Judentum und Islam. Als Grundstein heutiger Kulturen bietet die Region eine unvergleichlich große Vielfalt, Abwechslung und Schönheit. Kein Wunder, dass hier Kreuzfahrt-Hochbetrieb herrscht, und das inzwischen fast das ganze Jahr über! Auch wenn einige Hot-Spots wie Venedig oder Dubrovnik unter dem Ansturm bereits ächzen – das Geschäft, das die Kreuzfahrt bietet, lassen sie sich dennoch (noch) nicht entgehen. Längst kann man, dank überdachter Pools und der bunten Bordangebote der modernen Resortschiffe, auch im Winter in See stechen, auf festen Wochenrouten, die (wenn auch nicht zu den Hauptferienzeiten) zu verlockenden Preisen angeboten werden. Keine andere Reiseform hat damit das Mittelmeer so bequem zugänglich gemacht wie die Kreuzfahrt: Während nur einer Reise besucht man die Städte Italiens und Frankreichs, die Inseln Spaniens oder Griechenlands, oder aber man taucht ein in den magischen Orient und begegnet dem Erbe des alten Ägyptens.

Mallorca

Catania

Santorin

ODESSA
KRIM
SEVASTOPOL
SOTSCHI
JALTA
RUMÄNIEN
CONSTANTA
KROATIEN
Schwarzes Meer
SPLIT
BULGARIEN
VARNA
DUBROVNIK
MONTENEGRO
KOTOR
BURGAS
TRABZON
ISTANBUL
BARI
ALBANIEN
THESSALONIKI
TÜRKEI
KORFU
Ephesos
Ionisches Meer
GRIECHENLAND
KUŞ ADASI
ATHEN
Olympia
MYKONOS
Aspendos
KATAKOLON
NAUPLIA
BODRUM
ANTALYA
Mykene, Epidauros
Ägäis
RHODOS
SANTORIN
HERAKLION
ZYPERN
LIMASSOL
Kreta
Knossos
BEIRUT
LIBANON
Mittelmeer
HAIFA
Jerusalem
ISRAEL
LIBYEN
ALEXANDRIA
PORT SAID
Kairo, Gizeh
ÄGYPTEN

Rund um Westeuropa

Kurs Südwest ab Hamburg, Amsterdam oder Southampton: Rund um Westeuropa fährt man meist im Frühjahr oder Herbst

Frühling und Herbst sind die Jahreszeiten, in denen der Kreuzfahrtverkehr zwischen Gibraltar und Hamburg am regsten ist. Im April und Mai befinden sich viele Schiffe auf dem Weg von den Winterzielen in der Karibik oder der südlichen Hemisphäre zu den klassischen Sommerrevieren an der Ostsee, im Nordland oder im Mittelmeer; im Herbst verläuft die Fahrt in die entgegengesetzte Richtung. An der Route liegen die Küsten und Inseln des Ärmelkanals, die alten Handelsstädte Hollands, Flanderns und Frankreichs, Nordspanien mit der Jakobswegstadt Santiago de Compostela, dann Porto und Lissabon in Portugal. Wer weiterfährt zu den Kanaren, erlebt oft auch noch Marokko und seine legendären Königsstädte.

Bizarre Felsformationen an der Algarve

Sonnenverwöhnt: Tazacorte auf La Palma

Die Kanarischen Inseln

Sieben Inseln, und jede ist anders: ein perfektes Kreuzfahrtrevier, auch im Winter. Meist ist auch Madeira mit im Programm. Zu Silvester liegen dort meist mehrere Schiffe

Nordwales

Nordsee

Norwegens Fjorde oder „Rund um Großbritannien“: Kurs Nord heißt es in der Kreuzfahrt ab Mai. Und je weiter es hinaufgeht, desto länger die Tage. Praktisch: Für Abfahrten von den deutschen Häfen kann man bequem per Bus oder Bahn anreisen!

Ostsee

Neun Länder, fünf Hauptstädte, dazu St. Petersburg, die Stadt der Zaren: das alles in einer Woche. Nur mit dem Schiff ist das in der Ostsee möglich

Tropisch bunt

Für viele ist es das Paradies unter Palmen: die Karibik. Türkisblaues Wasser, weiße Strände, lebensfrohe Rhythmen und entspannter Lebensstil. Für die Amerikaner liegt das Karibische Meer quasi direkt vor der Haustür und ist deshalb eines ihrer beliebtesten Segel- und Kreuzfahrtreviere.

Farbenfrohe Bahamas

Auf Antigua, das halb so groß ist wie Ibiza, gibt es angeblich 365 Strände – einen für jeden Tag des Jahres. Und auf Cayo Levantado, einem Inselchen vor der Nordküste der Dominikanischen Republik, sollen die berühmtesten Rum-Werbespots aller Zeiten gedreht worden sein: glückliche Menschen im türkisfarbenen Paradies. Dass der Karibikalltag oft anders aussieht, wird man aber auch als Kreuzfahrtgast nicht übersehen. Auch nicht, dass Schiffsreisen ein Massengeschäft geworden sind, mit vielen Tagen, an denen es in so manchem Inselhafen mehr Touristen als Einwohner gibt. Die meisten reisen aus Miami oder Fort Lauderdale an, den größten Cruiseports der Welt. Sie sind die Drehscheiben für die Bestseller „Western Caribbean" und „Eastern Caribbean" – „in a week".

Karneval auf Trinidad

Guadeloupe

Havanna

Nordamerika

„Transatlantik“ nach New York – ein Kreuzfahrtklassiker schlechthin. Doch wer einmal da ist, will auch Boston, Washington und Charleston sehen. Oder Ostkanada – am besten im magischen Indian Summer

Schon immer Sehnsuchtsort: New York

Südamerika

Atacama, Anden, Iguaçu und Kap Hoorn: Südamerika liegt im Trend. Wegen Rio, Buenos Aires, den Fjorden Südchiles. Und wegen des Amazonas, auf dem man quer durch den Kontinent fährt

Die Bergwelt im Süden Chiles

In der Südsee

Von L. A. nach Down Under – und dabei den Spuren von Captain Cook, Paul Gauguin oder Robert Louis Stevenson folgen: für viele der Kreuzfahrttraum schlechthin. Wer genügend Zeit – und Geld – hat, kann ihn sich erfüllen

Mit Aranui in der Südsee

Beim Pazifischen Ozean denken die meisten an die Südsee. Nur der Südpazifik ist jedoch damit gemeint. Dort liegen die Traumziele, die seit jeher die Fantasie befeuern: Tahiti, Bora Bora, die Osterinsel. Und fernab der Welt Pitcairn, die Insel der Bounty-Meuterer, die zu besuchen nur alle paar Jahre überhaupt angeboten wird. Verschwindend gering ist die Landfläche aller Inseln: Zu Transpazifik-Kreuzfahrten gehören deshalb viele Seetage – bei übrigens nicht immer paradiesischem Wetter (beste Reisezeit ist von Mai bis Oktober). Die Alternative sind Rundreisen vor Ort: in Französisch-Polynesien oder auch rund um die

Pazifischer Ozean

Inselwelten von Hawaii. Doch zum Pazifik gehören auch die Küsten im Norden bis hinauf nach Alaska (einmalig dort: die Fahrt durch die „Inside Passage“), außerdem Australien und Neuseeland. Und der Ferne Osten mit Japan und China. Das alles sind Fahrgebiete für sich. Nur wer Zeit für eine Weltreise hat, kann alle besuchen.

Informationen zu allen Häfen auf dieser und den anderen Karten finden Sie im Internet unter www.kreuzfahrtguide.com/reiseziele

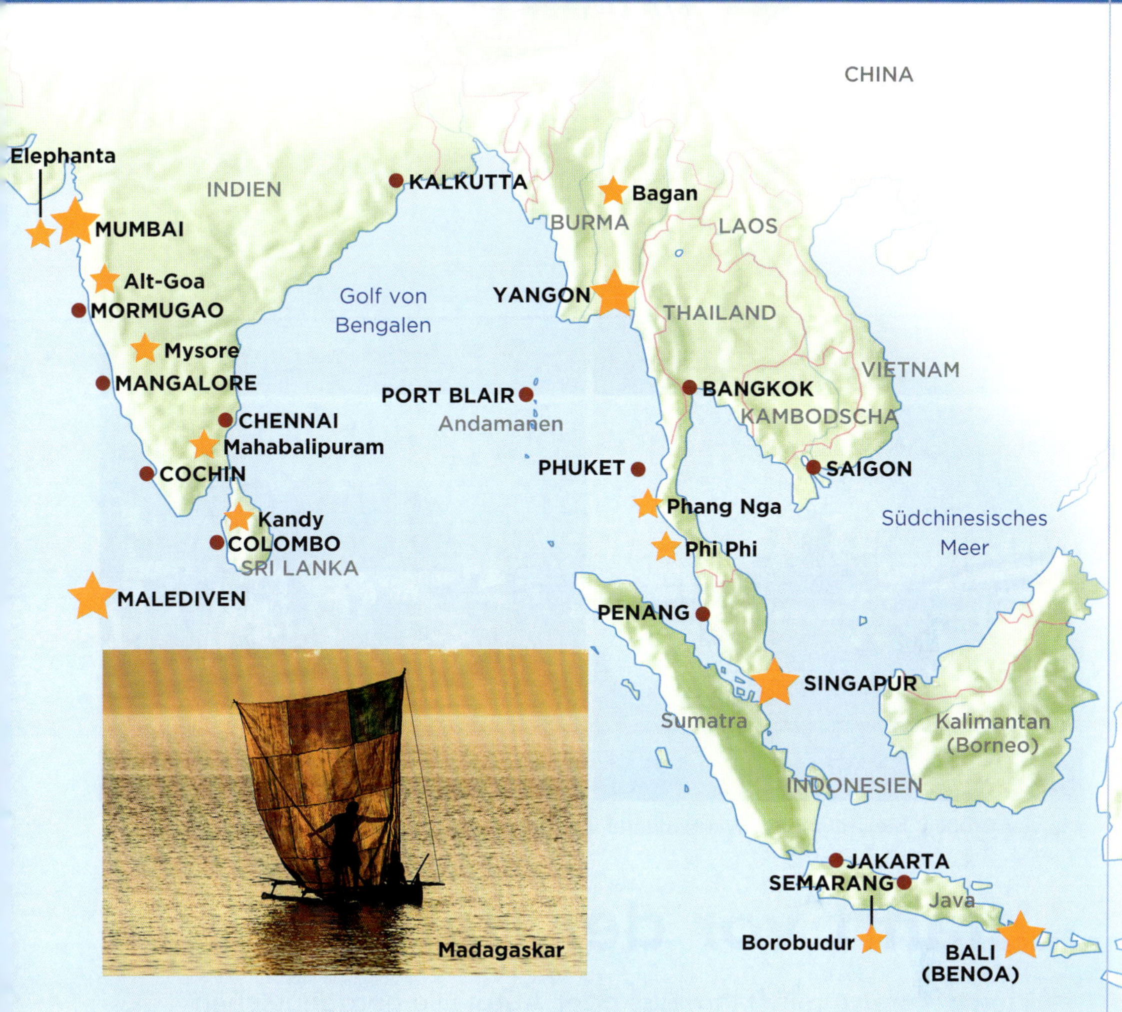

Madagaskar

Indischer Ozean

Blaue Wunder vom Kap der Guten Hoffnung bis zu den Stränden Balis: Der „Indik" ist ein Kreuzfahrtrevier für Fortgeschrittene!

An exotischer Schönheit kann kein anderes Weltmeer mit dem „Indik", wie Seeleute ihn nennen, mithalten. Wer ihn bereist, erlebt Inseln wie schwimmende Träume, Häfen wie aus einer anderen Zeit – und ungezählte Orte, in denen man den Spuren der Gewürzhändler, der Entdecker und der arabischen oder europäischen Seefahrer folgen kann: Sindbad und Vasco da Gama, Marco Polo und Joseph Conrad haben diesen Ozean bereist. Doch auch die Zukunft hat zwischen Kalkutta und Kapstadt, Mumbai und Mombasa längst begonnen: Der Indische Ozean ist eine Weltgegend, die sich im radikalen Umbruch befindet. In Singapur und Bangkok, in Mumbai und Jakarta – und am auffälligsten am Arabischen Golf: Dort ist mit der „Übermorgenstadt" Dubai eine Metropole herangewachsen, die als Kreuzfahrtziel zu Recht in aller Munde ist – und deshalb von mehreren Reedereien als Basishafen genutzt wird.

Die vier Großen: Kiel, Hamburg, Warnemünde und Bremerhaven (im Uhrzeigersinn)

Abfahrt vor der Haustür

Bequeme Anreise mit Bahn, Bus oder Auto: Die norddeutschen Hochseehäfen haben sich auf den Kreuzfahrt-Boom gut eingestellt

Im September 2017 ist es wieder so weit: Mit den alle zwei Jahre stattfindenden „Cruise Days" feiert **Hamburg** die Kreuzfahrt. Versprochen wird ein Rekordprogramm. Voraussichtlich zehn Hochseeschiffe sollen zu Feuerwerk und den „Blue Port"-Installationen des Lichtkünstlers Michael Batz auf der Elbe paradieren, bestaunt von Hunderttausenden Fans. Auch beim Hafengeburtstag im Mai werden die „Sehleute" wieder Schlange stehen – und jedes Mal, wenn die **Queen Mary 2** die Elbe hinaufkreuzt, als deren „heimlicher Heimathafen" Hamburg gilt. Was seine Berechtigung hat: Erst seit dem Erstanlauf der Queen im Jahr 2004 geht es mit der Kreuzfahrt in Hamburg so richtig aufwärts. Seither gibt es jedes Jahr spektakuläre Anläufe und „First Calls" wie etwa den der **AIDAprima** im April 2016. Sie macht seither wöchentlich am neuen Terminal Steinwerder fest, dem bereits dritten, den Hamburg eingerichtet hat. Ein vierter wird schon geplant, und der älteste, der Grasbrook-Terminal, soll komplett modernisiert werden. Denn mit 170 Anläufen war 2016 das bisherige Rekordjahr; über 700.000 Passagiere stiegen an der Elbe ein oder aus. Vertraut man den Verantwortlichen in Politik und Wirtschaft, wird ihre Zahl weiter steigen.

Aufwind verspürte 2016 auch wieder der zweitgrößte Kreuzfahrthafen an der Nordsee: **Bremerhaven** konnte für sein Columbus Cruise Center 69 Anläufe und knapp 100.000

Passagiere melden, so viele wie seit Jahren nicht mehr. Auf bescheidenem Niveau dürfte sich aber weiterhin die Tochtergesellschaft an der Ostsee halten: Unter Bremerhavener Regie ist **Wismar** seit 2012 Kreuzfahrthafen. Neun Anläufe konnte die Hansestadt 2016 verbuchen, mit insgesamt 4.600 Passagieren.

Auf 18 Anläufe mit 7.500 Passagieren kam **Travemünde** im Jahr 2016. Ihr bisher größtes Event erlebte die kleine Schwester Lübecks 2016 mit der Taufe der **Mein Schiff 5** durch Lena Meyer-Landrut. Dass man der Rivalin **Warnemünde** jemals den Rang streitig machen wird, ist aber auszuschließen. Sie hat den Vorteil, „Port of Berlin" zu sein: Ein erklecklicher Teil der 185 „Calls" mit rund 400.000 Gästen, die Warnemünde 2016 zählte, brachte amerikanische Gäste. Und für die gibt es nur ein Ziel: das zwei Stunden entfernte Berlin.

„Port of Norway" könnte man in dieser Logik **Kiel** nennen: Tagtäglich legt dort die Color Line gen Oslo ab. Um auf die 133 Anläufe mit 450.000 Passagieren zu kommen, die 2016 erreicht wurden, muss man die Fähren aber nicht mitzählen: Auch ohne sie ist Kiel nach Warnemünde und Hamburg Deutschlands Cruiseport Nummer drei. Mit Stolz darf die Fördestadt zudem auf die längste Tradition in der Kreuzfahrt verweisen: Schon vor 40 Jahren etwa lief erstmals ein Schiff von Costa Kreuzfahrten hier ein. Und bis heute halten die Italiener Kiel unverändert die Treue. ►

Vor 40 Jahren: Costas Frederico C in Kiel

DIE DEUTSCHEN KREUZFAHRTHÄFEN IM KURZPORTRÄT

HAMBURG Drei Terminals plus die Überseebrücke für kleine Schiffe – und ein weiteres in Planung: An der Elbe setzt man auf die Kreuzfahrt. Das Terminal am **Grasbrook** in der HafenCity hat seit 2013 eine U-Bahn-Anbindung. Vom **Cruise Center Altona** aus, beim St.-Pauli-Fischmarkt gelegen, kann man die Stadt per Hafenfähre erkunden; auch zum neuen Terminal **Steinwerder** (seit 2015, südlich der Elbe) soll eine Fähre verkehren. Seit Frühjahr 2016 legt dort die neue **AIDAprima** jede Woche zum Gästewechsel an.

KIEL Vier Liegeplätze, 133 Anläufe im Jahr 2016: Nicht nur MSC, Costa und TUI Cruises sind Stammkunden an der Förde, auch die **Queen Mary 2** war schon da. Abfertigung und Logistik (u. a. perfekter Park-Service fürs Auto) sind geübt, weil die Stadt eine große Fährschifftradition hat. Ein weiterer Vorteil: Vom Hauptbahnhof kann man zu Fuß zum Schiff spazieren, wenn der Koffer handlich genug ist. Das Taxi braucht fünf bis zehn Minuten. Ein Erlebnis übrigens: eine Reise ab oder nach Kiel durch den Nord-Ostsee-Kanal (Foto links).

ROSTOCK-WARNEMÜNDE Offiziell Teil des **„Rostock Port"** und für US-Gäste schlicht der Hafen Berlins (Foto rechts: Besuch der **Disney Magic**), der beliebtes Tagesausflugsziel ist. Dabei ist Warnemünde selbst sehr reizvoll für einen Aufenthalt. Unbedingt sollte man am „Strom" bummeln gehen! Und bei gutem Wetter am Ostseestrand baden. Vorteil des Terminals: die gute Gleisanbindung (S-Bahn ab Hbf. Rostock). Mit 185 Anläufen war die Entwicklung 2015 stabil; der bisherige Rekord lag bei 197 im Jahr 2013.

BREMERHAVEN Das **Columbus Cruise Terminal** ist modern und hocheffizient, u. a. mit vorbildlichem Autopark-Service und reibungslosem Check-in. Allerdings liegt es ein wenig zentrumsfern inmitten des Containerhafens: Wer mit der Bahn anreist, benötigt ein Taxi zur Pier. Die Stadt lockt mit Attraktionen wie dem Auswandererhaus, dem „Zoo am Meer" oder dem Shoppingcenter Mediterraneo. Die Zahl der Schiffsankünfte an der Weser lag 2016 bei 69. Stammgast ist und bleibt dabei die Phoenix-Flotte (Foto links: die **Artania**).

LÜBECK-TRAVEMÜNDE Als Fährhafen ist die Stadt an der Travemündung seit Jahrzehnten eine feste Größe, in der Kreuzfahrt dagegen spielt sie nur eine kleine Nebenrolle. 18 Anläufe konnte das 2007 gebaute Cruise Terminal an der Trave 2016 verbuchen, darunter aber auch „big ships" wie **Prinsendam** und **Zuiderdam** von Holland America – und die **Mein Schiff 5**, die hier im Juli getauft wurde.

WISMAR Unter der Regie des Columbus Cruise Centers Bremerhaven wurde der Ostseehafen Ende 2012 zum Kreuzfahrthafen. Mit Anläufen von **Saga Ruby**, **Deutschland** und **Amadea** ging es los, und 2016 konnte mit dem Wohnschiff **The World** ein Exot der Branche begrüßt werden. Ansporn genug, auf weiteren Ausbau zu setzen: 3 Millionen Euro sollen 2017 in die Kreuzfahrt investiert werden.

Reisen, Routen, Schiffe

Flüsse

excellence

Flussgenuss vom Reisebüro Mittelthurgau

Eine Schweizer Flotte, eine Klasse für sich

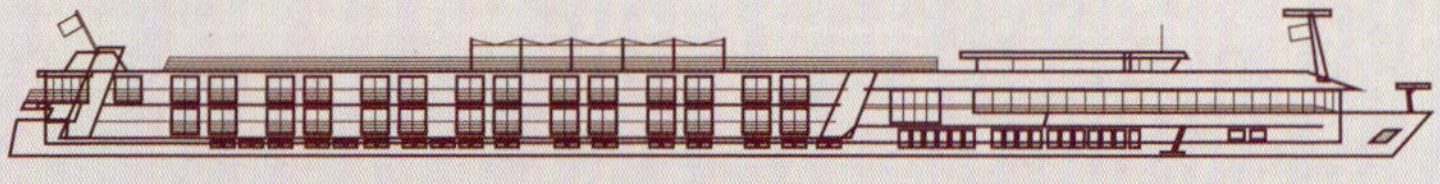

Excellence Rhône

Excellence Royal

Excellence Queen

Excellence Coral

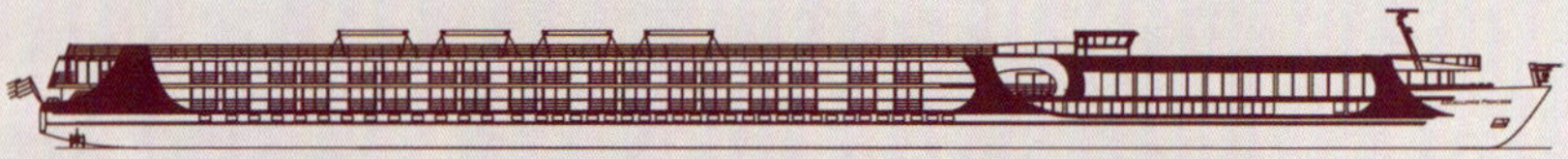

Excellence Princess

Excellence Allegra

Excellence Melodia

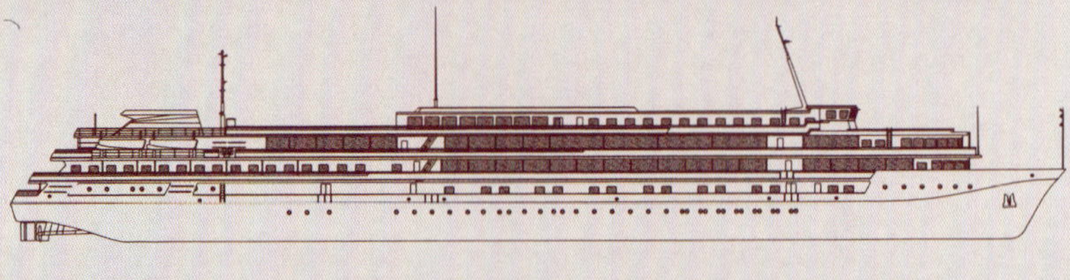

Excellence Katharina

So macht Safari Spaß: Am Flussufer nehmen Elefanten ein Erfrischungsbad

Rechts Botswana, links Namibia: Chobe Princess 1 und 2 unterwegs auf dem Grenzfluss

Safari per Schiff

Kreuzfahrt und Safari, passt das zusammen? Ja! Auf der komfortablen Zambezi Queen erlebt man Afrika wie aus dem Bilderbuch

VON JUTTA LEMCKE (TEXT & FOTOS)

Dorothy kreischt laut auf. Sie war mit dem Kreuzfahrtschiff schon überall auf der Welt, doch so etwas hat sie noch niemals gesehen. Sie springt von ihrem Liegestuhl und stürzt zur Reling. Am nahen Ufer ist Rushhour der Elefanten. Immer mehr der grauen Riesen brechen durch das dichte Gebüsch, waten ins Wasser des Chobe-Fluss und versammeln sich dann auf einer Sandbank. Mächtige Bullen trompeten energisch, eine Elefanten-Mama schubst ihr Baby mit sanftem Rüsselschwung ins Wasser, und einige übermütige Halbwüchsige lassen sich zu einem Schlammbad laut platschend in die seichte Lagune fallen. Die Dickhäuter kommen aus dem Chobe-Nationalpark an den Chobe-Fluss, der hier Botswana von Namibia trennt. Die Gäste der Zambezi Queen schauen quasi über die Grenze, denn der 42 Meter lange 5-Sterne-Kreuzer mit seinen 14 Nobelsuiten darf nur in Namibia fahren. Doch so streng die Grenzkontrollen an Land auch sind, auf dem Fluss geht es locker zu. Wenn sich am Ufer Elefantenherden zeigen, wenn Wasserbüffel durchs Schilf waten oder Flusspferde prustend zwischen weißen und lilafarbenen Lilien auftauchen, lenkt Kapitän John Mulenamaswe die Zambezi Queen kurzerhand gen Botswana.

Mit ihren maximal 28 Passagieren ist die Zambezi Queen das größte Flusskreuzfahrtschiff im südlichen Afrika. Ihre Schwestern Chobe Princess 1, 2 und 3 sind deutlich kleiner und einen bis zwei Sterne weniger nobel als das Flaggschiff. Eine schnittige Yacht ist es mit seinem Safari-Tarnanstrich nicht gerade, doch an Bord offenbaren sich seine Qualitäten. ►

Sehnsuchtsziel Afrika: Rund um den Chobe-Fluss warten Tiererlebnisse, die unvergessen bleiben. Für Nervenkitzel sorgt die (fast) hautnahe Begegnung mit Krokodilen (u. r.)

Die circa 15 Quadratmeter großen Suiten, alle mit Klimaanlage, Bad und Balkon, sind im afrikanischen Lodge-Stil eingerichtet. Dreh- und Angelpunkt ist das Oberdeck mit Restaurant, Bar, Lounge und Poolbereich. Die bodentiefen Fenster, die meist komplett geöffnet sind, erlauben unverstellte Blicke auf die große Show an den Ufern. Natürlich gibt es auch eine Sicherheitseinweisung. Hotelmanagerin Debbie Duke-Norris geht das pragmatisch an und erklärt abschließend: „Wenn das Schiff sinkt, kommt ihr einfach alle nach oben. Denn die Queen ist höher, als der Chobe tief ist."

Tagsüber stehen Ausflüge mit Tenderbooten auf dem Programm. So auch eine Tour ins Dorf Iyambwe mit knapp hundert Einwohnern vom Stamm der Masubia, die hauptsächlich vom Fischfang leben. „Außerdem halten wir Rinder, zum Beispiel für den Brautkauf, und Hühner als ‚Wechselgeld'", erklärt Joseph Nyambe, der Cousin des Dorfchefs, der die Gäste durch Iyambwe führt. Mit den Krokodilen sind die Dorfbewohner nicht gut Freund. Die gefährlichen Reptilien lungern an den Ufern, so dass es gefährlich ist, dort Wasser zu holen oder Wäsche zu waschen. Was für die Dorfbewohner ein Problem ist, bringt den Gästen einen wohligen Nervenkitzel. Sie sind ganz erpicht auf die Urzeittiere, die regungslos im Schilf ausharren, um sofort zuzuschlagen, wenn sich ein leckerer Happen zeigt. Doch an einem Boot würden sie sich die Zähne ausbeißen. Und so stößt Felix mit dem Tenderboot direkt vor dem aufgeklappten Maul eines der Riesenreptilien ins Schilf. Die Kameras klicken fleißig. Doch das schlammfarbene Krokodil mit den messerscharfen Zahnreihen regt sich nicht – ob aus Frust, Faulheit oder mangelndem Appetit, bleibt ein Geheimnis.

Stets zum Sonnenuntergang geht es auf Wildlife-Safari. Guide Felix ist für die Rund-um-Versorgung der Gäste zuständig und um gute Ratschläge nicht verlegen. Während er in der Kühlbox mit den Sundowner-Drinks wühlt,

Easy going an Bord: Neben aufregenden Safari-Touren bleibt genug Zeit, um den Komfort des Schiffs zu genießen. Schönster Platz mit Flair und Aussicht ist das Sonnendeck

erklärt er mit breitem Grinsen: „Auf Safari gilt eine einfache Regel: Je mehr ihr trinkt, desto mehr seht ihr." Der Spruch ist zwar nicht neu, zeigt aber auch dieses Mal seine Wirkung. Es werden reichlich Gin Tonic sowie Windhoek Lager geordert, und die Tenderboot-Safari entwickelt sich spektakulär. Fast wie bestellt kommen die Elefanten zum Sonnenuntergangsbad an den Fluss, die Paviane kreischen in den Bäumen und toben mit ihren Babys auf dem Rücken am Ufer entlang. Wasserbüffel beäugen das Tenderboot mit aufmerksamem Blick, was ernst zu nehmen ist. Immerhin gelten sie nach den äußerst aggressiven Flusspferden als die zweitgefährlichsten Tiere Afrikas, auf Platz drei folgen die Krokodile. „Flusspferde und Büffel spielen nicht, die greifen sofort an", erklärt Felix und hält deshalb auch gebührenden Abstand zu einer Flusspferdfamilie, die in Ufernähe in einem Wasserpool ausharrt, bis der Abend anbricht und sie zum Grasen an Land gehen können.

Langsam nähert sich die Sonne dem Horizont, und der Himmel färbt sich glutrot. Zeit für die Giraffen, sich auf den Weg zu machen. Ihre eleganten Gestalten bewegen sich wie Schattenrisse in wiegendem Schritt vor dem Abendhimmel. Bald legt sich das Land schlafen, die Lilien schließen ihre Blüten. Die Kreuzfahrer lassen ihre Kameras in den Schoß sinken, schauen in das letzte Abendrot und ►

Captain John und sein Schiff

Wer mit der Zambezi Queen (Fotos rechts) den Chobe-Fluss erkundet, kommt an einem spektakulären Beiprogramm kaum vorbei: Nicht weit entfernt liegen die Victoriafälle

AFRIKA HAUTNAH

Die **Zambezi Queen** gehört zur Zambezi Queen Collection, zu der auch die Schiffe **Chobe Princess 1**, **2** und **3** zählen (www.zqcollection.com). Buchbar sind die drei- bis viertägigen Touren z. B. bei Abendsonne Afrika (www.abendsonneafrika.de). Ein- und ausgeschifft wird von Botswana aus; nächster Flughafen ist Kasane (Anreise meist über Johannesburg). Die Flusskreuzfahrt wird gern mit dem Besuch der Victoriafälle und einer Landsafari kombiniert. Besondere Elefanten-Erlebnisse bietet das Abu Camp im Okavangodelta (www.abucamp.com). – Auch die Reederei **CroisiEurope** plant übrigens ab November 2017 Safari-Kreuzfahrten auf dem Sambesi und Chobe.

denken schon an die bequemen Betten in ihren Nobelkabinen.

Drei oder vier Tage dauern die Fahrten mit der Zambezi Queen – ein Erlebnis, das als Baustein einer Reise durchs südliche Afrika perfekt ist. Wichtigster Anziehungspunkt in der Nähe sind die Victoriafälle, die rund anderthalb Autostunden entfernt an der Grenze zwischen Sambia und Simbabwe in die Tiefe donnern. Ebenso verlockend ist das Okavangodelta. Ein Highlight für alle, die Gefallen an den Elefanten gefunden haben, ist das Abu Camp von Wilderness Safaris mitten im Delta. Benannt ist es nach dem Elefanten Abu, der schon in einem Clint-Eastwood-Film mitspielte. Heute lebt im Abu Camp eine Herde von sieben Tieren. Die meisten sind „Waisenkinder", die von Rangern auf das Leben in der Wildnis vorbereitet werden. Wer sich am Chobe-Fluss in die verspielten Dickhäuter verliebt hat, kann ihnen im Abu Camp hautnah kommen. ■

Glaube ohne Sorge

Wittenberg, Torgau, Meißen: Auf der Elbe kreuzt die Sans Souci zwischen Protestantismus und Alchemismus. Das verbindende Element ist der Genuss

VON PEGGY GÜNTHER (TEXT & FOTOS)

In Dresden macht die Sans Souci am „Blauen Wunder" fest

Gehört zum Programm: eine romantische Bootsfahrt durch den Wörlitzer Park bei Dessau

Coq au Vin im Blätterteig-Königspastetchen. Schloss Hirschstein zieht im letzten Licht des Tages am Ufer vorüber. Ein doppelter Genuss für Peter Grunewald in seinem Wohnzimmer – dem Steuerhaus seiner Sans Souci. Während seine Gäste das Fünf-Gänge-Galadinner im Restaurant einnehmen, fährt der Kapitän das Schiff von der Mittel- auf die Oberelbe und wirkt dabei sehr zufrieden.

Der Großteil der aktuellen Reise liegt bereits im Fahrwasser. Schon kurz nach dem Ablegen in Berlin-Spandau versinkt das Steuerhaus im Schiffsrumpf, und der hochgewachsene Kapitän schaut aus dem Dach heraus – ein Anblick zum Schmunzeln. Die kleine Sans Souci passiert die erste niedrige Brücke von vielen. Die Passagiere dürfen an Deck sitzen bleiben, Vögel zwitschern in der Abendsonne, es duftet nach Frühling. Kleine Häuser stehen am Ufer zwischen sattem Grün, Radler begleiten das Schiff auf dem Uferweg – die perfekte Idylle.

Schon bald weitet sich die Havel, um sich mit dem Wannsee, dem größten Binnenbad Europas, zu vereinen. Die Passagiere knipsen die Pfaueninsel im Abendlicht und singen „Pack die Badehose ein". Es geht vorbei an Alexandrowka, Heilandskirche und Schloss Cecilienhof, schnurgerade weiter nach Wusterwitz, wo das Schiff über Nacht liegen bleibt. Bei einer Flussfahrt geht es schließlich um die Flussfahrt und weniger um die Destinationen, erklärt Grunewald seinen Routenplan. Nachdem Bordmusiker Hans sein Bestes zur Unterhaltung der Gäste gegeben hat, gibt es zum Einschlafen „Ohne Krimi geht die Mimi nie ins Bett" im Bordfernsehen.

22 Crewmitglieder kümmern sich um ihre maximal 80 Gäste – die Stimmung an Bord ist sehr persönlich. Das liegt vor allem auch daran, dass Kapitän Peter

Kapitän und Eigner: Peter Grunewald

Fertig zum Anlegen in Torgau (r. oben). Das Kloster Unser Lieben Frauen in Magdeburg (l.), die Meißner Porzellanfabrik (Mitte) und Schloss Wörlitz gehören zu den Highlights der Route

Grunewald zugleich auch Eigner des Schiffs ist. Wie er dazu gekommen ist? „Wie die Jungfrau zum Kinde", lacht der sympathische Bernburger. Zuvor habe er einen Tanker besessen. Da dieser jedoch in absehbarer Zeit aufgrund neuer Sicherheitsvorschriften nicht mehr hätte fahren dürfen, orientierte Grunewald sich neu. Ein wenig mehr Kontakt zu Menschen könnte nicht schaden. Nach zwei Jahren Suche fand er das kleine Vier-Sterne-Schiff, perfekt für die Elbe mit ihren zahlreichen niedrigen Brücken geeignet.

Die Sonne kämpft sich am ersten, kühlen Morgen an Bord durch den Nebel der Wälder am Ufer, um eine Glitzerspur auf das Wasser zu zeichnen. Über den Elbe-Havel-Kanal nähert sich die Sans Souci nun Magdeburg. Eine Stockente beschwert sich lautstark über die Störung im verwunschenen Havelland. Schon bald wacht die Landschaft auf: In Genthin sind Hammerschläge aus einer Fabrik für Feuerverzinkung zu hören, riesige Rohrteile liegen am Ufer. Das Getreidesilo der ältesten Knäckebrotfabrik Deutschlands streckt sich in Burg in den Himmel. Ein Storchenpaar brütet am Ufer. Gegen Mittag geht es auf das Wasserstraßenkreuz – eine Art Autobahnzubringer auf die Elbe.

Am Nachmittag erreicht das Schiff die Ottostadt Magdeburg, mit Reiterdenkmal und mächtiger Kathedrale. Nur wenige Meter entfernt wartet Hundertwassers Grüne Zitadelle, von außen eher rosafarben. Von den barocken Bürgerhäusern am Breiten Weg ist nach den Kriegen leider nicht viel geblieben. Nach dem Trubel der Stadt kann die Seele verschnaufen, die Flusslandschaft bietet nicht allzu viele Eindrücke: Das Schilf ragt hoch in den Himmel, Bäume verzweigen sich am Ufer, immer wieder sind sandige Buchten zu sehen. Zaghaftes Ergrünen im April. Ruhe.

Wittenberg begrüßt die Passagiere hingegen mit geschäftigem Treiben. Die Stadt putzt sich heraus, anlässlich des Reformationsjubi-

Nur wenige Flusskreuzer fahren auf der Elbe – hier neben der Sans Souci die Johannes Brahms. Sie sind kleiner und haben weniger Tiefgang als die Konkurrenz auf Rhein und Donau

läums 2017. Die „Lutherstube" duftet nach altem Holz. Die Reste von Malereien schimmern auf den dunklen Deckenbalken. Ein ehrwürdiger Pilgerort. Sogar Zar Peter verewigte sich an der Tür mit Kreide.

Reiseleiterin Irene Fehrmann mag die geschichtsträchtige Strecke von Berlin nach Dresden. Die Pensionärin arbeitet seit über 40 Jahren in ihrem Beruf und ist seit 2009 mit Kapitän Grunewald vorwiegend auf der Elbe unterwegs. „Wer sich für Luther interessiert, fährt natürlich nach Wittenberg und kann dann in Torgau verfolgen, wie die Geschichte weitergeht." In dem Städtchen ist Katharina von Bora gestorben. Die Geschichte bekommt durch die starke Persönlichkeit von Luthers Ehefrau eine neue Perspektive.

Die Landschaft wandelt sich, schroffe Felsen und Weinberge tauchen für einige Flusskilometer am Ufer auf. Wir nähern uns dem Gebirge. In Meißen grüßt die mächtige Albrechtsburg majestätisch am Hang. Sie vereint mehrere Stilistiken – vom hochmittelalterlichen Turm bis hin zu den Vorhangfenstern der Renaissance. 150 Jahre lang wurde hier das „weiße Gold" des Alchemisten Friedrich Böttger hergestellt. Heute befindet sich die Porzellanmanufaktur in einem modernen, großzügigen Bau im Triebischtal. Vorsichtig schleichen die Passagiere um teure Tassen und Skulpturen und lassen sich fasziniert das Handwerk erklären.

Grunewald fährt unterdessen weiter zum Zielhafen der Reise: Dresden-Loschwitz. Er passiert die Elbschlösser und beobachtet die historischen Raddampfer der sächsisch-böhmischen Dampfschifffahrtsgesellschaft. Festmachen. Feierabend. Erst am nächsten Tag wird er den Steuerstand wieder betreten, nicht ohne seine Schuhe an der Tür abzustellen. Dann liegt die reizvolle Passage durch die Sächsische Schweiz bis nach Prag vor ihm. Und neue Gäste dürfen sich in seinem fahrenden Zuhause wohlfühlen. ■

Mit Zuversicht in die Saison: Die Flusskreuzfahrt erwartet 2017 ein gutes Jahr

Veranstalter im Überblick

Welches Schiff kreuzt für wen? Auf dem Fluss wechselt die Veranstalterflagge häufiger als zur See. Eine Übersicht über die wichtigsten Marken

Nach turbulenten Jahren mit Hoch- und Niedrigwasser, Insolvenzen und Schleusenwärterstreiks war 2016 endlich einmal wieder ein solides Jahr für die Flusskreuzfahrt. **nicko cruises** konnte sich unter einem Finanzschirm neu positionieren, unter dem auch die größte portugiesische Reederei **Douro Azul** operiert. Und mit 21 Schiffen im Katalog für 2017 spielen die Stuttgarter wieder in der Liga der großen deutschen Anbieter mit.

Einen Großteil des Geschäfts teilen sich jedoch der Bonner Veranstalter **Phoenix Reisen** und der französische Marktführer **Croisi Europe**, in Deutschland vertreten durch **Anton Götten Reisen**. Wie nicko cruises sind diese beiden Big Player vorwiegend im Drei- bis Vier-Sterne-Segment unterwegs. Im Premium- und Luxusbereich sind nach dem Ausstieg einiger Marktteilnehmer nur noch **A-ROSA** und **Lüftner** anzusiedeln sowie aus der Schweiz die Excellence-Flotte des **Reisebüros Mittelthurgau**. Daneben gibt es einen Trend zum All-inclusive-Produkt, das **1AVista Reisen** einführte und inzwischen auch bei A-ROSA sowie CroisiEurope Erfolge zeitigt. Spezialisierungen wie Rad-, Musik- oder Hundekreuzfahrten werden ebenfalls gut angenommen, und in Nischen halten sich viele kleinere Firmen. Nachfolgend ein Überblick der deutschsprachigen Anbieter.

1AVista Reisen

Mit 15 Schiffen hat 1AVista Reisen sich erfolgreich auf das All-inclusive-Konzept spezialisiert. Exklusiv sind 2016 die **Vista Fidelio** und die **Vista Flamenco** für die Kölner auf der Donau unterwegs. Beim übrigen Angebot teilt sich 1AVista Reisen die Schiffe mit anderen Veranstaltern. Der passionierte Rundreiseveranstalter kombiniert Landprogramme mit Flussreisen und punktet mit Spezialkreuzfahrten, etwa dem einzigen Angebot für Hundebesitzer. 2017 finden erstmals wieder Kreuzfahrten auf dem Dnjepr statt.

A-ROSA Flussschiff GmbH

Die A-ROSA Flussschiff GmbH aus Rostock sichert ihre Qualität durch ein integriertes Geschäftsmodell: Elf Schiffe wurden eigens für die Reederei gebaut, die sich auch um den Betrieb kümmert und eigenständig die Crew anheuert. Sonst wird diese Aufgabe oft von Dienstleistern übernommen. Charakteristisch an Bord ist das Buffetkonzept mit Live-Cooking. Die jüngsten Neubauten **A-ROSA Silva** und **A-ROSA Flora** haben Suiten und Familienkabinen an Bord. Kinder fahren kostenlos mit und bekommen teils sogar eine eigene Kabine. Neben dem „Premium alles inklusive"-Konzept gibt es 2017 auch einen Basistarif. Und ein neues Fahrgebiet: die Seine.

Carara Kreuzfahrten

Das kleine Leipziger Familienunternehmen bietet seinen treuen Kunden klassische Fahrgebiete mit immer wieder neuen Programmen an. 2017 sind eine eigene Reise auf der Seine mit der **Swiss Ruby** geplant und drei Abfahrten auf Rhein, Main, Mosel und Donau mit der etwas größeren **Swiss Tiara**.

CroisiEurope/Anton Götten Reisen

Mit 44 Schiffen, größtenteils im Eigenbesitz, ist CroisiEurope Marktführer für Flusskreuzfahrten im europäischen Raum. Entsprechend vielfältig ist das Angebot: Es reicht von Klassikern auf Rhein, Main, Donau, Douro, Rhône und Seine bis hin zu kleinen Pénichen auf französischen Kanälen. Diese Kanalschiffe bieten die Franzosen ebenso exklusiv an wie zwei Schiffe auf Gironde, Garonne und Dordogne. Zwei Schaufelraddampfer auf Loire und Elbe sind die jüngsten Coups (S. 28). In Deutschland wird die Firma vom Busreiseveranstalter Anton Götten in Saarbrücken vertreten. Im Reisepreis inkludiert sind bei CroisiEurope nicht nur die Getränke zu den Mahlzeiten und an der Bar, sondern viele Ausflüge sowie der WLAN-Zugang.

UNTER SCHWEIZER FLAGGE

Der Schweizer Flusskreuzfahrtenmarkt ist fest in der Hand von drei Veranstaltern: Als Marktführer gilt das **Reisebüro Mittelthurgau**, das mit seinen komfortablen Excellence-Schiffen punktet. Die zweitgrößte Marktmacht hält **Thurgau Travel**, deren USP eine eigene Asienflotte ist. An dritter Stelle rangiert die Marke **Rivage Flussreisen** aus dem Hause Eurobus, dem größten privaten Busunternehmer der Schweiz. Kaum einem Passagier bekannt, aber von großer Bedeutung ist die Schweizer Reederei **Scylla**, die ihre 24 Flussschiffe an verschiedenste Veranstalter verchartert, etwa an Phoenix Reisen oder den US-Anbieter Tauck.

Dertour Fluss-Reisen

Für 2017 legt Dertour Fluss-Reisen mit 51 Schiffen das nach eigenen Angaben vielseitigste Angebot auf dem deutschen Markt vor. Neu im Programm sind „Stadt-Land-Fluss-Kombinationen" in Brasilien, Indien und Bhutan. Aber auch in Deutschland gibt es Abwechslung mit Routen zwischen Saarbrücken und Stuttgart sowie Potsdam und Demmin. Exklusiv sind eine „All-in"-Douro-Kreuzfahrt und eine kulinarische Donaureise auf der **Amadeus Silver** buchbar. ►

„Sport" auf dem Fluss: Schachspiel an Deck – und Radeln längs der Donau

Express Travel International (ETI)

Der Ägyptenspezialist ETI bietet ein umfangreiches Portfolio an Nilkreuzfahrten, wahlweise auch in Kombination mit einem Badeaufenthalt am Roten Meer.

GTA-SKY-WAYS

In Österreich ist die Firma schon lang erfolgreich, seit 2015 ist sie auch auf dem deutschen Markt aktiv. Mit der **Nestroy** besitzt sie ein eigenes Schiff für 224 Passagiere, erweitert das Angebot aber auch durch fremde Einheiten. Die Deltareisen der Nestroy finden oneway ab/bis Wien statt. Flüge ab Deutschland werden angeboten.

Hansa Touristik

Klein, aber fein ist das Flussangebot von Hansa Touristik. Drei Fahrgebiete stehen zur Auswahl: Südostasien mit der **Mekong Prestige** sowie der Rhein oder die Donau mit der **Sonata** (siehe Werner-Tours).

Lernidee Erlebnisreisen

Für sein exklusives Angebot eigener Schiffe auf dem nördlichen Mekong ist Lernidee bekannt. Auch für andere ausgefallene Reviere sind die Berliner eine gute Adresse, ob man nun Lust auf den Mississippi oder den Amazonas hat. Neu im Programm 2017 ist ein echter Exot: Russlands zweitgrößter Strom Amur wird mit der Transsibirischen Eisenbahn kombiniert.

Lüftner Cruises

Die **Amadeus**-Flotte des Innsbrucker Familienunternehmens schwimmt im Premiumsegment: Großzügige Kabinen und Suiten warten auf die Passagiere, die jüngsten Neubauten aus der **Amadeus Silver**-Reihe bieten sogar begehbare Balkone – das gibt es sonst nur bei englischsprachigen Anbietern. 2017 ergänzt die **Amadeus Provence** auf Rhône und Saône das Programm. Die Schiffe von Lüftner Cruises sind unter anderem über Amadeus Flusskreuzfahrten in München buchbar.

nicko cruises Flussreisen

21 Schiffe in acht Revieren bieten ein umfangreiches Portfolio. Exotischere Destinationen decken die Schwaben durch Zubuchungen bei Thurgau Travel aus der Schweiz ab. Neu im Angebot 2017 sind Donaureisen auf der **Maxima** in Kooperation mit dem Magazin GEO.

Pandaw River Cruises

Das Unternehmen des Schotten Paul Strachan begann mit Schiffen, wie sie vor 100 Jahren auf dem Irrawaddy fuhren: Nachbauten der klassischen Irrawaddy-Flotilla-Raddampfer – nur ohne Schaufelrad. Auch auf Mekong, Brahmaputra, Rotem Fluss und (neu) dem Kapuas-Fluss in Borneo sind einige der 16 Pandaw-Schiffe inzwischen unterwegs. Und auf dem Amazonas hat die Firma mit der **Amazon Dream** ein Boutiqueschiff für nur 18 Gäste unter Charter.

Phoenix Reisen

Die 40 Schiffe der familiär geführten Phoenix Reisen aus Bonn sind fast alle gechartert. In dem wohl umfangreichsten Angebot auf dem deutschsprachigen Markt sind auch exotische

Zielgruppen: A-ROSA umwirbt Familien mit Kindern – und 1AVista Hundebesitzer

Ziele wie Rio Negro oder Brahmaputra zu finden. Außerdem ist Phoenix ein Experte für Ägypten und Russland. Die Bonner legen viel Wert auf eine herzliche Atmosphäre an Bord und punkten mit moderaten Nebenkosten.

Plantours Kreuzfahrten

Der Bremer Veranstalter (der auf hoher See auch die **Hamburg** betreibt) hat ein solides Standardprogramm: In Russland ist seit Jahren die **Andrey Rublev** im Einsatz, auf Elbe und Oder und bis nach Kiel hinauf fährt die **Sans Souci**, und die Klassiker Rhein, Main und Donau deckt Plantours mit der frisch renovierten **Elegant Lady** ab. Neu sind 2017 eine Silvesterreise auf der luxuriösen **Inspire** (S. 26) und die **Mekong Prestige 2** buchbar.

Reisebüro Mittelthurgau

Der Schweizer Veranstalter macht mit seiner gehobenen **Excellence**-Klasse von sich reden. Jüngste Flottenzuwächse sind **Excellence Melodia** und **Excellence Allegra** auf Rhein und Donau. In Russland fährt seit 2016 die komplett renovierte **Excellence Katharina**, 2017 auch auf der Wolga in Richtung Kaspisches Meer. Neben den eigenen Schiffen vertreibt das Reisebüro Mittelthurgau ein umfangreiches Portfolio an weltweiten Flussreisen, das unter anderem von CroisiEurope und Phoenix Reisen stammt.

Rivage Flussreisen

Der Schweizer Veranstalter gehört zur Eurobus-Gruppe und macht durch die Charter modernster US-Schiffe von sich reden.

SE-Tours

Seinen Erfolg verdankt dieser Veranstalter der Spezialisierung auf Radreisen, die zumeist mit kleinen Flussschiffen durchgeführt werden. 2017 ist zum Beispiel die Strecke Berlin–Schwerin neu im Programm, ebenso wie die **Primadonna** auf der Donau und die **Select Bellejour** zwischen Amsterdam und Basel.

Thurgau Travel

Der Schweizer Veranstalter ist mit eigenen Schiffen auf dem Irrawaddy unterwegs und mit zwei Yachten vor der kroatischen Küste – in Deutschland kann man die Schiffe über nicko cruises buchen. Auf Rhein und Donau kommt das Luxusschiff **Thurgau Ultra** ebenso zum Einsatz wie die Neubauten **Charles Dickens** und **William Shakespeare**. Neu im Programm 2017 ist die **Thurgau Silence**, ehemals **Bellevue**.

Transocean Kreuzfahrten

Transocean reduziert das Flussangebot 2017 auf die **Belvedere** auf Rhein, Main und Donau (davon drei Reisen ins Delta) sowie vier Elbefahrten der **Sans Souci**.

Werner-Tours

Der Reiseveranstalter aus Schwülper sichert sich Jahr für Jahr ein attraktives Schiff, auf dem er seine Reisen anbietet. 2017 kommt wieder die **Sonata** zum Einsatz, die einst für die nicht mehr aktive Marke TUI FlussGenuss gebaut worden war. Darüber hinaus fahren die All-inclusive-Schiffe **Mona Lisa** auf Elbe, Havel und Oder sowie **Botticelli** auf der Seine. ■

Am Anleger in Köln

FOTO: M. Tragbar

Alemannia

Seit über vier Jahrzehnten in Fahrt: fast schon eine Legende

Nach einem erfolgreichen Comeback im Jahr 2016 wirbt das imposante, jetzt 45 Jahre alte Schiff mit einem großen, beheizbaren Pool und zwei Suiten mit ansprechenden Bädern. Auffällig ist der gute Pflegezustand, innen ebenso wie außen. Die Oberdeckkabinen verfügen über kippbare Panoramafenster, auf dem Hauptdeck sind die jeweils zwei kleineren Fenster dagegen nicht zu öffnen. Zur Kabinenausstattung gehören u. a. TV, Telefon, Föhn und eine zentral gesteuerte Lüftung. Zusätzlich zum schönen Panoramasalon gibt es eine separate Bar, in der man seine Mitreisenden rasch kennenlernt. Auf dem riesigen Sonnendeck ist Platz für eine überdachte Heckterrasse und seitliche Promenaden. Viel Lob gebührt den Küchenleistungen und dem aufmerksamen Service. Die vielköpfige internationale Crew ist herzlich und sorgt für ein angenehm familiäres Flusserlebnis. 2017 erweitert DCS Touristik aus Nagel, die das Schiff 2016 von nicko cruises übernahm, das Programm der Alemannia um Kurzkreuzfahrten im Advent und eine Silvesterreise.

Reiserouten 2017

Z. B. „Märchenhafter Rhein" ab/bis Frankfurt am Main: **4 Nächte, ab € 579**; Holland und Belgien ab/bis Köln: **6 Nächte, ab € 689**

DATEN & FAKTEN

Länge	110,00 m	**Crew-Mitglieder**	41
Breite	11,60 m	**Bordsprache**	Deutsch
Tiefgang	1,66 m	**Passagierdecks**	3 + SD
Indienststellung	1971	**Restaurants**	1
Passagiere	184	**Bars**	1

Kabinen 92 Außenkabinen, davon 2 Suiten, mit feststehenden Panoramafenstern oder 2 kleinen Fenstern; Größen: 12–24 m²

Sport & Wellness Großer Pool auf dem teilüberdachten Sonnendeck, Schachfeld, Treppenlift

Info-/Entertainment Livemusik, Piratenabend, Musikabende, Quiz, Backvorführung

Dresscode sportlich-leger bis elegant

Preis pro Nacht € 109 bis € 182; Durchschnitt ca. € 120

Info **DCS Touristik GmbH**
Nagel, Tel. (09236) 92-100
www.dcs-portal.de

PROFIL

Kabinen/Raumangebot	⚓⚓⚓
Ausflüge/Programm	⚓⚓⚓½
Gastronomie	⚓⚓⚓½
Service	⚓⚓⚓½

Markenzeichen:
Suiten mit Balkonen

Amadeus Silver I, II, III

Moderne Flusskreuzer der Oberliga, inklusive Suiten mit Balkon

Aller guten Dinge sind drei: Mit dem dritten Schwesterschiff der luxuriösen Silver-Reihe hat sich die österreichische Reederei Lüftner Cruises gut aufgestellt. Die im April 2016 getaufte **Amadeus Silver III** ist ihrer Schwester **II** sehr ähnlich: 72 Kabinen und zwölf Suiten sind an Bord der 135 Meter langen Schiffe zu finden, mit viel Platz für die Passagiere. Die Suiten punkten mit einem begehbaren Außenbalkon – einer Rarität im hiesigen Flussreisenmarkt. Apropos: Lüftner Cruises verzeichnet auch eine große internationale Nachfrage, sodass viele Abfahrten mehrsprachig sind. Kein Wunder, denn die Neubauten können von der windgeschützten Freiluft-Lounge River Terrace am Bug bis zum gemütlichen Amadeus Club am Heck mit der internationalen Konkurrenz mithalten. Darüber hinaus können sich die Passagiere in der großzügigen Panoramabar oder im Café Vienna aufhalten, das mit Wiener Kaffeespezialitäten eine Hommage an die Heimat des Familienunternehmens ist.

Reiserouten 2017

Das Programm reicht von der „Tulpenkreuzfahrt" bis ins Donaudelta. Neu sind Reisen zwischen Budapest und Nürnberg sowie Drei-Flüsse-Fahrten zwischen Amsterdam und Nürnberg (**7 Nächte, ab € 1.778**).

DATEN & FAKTEN A. Silver III

Länge	135,00 m	**Crew-Mitglieder**	46
Breite	11,40 m	**Bordspr.**	Deutsch, Engl.
Tiefgang	1,45 m	**Passagierdecks**	3 + SD
Indienststellung	2016	**Restaurants**	1
Passagiere	168	**Bars**	4

Kabinen	84: 12 Suiten mit 26,4 m² und 72 Kabinen mit 17,5 m², davon 54 mit französischem Balkon, 12 mit begehbarem Balkon
Sport & Wellness	Massage, Friseur, Frühsport auf dem Sonnendeck, Fitnessraum mit mehreren Kardiogeräten
Info-/Entertainment	Livemusik, abendliche Unterhaltungsprogramme, Crew-Show, TV und Video
Dresscode	sportlich-leger bis elegant
Preis pro Nacht	€ 147 bis € 436; Durchschnitt ca. € 280
Info	**Amadeus Flusskreuzfahrten** München, Tel. (089) 87 80 64 97 oder 0800 24 044 60

PROFIL

Kabinen/Raumangebot	⚓⚓⚓⚓⚓
Ausflüge/Programm	⚓⚓⚓⚓
Gastronomie	⚓⚓⚓⚓½
Service	⚓⚓⚓⚓

Bei St. Goarshausen auf dem Rhein

Anesha

Modernes, gediegenes Ambiente, hinreißend hübsch verpackt

Die Schweizer Reederei Scylla AG arbeitet seit Jahren eng mit Phoenix Reisen zusammen. Die Krönung dieser Kooperation sieht hinreißend aus – und besitzt viele innere Werte. Die Anesha ist ohne Zweifel im Premiumsegment anzusiedeln. Sie bietet perfekt ausgestattete Kabinen und Minisuiten; besonders attraktiv sind die Duschbäder! Auf den beiden oberen Decks gibt es französische Balkone, auf dem untersten kleine, nicht zu öffnende Fenster. Großzügig sind Lounge und Restaurant, zusätzlich gibt es eine Heckbar mit Außenterrasse, die auf manchen Routen als À-la-carte-Restaurant betrieben wird. Neben dem riesigen Sonnendeck (mit Whirlpool, Minigolf und Shuffleboard) gibt es zusätzliche Sitzplätze vor dem modernen Steuerhaus und auf einer windgeschützten kleinen Terrasse vor der Panoramalounge. Zu den Bordeinrichtungen gehören Lift, Fitness- und Spa-Bereich sowie ein Friseur-Shop. Für hohe Standards bei Service und Verpflegung sorgt das renommierte Catering von sea chefs.

Reiserouten 2017

Kurzreise Köln–Amsterdam–Köln: **2 Nächte, ab € 369**; Donau von Passau zum Delta und zurück: **15 Nächte, ab € 1.899**; Weinreise auf der Mosel: **6 Nächte, ab € 1.149**

DATEN & FAKTEN

Länge	135,00 m	**Crew-Mitglieder**	40
Breite	11,45 m	**Bordsprache**	Deutsch
Tiefgang	1,60 m	**Passagierdecks**	2,5 + SD
Indienststellung	2015	**Restaurants**	2
Passagiere	180	**Bars**	2

Kabinen	90 Außenkabinen, davon 6 Minisuiten und 68 Außenkabinen mit franz. Balkon; Größen: 17–18,5 m²
Sport & Wellness	Sonnendeck mit Whirlpool, Minigolf und Shuffleboard, Fitnessraum, Sauna, Friseur, Lift
Info-/Entertainment	Tanz- oder Livemusik, Bücherecke, Brett- und Kartenspiele, Quizveranstaltungen, Ausflugsbüro, Sat-TV, WLAN gegen Gebühr
Dresscode	leger bis elegant; Anzug bzw. Kleid am Kapitänsabend
Preis pro Nacht	€ 121 bis € 324; Durchschn. ca. € 200
Info	**Phoenix Reisen** Bonn, Tel. (0228) 92 60-0 www.phoenixreisen.com

PROFIL

Kabinen/Raumangebot	⚓⚓⚓⚓½
Ausflüge/Programm	⚓⚓⚓½
Gastronomie	⚓⚓⚓⚓½
Service	⚓⚓⚓⚓½

Die A-ROSA Flora auf dem Rhein

A-ROSA Silva & A-ROSA Flora

Familienfreundliche Flussschiffe mit Junior- und Balkonsuiten

A-ROSA geht konsequent seinen eingeschlagenen Weg weiter, um jüngere Gäste auf den Fluss zu holen, vor allem Familien. Geschickter Schachzug: Kinder bis 15 Jahre reisen umsonst! In den Genuss kommen allerdings nur Passagiere, die den Tarif „Select Premium alles inklusive" buchen. Das Angebot mit vielen Zusatzleistungen hat sich durchgesetzt. Die Silva und ihre Schwester Flora haben im Gegensatz zu den älteren A-ROSAs Junior- und Balkonsuiten, die Flora sogar zwei Familienkabinen. Stilvoll sind die Spezialitätenabende mit servierten vier Gängen und sehr gutem Service. Die Barzeiten sind durch all-inclusive deutlich länger – das Schiff „lebt". Für Flussschiff-Standards erstaunlich ist das Wellness-Angebot von A-ROSA („Spa Rosa"): Die Schiffe haben Panoramasauna, Dampfbad, Beauty-Behandlungen und ein Fitnessstudio. Außerdem gibt es Fahrräder an Bord. Durch Overnights in den Metropolen will A-ROSA eine Alternative zur klassischen Städtereise werden.

Reiserouten 2017

Z. B. Rhein/Mosel bis Bernkastel ab/bis Köln: **7 Nächte, ab € 1.479**; Donau von Engelhartszell bis Belgrad und zurück, mit Overnights Wien u. Budapest: **10 Nächte, ab € 1.949**

DATEN & FAKTEN

Länge	135,00 m	**Crew-Mitglieder**	50
Breite	11,40 m	**Bordsprache**	Deutsch
Tiefgang	1,60 m	**Passagierdecks**	2,5 + SD
Indienststellung	2012/13	**Restaurants**	3
Passagiere	186	**Bars**	3

Kabinen	83 Außenkabinen (14,5 m²), 4 Juniorsuiten (21 m²), 2 Balkonsuiten (29 m²)
Sport & Wellness	Spa mit Massage/Beauty und Sanarium, Fitnesscenter, Pool, Putting Green, Shuffleboard, Groß-Schach, Nordic Walking, Kurse, Trekkingbikes für Ausflüge
Info-/Entertainment	Shows, Künstlergruppen, Spiele; Themenreisen für Feinschmecker, Golfer u. Ä.
Dresscode	sportlich-leger
Preis pro Nacht	€ 164 bis € 596; Durchschnitt € 260
Info	**A-ROSA Flussschiff GmbH** Rostock, Tel. (0381) 202 60 01 www.a-rosa.de

PROFIL

Kabinen/Raumangebot	⚓⚓⚓⚓⚓
Ausflüge/Programm	⚓⚓⚓⚓
Gastronomie	⚓⚓⚓⚓
Service	⚓⚓⚓⚓(⚓)

Extravagant: die Muster im Hauptrestaurant

FOTO: J. Bohmann

A-ROSA Viva

Erstmals seit vielen Jahren erkundet A-ROSA ein neues Revier: die Seine

Von Paris zum Atlantik, durch die grüne Normandie: Mit Etappen wie Honfleur, Rouen oder Monets Garten in Giverny zählt die Seine zu Europas schönsten Flussreisezielen. Nach langer Planung – der gezeitenbeeinflusste Fluss birgt für die Navigation einige Herausforderungen – startet A-ROSA nun dort durch: Ab März 2017 kreuzt die schmucke A-ROSA Viva durch die malerische Region. Das Schiff, baugleich mit den Rhein-Schwestern **A-ROSA Aqua** und **Brava**, bietet bewährte A-ROSA-Qualität: anspruchsvolle Buffet-Gastronomie (mit Live Cooking), ein für Flussschiffe überragendes Wellness- und Sportangebot (Fitness, Sauna, Massagen, Fahrräder etc.) und nicht zuletzt wunderschöne Kabinen. In Farbgebung und Mustern mutig gestaltet sind die öffentlichen Räume – das Foto oben gibt einen Eindruck.Im Tarif „Premium alles inklusive" sind alle Getränke und viele Ausflüge im Preis inbegriffen. Als festliches Schmankerl kann man an Bord ein serviertes 4- oder 5-Gänge-Menü in der Weinwirtschaft dazubuchen.

Reiserouten 2017

Ab/bis Paris nach Rouen, Caudebec, Honfleur, Les Andelys, Vernon: **7 N., ab € 1.129**, jeweils mit Overnights in Paris. Zu Weihnachten/Silvester auch Kurztörns (z. B. **4 N., ab € 499**).

DATEN & FAKTEN

Länge	135,00 m	**Crew-Mitglieder**	54
Breite	11,40 m	**Bordsprache**	Deutsch
Tiefgang	1,60 m	**Passagierdecks**	3 + SD
Indienststellung	2010	**Restaurants**	3
Passagiere	max. 202	**Bars**	3

Kabinen	99 Außenkabinen, davon 70 mit franz. Balkon; Größe: 14,5 m²
Sport & Wellness	Spa mit Massage/Beauty und Sanarium, Fitnesscenter, Whirlpool, Putting Green, Shuffleboard, Großschach, Nordic Walking, Kurse, Trekkingbikes für Ausflüge
Info-/Entertainment	Shows, Künstlergruppen, Spiele; Themenreisen für Feinschmecker und Golfer sowie mit prominenten Gastkünstlern
Dresscode	sportlich-leger
Preis pro Nacht	€ 161 bis € 213; Durchschn. € 198
Info	**A-ROSA Flussschiff GmbH** Rostock, Tel. (0381) 202 60 01 www.a-rosa.de

PROFIL

Kabinen/Raumangebot	⚓⚓⚓⚓½
Ausflüge/Programm	⚓⚓⚓⚓
Gastronomie	⚓⚓⚓⚓
Service	⚓⚓⚓⚓½

Abends auf dem Irrawaddy: die Flussschönheit aus Myanmar

Belmond **Orcaella**

Per Schiff quer durch Myanmar, das aktuelle Trendziel in Südostasien

Im Juli 2013 startete die Orcaella in Myanmar (früher Burma) für die Orient-Express-Gruppe. Wie die berühmte **Road To Mandalay**, die hier seit Jahrzehnten Dienst tut, trägt sie den Vornamen „Belmond", nach der Luxusmarke, unter der Orient Express seit 2014 vermarktet wird. Die damit geweckten Erwartungen erfüllt die Orcaella rundum. Auf dem Irrawaddy und dessen Nebenfluss Chindwin taucht sie in das „goldene Burma" ein, das nach seinem langwierigen Demokratisierungsprozess heute zu den In-Zielen der Globetrotterszene zählt. Bis zu 1.300 Kilometer legt man zurück bis nach Bhamo an der Grenze Chinas, besucht buddhistische Klöster, wandert mit Elefanten im Dschungel – und sieht vielleicht jene Flussdelfine, die dem Schiff den Namen gaben. An Bord herrscht koloniale Nostalgie: Lounge, Restaurant und Kabinen (mit raumhohen Panoramafenstern!) sind erlesen möbliert; auf dem Sonnendeck wartet ein Pool. Die stets lächelnde Crew serviert mal asiatische, mal europäische Tafelfreuden. Sogar einen gut sortierten Weinkeller gibt es an Bord!

Reiserouten 2017

Von Juli bis April 3- bis 12-tägige Reisen ab Mandalay, Yangon oder Bagan: **3 N. ab US-$ 3.480, 11 N. ab US-$ 6.900** (ohne Flüge).

DATEN & FAKTEN

Länge	61,00 m	**Crew-Mitglieder**	40
Breite	12,20 m	**Bordsprache**	Englisch
Tiefgang	1,10 m	**Passagierdecks**	2,5 + SD
Indienststellung	2013	**Restaurants**	1
Passagiere	max. 50	**Bars**	1

Kabinen	25 Außenkabinen, davon 2 Suiten mit Balkon und 1 Juniorsuite (mit Butlerservice), 9 Deluxe-Kabinen; Größen: ca. 17–48 m²
Sport & Wellness	Sonnendeck mit Lounge und Außenpool, Fitnesscenter, Yoga- und Tai-Chi-Kurse, Massage, Bordarzt
Info-/Entertainment	landeskundliche Vorträge, Kochkurse, Cocktailpartys, Bibliothek, Boutique
Dresscode	leger („smart casual")
Preis pro Nacht	ab ca. US-$ 624 ohne Flüge
Info	**Belmond Ltd.**, Büro Köln Tel. (0221) 33 80 300 www.belmond.com

PROFIL

Kabinen/Raumangebot	⚓⚓⚓⚓½
Ausflüge/Programm	⚓⚓⚓⚓⚓
Gastronomie	⚓⚓⚓⚓½
Service	⚓⚓⚓⚓⚓

Roter Rumpf – daran erkennt man jetzt die Schiffe von nicko cruises

Casanova

Natur und Kultur entlang von Saar, Mosel, Rhein und Neckar

Das nicko-Schiff der Boutique-Klasse stammt noch aus Deilmann-Zeiten. Dementsprechend luxuriös ist die Ausstattung mit goldfarbenen Zimmerschlüsseln und Himmelbetten. Vor allem die großzügigen Bäder überraschen. Die Oberdeckkabinen verfügen über französische Balkone. Im elegant-konservativen Ambiente des Restaurants zeigt sich die Servicecrew stets aufmerksam und serviert größtenteils Hausmannskost. Der Frühschoppen und die Crew-Show gehören zu den Höhepunkten im Programm an Bord. Dazwischen lässt sich in der gemütlichen Lounge oder auf dem Sonnendeck die wechselnde Landschaft der Vier-Flüsse-Kreuzfahrt wunderbar beobachten: von engen grünen Saarschleifen zwischen Hunsrück und Schwarzwald über die liebliche Mosel mit Fachwerk und steilen Weinbergen bis hin zum beliebten Mittelrhein mit Loreley und Mäuseturm. Oberrhein und Neckar punkten wiederum durch die angefahrenen Destinationen: Heidelberg und Schloss Ludwigsburg. Tipp: Für Ausflüge und Getränke gibt es preislich attraktive Paketangebote.

Reiserouten 2017

Wie in den Vorjahren von Saarbrücken nach Stuttgart (oder umgekehrt) auf Saar, Mosel, Rhein und Neckar: **7 Nächte, ab € 899**

DATEN & FAKTEN

Länge	103,00 m	**Crew-Mitglieder**	29
Breite	9,70 m	**Bordsprache**	Deutsch
Tiefgang	1,40 m	**Passagierdecks**	2 + SD
Indienststellung	2001	**Restaurants**	1
Passagiere	max. 96	**Bars**	1

Kabinen	48 Außenkabinen, davon 22 mit franz. Balkon, 26 mit nicht zu öffnenden Fenstern; Größen: ca. 12 m²; 2 Deluxe-Kabinen mit 16 m²
Sport & Wellness	Sonnendeck mit Sonnensegel und Liegestühlen
Info-/Entertainment	Livemusik, Themenabende, Quizveranstaltungen, Bingo, Brett- und Kartenspiele
Dresscode	leger, zum Abendessen gepflegte Kleidung
Preis pro Nacht	ca. € 114 bis € 241; Durchschnitt ca. € 160
Info	**nicko cruises** Stuttgart, Tel. (0711) 24 89 80-44 www.nicko-cruises.de

PROFIL

Kabinen/Raumangebot	⚓⚓⚓⚓
Ausflüge/Programm	⚓⚓⚓⚓
Gastronomie	⚓⚓⚓½
Service	⚓⚓⚓⚓

Ein Schiff für hohe Ansprüche

Charles Dickens

Suiten mit Balkon und mehr: schöner Wohnen unter Schweizer Flagge

Sie fährt hauptsächlich mit Schweizer Gästen – und gehört zu den Besten in den deutschsprachigen Märkten. 2015 in Dienst gestellt und in den Niederlanden gebaut, bietet die Charles Dickens ein rundum luxuriöses und zeitgemäßes Flusskreuzfahrterlebnis. Großzügig ist das Raumangebot. Die Kabinen auf Ober- und Mitteldeck haben französische Balkone mit komplett zu öffnenden Glastüren und Fenstern, vier Suiten sogar begehbare Balkone. Auch die unwesentlich kleineren Kabinen auf dem Hauptdeck sind ausgesprochen wohnlich eingerichtet. Auffällig sind die riesigen Fensterflächen in der Panoramalounge. Die Bordeinrichtungen sind umfangreich: Neben einem Fitnessbereich mit Sauna, kombiniertem Massage-/Friseurstudio und Boutique gibt es auch einen Whirlpool an Deck. Das Restaurant serviert kulinarische Hochgenüsse, inklusive einer Fine-Dining-Alternative: In der Hecklounge Marley's Bar präsentiert der Küchenchef allabendlich spezielle Menüs für ca. 20 Personen (ohne Aufpreis an Bord reservierbar). Das große Sonnendeck bietet Putting Green und Schach. Beliebt sind die Sitzplätze vor dem Steuerhaus.

Reiserouten 2017

Von Basel nach Amsterdam und zurück im April und Mai: **8 Nächte, ab sFr 1.090**

DATEN & FAKTEN

Länge	110,00 m	**Crew-Mitglieder**	35
Breite	11,40 m	**Bordsprache**	Deutsch
Tiefgang	1,45 m	**Passagierdecks**	2,5 + SD
Indienststellung	2015	**Restaurants**	1
Passagiere	140	**Bars**	2

Kabinen	76 Außenkabinen, davon 4 Suiten mit begehbarem Balkon, alle mit TV, Safe, Klimaanlage; Größen: 14–22,8 m²
Sport & Wellness	Sonnendeck mit Whirlpool, Putting Green und Schach, Sauna, Fitness, Massage, Friseur; Lift
Info-/Entertainment	Tanzmusik, Bibliothek, Bordshop
Dresscode	leger, zum Abendessen sportlich-elegant
Preis pro Nacht	ab ca. sFr 155
Info	**Thurgau Travel** Weinfelden, Schweiz Tel. +41 71 626 55 00 www.thurgautravel.ch

PROFIL

Kabinen/Raumangebot	⚓⚓⚓⚓½
Ausflüge/Programm	⚓⚓⚓⚓
Gastronomie	⚓⚓⚓⚓½
Service	⚓⚓⚓⚓

Die Grande Dame der Donau in Budapest

Crystal Mozart

Luxus, Design, kulinarische Genüsse: das größte Schiff auf der Donau

Über 25 Millionen Dollar investierte die US-Luxusreederei Crystal Cruises in den kompletten Umbau dieses Schiffes. Die Idee: das Feeling ihrer Hochseeschiffe und das bekannte All-inclusive-Konzept samt exzellentem Service auf den Fluss zu transportieren. Das Ergebnis lässt sich sehen: Im Empfangsbereich werden die Gäste von Hostessen mit mobilen Computern eingecheckt – Warten an der Rezeption ist passé. Ein durchgestyltes Bistro bietet fast rund um die Uhr Snacks und Getränke; Bar, Lounge und ein Zigarrenzimmer präsentieren sich im Crystal-Design. Neben Haupt- und Buffetrestaurant gibt es auch ein kleines Snackrestaurant am Heck. Exzellent sind die Speisen, umfangreich das Getränkeangebot. Modernste Technik in den Suiten: Per iPad kann man Klima und Licht regulieren oder Reservierungen tätigen. Das riesige Sonnendeck bietet am Bug den ersten großen Steingarten auf einem Schiff sowie eine versenkbare Bar. Das Spa punktet mit einem riesigen Innenpool. Highlights auch: Ausflugs-Events in eigenen Bussen mit Privatkonzerten oder Champagnerexkursionen mit dem eigenen Schnellboot.

Reiserouten 2017

Zum Beispiel ab/bis Wien auf der Donau mit Stopps in Dürnstein, Melk, Linz, Passau, Bratislava und Budapest: **9 Nächte, ab € 3.362**

DATEN & FAKTEN

Länge	120,44 m	**Passagiere**	154
Breite	22,85 m	**Crew-Mitglieder**	90
Tiefgang	1,60 m	**Bordsprache**	Dt., Engl.
Indienststellung	1987	**Passagierdecks**	4+SD
Umbau	2015/16	**Restaurants/Bars**	5/2

Kabinen	80 Außenkabinen/-suiten, großteils mit frz. Balkon, HD-TV, Apple iPads, Klimaanl., Safe, Suiten mit Butlerservice; Größen: ca. 19–80 m²
Sport & Wellness	Indoor-Pool, Crystal Life Spa, Sauna, Fitnessbereich, Anwendungen, Sonnendeck mit Jogging-Track, E-Bikes, Yoga- und Pilates-Sessions, Bordarzt
Info-/Entertainment	Casino, Bibliothek, Tanzmusik, Kabarett, Vorträge, Kurse
Dresscode	sportlich-leger bis elegant
Preis pro Nacht	€ 336 bis € 2.074; Durchschnitt ca. € 550
Info	**Aviation & Tourism International** Alzenau, Tel. (06023) 91 71 50 www.atiworld.de

PROFIL

Kabinen/Raumangebot	⚓⚓⚓⚓⚓
Ausflüge/Programm	⚓⚓⚓⚓½
Gastronomie	⚓⚓⚓⚓⚓
Service	⚓⚓⚓⚓⚓

Im Weinbaugebiet des oberen Dourotals

Douro Cruiser

Portugiesische Gastfreundlichkeit in gemütlicher Holzvertäfelung

Auch oder gerade weil auf dem Douro der Portwein im Zentrum des Geschehens steht, wartet die Douro Cruiser mit einer soliden Küche inklusive portugiesischer Spezialitäten auf. Morgens und mittags bedient man sich am Buffet, abends wird ein Vier-Gänge-Menü am Tisch an festen Sitzplätzen serviert. Restaurant und Salon wirken nach einer Renovierung heller und gemütlicher. Auch die Bäder in den Kabinen wurden renoviert. Die 15 Quadratmeter großen Unterkünfte auf dem Oberdeck haben kleine Privatbalkone mit Sitzmöglichkeiten. Auf dem Hauptdeck sind die Kabinen zwar etwas geräumiger, allerdings lassen sich die Fenster nicht öffnen. Ein Pool auf dem Sonnendeck bietet die Möglichkeit zur Erfrischung, auf dem Hauptdeck lockt der Panoramasalon mit Bar und großem Flatscreen, abends gibt es hier Tanzmusik oder Folklore. Fest im Reisepreis enthalten sind zwei Ausflüge, die restlichen vier Touren lassen sich kostengünstig hinzubuchen. Ein Tipp dazu: Den Abstecher ins spanische Salamanca sollte man auf keinen Fall verpassen!

Reiserouten 2017

Von Porto ins Dourotal und zurück: **7 Nächte, ab € 1.149 inkl. Flügen**; mit Anschlussprogramm Lissabon: **10 Nächte, ab € 1.749**

DATEN & FAKTEN

Länge	78,11 m	**Crew-Mitglieder**	30
Breite	11,40 m	**Bordspr.**	Deutsch, Portug.
Tiefgang	1,45 m	**Passagierdecks**	3 + SD
Indienststellung	2005	**Restaurants**	1
Passagiere	max. 130	**Bars**	1

Kabinen	65 Außenkabinen, auf dem Oberdeck mit kleinem Balkon, alle mit TV/Sat-TV, Safe, Klimaanlage, Telefon; Größe: ca. 15 m²
Sport & Wellness	Sonnendeck mit Pool, Lift, Treppenlift
Info-/Entertainment	Bar, Livemusik, Folklorevorführungen, Bingo, Bordshop
Dresscode	leger, zum Abendessen sportlich-elegant
Preis pro Nacht	ca. € 164 bis € 264 inklusive Flügen
Info	**nicko cruises** Stuttgart, Tel. (0711) 24 89 80-44 www.nicko-cruises.de

PROFIL

Kabinen/Raumangebot

Ausflüge/Programm

Gastronomie

Service

Dresdens Pracht – mit neuem Hingucker

Elbe Princesse

Zwei Schaufelräder: So geht es bei Niedrigwasser von Berlin nach Prag

Der jüngste Flottenzuwachs der französischen Reederei CroisiEurope ist eine spektakuläre Spezialanfertigung: Sie wird nach historischem Vorbild durch zwei Schaufelräder angetrieben und kann dank ihres geringen Tiefgangs auch bei Niedrigwasser die Elbe befahren. Die Schaufelräder befinden sich nicht mittschiffs, sondern am Heck, so dass die neue Prinzessin auch sehr schmale Schleusen passieren kann. Diese Konstruktionsmerkmale ermöglichen dem Flussschiff während der ganzen Sommersaison eine attraktive Route von Berlin-Spandau aus über die Elbe und Moldau bis in die Goldene Stadt Prag, mit Stationen in Wittenberg, Meißen und Dresden. Außen schnittig, innen schick: Das Design der Kabinen und öffentlichen Bereiche ist schnörkellos und modern, ohne unterkühlt zu wirken. Die Lounge bietet bodentiefe Fenster und kleine, flexible Sitzgruppen für gesellige Treffen. Ein weiterer Pluspunkt: Die Gäste schlemmen wie Gott in Frankreich und genießen einen sehr persönlichen Service.

Reiserouten 2017

Berlin (Spandau) bis Prag und umgekehrt über Wittenberg, Meißen und Dresden; mit Ausflügen u. a. nach Potsdam und ins Elbsandsteingebirge: **8 Nächte, ab € 1.898**

DATEN & FAKTEN

Länge	95,00 m	**Crew-Mitglieder**	24
Breite	10,50 m	**Bordspr.**	Deutsch, Franz.
Tiefgang	0,90 m	**Passagierdecks**	2 + SD
Indienststellung	2016	**Restaurants**	1
Passagiere	80	**Bars**	1

Kabinen	40 Außenkabinen mit Klimaanlage, Safe, Minibar, Telefon, Radio, TV, Schreibtisch, Föhn, Panoramafenster oder Französischer Balkon; Größe: ca. 15 m^2
Sport & Wellness	Sonnendeck (teilüberdacht) mit Liegestühlen
Info-/Entertainment	musikalische Unterhaltung, Tanzfläche, Crew-Show, WLAN kostenlos, Audio-Kommunikationssystem auf Ausflügen
Dresscode	leger bis sportlich-elegant
Preis pro Nacht	€ 238 bis € 297
Info	**CroisiEurope/Anton Götten Reisen**, Saarbrücken, Tel. (0681) 303 21 35 www.croisieurope.de

PROFIL

Kabinen/Raumangebot	⚓⚓⚓⚓
Ausflüge/Programm	⚓⚓⚓⚓½
Gastronomie	⚓⚓⚓⚓½
Service	⚓⚓⚓⚓

Bulgarische Flagge: Die Eignerin ist Dunav Tours aus Rousse

FOTO: M. Tragbar

Elegant Lady

Komfortzuwachs bei Plantours: nach Umbau noch eleganter

Die in der Tat elegante Lady, im Besitz von Dunav Tours unter bulgarischer Flagge fahrend und auf dem deutschen Markt von Plantours Kreuzfahrten angeboten, wird im Winter 2016/17 einem umfangreichen Umbau unterzogen. Dabei sollen sämtliche Passagierunterkünfte mit Hotelbetten versehen werden und in neuem Design glänzen, zudem werden die Oberdeckkabinen mit französischen Balkonen ausgestattet. Eine maritime Schönheit ist das Schiff sowieso: Es besitzt einen gläsernen Aufzug und eine absenkbare und beheizbare Sky Lounge, in unaufdringlicher Eleganz präsentieren sich die Gesellschaftsräume. Die bulgarische Servicecrew spricht gut Deutsch und sorgt mit Folklore und Showeinlagen für Kurzweil. Gutes Mittelklasseniveau bietet die Gastronomie; unter bulgarischer Flagge dürfen natürlich gelegentliche landestypische Spezialitäten nicht fehlen. Neu im Programm ist eine ungewöhnliche, mit vielen interessanten Etappenzielen gespickte Route von Basel nach Würzburg. Und für Flüssesammler dürfte die Vier-Flüsse-Reise von Trier nach Passau (Mai bzw. Ende August) besonders reizvoll sein.

Reiserouten 2017

Z. B. von der Donau zum Rhein: **9 N., ab € 1.299**; Holland & Flandern: **7 N., ab € 899**

DATEN & FAKTEN

Länge	110,00 m	**Passagiere**	128
Breite	11,00 m	**Crew-Mitglieder**	32
Tiefgang	1,40 m	**Bordsprache**	Deutsch
Indienststellung	2003	**Passagierdecks**	2 + SD
Renovierung	2016/17	**Restaurants/Bars**	1/2

Kabinen	64 Außenkabinen mit frz. Balkon (Oberdeck) oder 3 kleinen Fenstern (Hauptdeck); ca. 14 m²
Sport & Wellness	Diverse Fitnessgeräte in der Sky Lounge, Sonnendeck
Info-/Entertainment	Themenabende mit Livemusik, Folkloredarbietungen der Crew, Vorträge, Quizabende, Brettspiele, Leseecke, Großschach, Internet-Corner, Bordshop
Dresscode	leger bis sportlich-elegant
Preis pro Nacht	ca. € 128 bis € 232; Durchschnitt ca. € 170
Info	**Plantours Kreuzfahrten** Bremen, Tel. (0421) 173 69-0 www.plantours-partner.de

PROFIL

Kabinen/Raumangebot

Ausflüge/Programm

Gastronomie

Service

Bei der Taufe in Moskau im Mai 2016

Excellence Katharina

In schweizerischer Hand: neuer Luxus auf den Wasserwegen der Zaren

Das Schweizer Reiseunternehmen Twerenbold mit seinem Flussreiseanbieter Mittelthurgau bewies Mut: Mit einer millionenschweren Renovierung und kompletten Entkernung der **Lavrinenkov** konnten sie das Schiff dem Qualitätsanspruch der eigenen Excellence-Flotte anpassen. Es entstanden Kabinen und Suiten in modernem Stil, die meisten mit großem Balkon. Nazly Twerenbold, Mutter des Firmenchefs Karim, war wieder als Designerin tätig. Bei den Farbgebungen in Rot- und Goldtönen ließ sie sich von der Zarenzeit inspirieren. Ein Schmuckstück: die Panoramalounge mit eleganter Bar, die freie Sicht in Fahrtrichtung und die Möglichkeit bietet, nach außen zu gehen. Diese Lounge soll auch zeitweise als weiteres Restaurant für besondere Kulinarik-Events genutzt werden. Die zweite große Bar am Heck, in der auch Konzerte, Folklore und Vorträge stattfinden, hat direkten Zugang zum Sonnendeck. In hellen Farben präsentieren sich Rezeption, Internet- und Cruise-Beratungsbereich. Auf diesem Deck befinden sich auch eine kleine Boutique, ein Friseursalon und die Bordarztpraxis. Einziger Wermutstropfen: Es gibt keinen Fahrstuhl.

Reiserouten 2017

Moskau–St. Petersburg: **10 N., ab sFr 2.495**; Moskau–Astrachan: **11 N., ab sFr 2.995**

DATEN & FAKTEN

Länge	95,00 m	**Passagiere**	182
Breite	10,50 m	**Crew-Mitglieder**	90
Tiefgang	3,20 m	**Bordspr.**	Dt., Engl., Russ.
Indienststellung	1999	**Passagierdecks**	4+SD
Umbau	2015/16	**Restaurants/Bars**	2/2

Kabinen	91 Kabinen, davon 10 Suiten und 50 Junior-Suiten mit Balkon; mit Klimaanlage/Heizung, TV, Radio, Minibar; Größen: 13–30 m²
Sport & Wellness	Sonnendeck, Friseur, Wäscheservice, Bordarzt
Info-/Entertainment	Folklore, Vorträge, russische Tanzabende, Chorstunden, Sprachkurse, deutschspr. Reiseleitung
Dresscode	sportlich-leger bis elegant
Preis pro Nacht	ab ca. sFr 250
Info	**Reisebüro Mittelthurgau** Weinfelden, Schweiz Tel. +41 71 626 85 85 www.mittelthurgau.ch

PROFIL

Kabinen/Raumangebot	⚓⚓⚓⚓½
Ausflüge/Programm	⚓⚓⚓⚓½
Gastronomie	⚓⚓⚓⚓
Service	⚓⚓⚓⚓

Großzügig und modern: Panoramalounge und Bar

Excellence **Princess**

Ein stilvolles Schiff, das exzellente Schweizer Gastlichkeit zelebriert

Die stattliche „Prinzessin" ist eine feste Größe im Schweizer Flussreisenmarkt. Wie ihre drei Jahre ältere Schwester **Excellence Queen** bietet sie ein äußerst komfortables Kreuzfahrtvergnügen: 2015 wurde sie zum „Flussschiff des Jahres" bei den Kreuzfahrt Guide Awards gekürt. Zu den vielen Stärken des modernen Schiffs gehören die gelungene Raumaufteilung und das hohe Niveau von Gastronomie und Service; das Käsebuffet gehört zu den besten auf den Flüssen. Man speist hervorragend im eleganten Restaurant oder genießt Grillspezialitäten im Steakhouse im Heck. Die attraktiv möblierte Lounge hat große Fensterflächen und ein Skylight. Auf dem Sonnendeck ist Platz für Whirlpool und Putting Green. Auch einen kleinen Wellnessbereich mit Sauna sowie einen Lift gibt es an Bord, und selbstverständlich verfügen die Kabinen und Juniorsuiten auf den beiden oberen Decks über französische Balkone. Die Atmosphäre an Bord ist stilvoll-exklusiv, aber dennoch wohltuend behaglich. Zudem ist der hübsche Cruiser angenehm leise unterwegs.

Reiserouten 2017

Große Donaureise zum Delta: **14 N. ab sFr 2.240**; von Straßburg nach Passau: **7 N. ab sFr 1.470**. Highlight im Herbst: Gourmetreisen auf dem Rhein mit über 20 Spitzenköchen.

DATEN & FAKTEN

Länge	135,00 m	**Crew-Mitglieder**	46
Breite	11,40 m	**Bordsprache**	Deutsch
Tiefgang	1,55 m	**Passagierdecks**	2,5 + SD
Indienststellung	2014	**Restaurants**	2
Passagiere	186	**Bars**	1

Kabinen	81 Komfort-Außenkabinen (Mittel-/Oberdeck: 16 m², Hauptdeck: 13 m²) und 12 Juniorsuiten (20 m²)
Sport & Wellness	Sonnendeck mit Putting Green und Whirlpool, Fitnessgeräte, Wellnessbereich mit Sauna
Info-/Entertainment	musikalische Unterhaltung, Bordspiele, Quizabende, Tanzmusik
Dresscode	leger bis sportlich-elegant
Preis pro Nacht	ab ca. sFr 160 (inkl. An-/Abreise mit firmeneigenen Bussen)
Info	**Reisebüro Mittelthurgau** Weinfelden, Schweiz Tel. +41 71 626 85 85 www.mittelthurgau.ch

PROFIL

Kabinen/Raumangebot	⚓⚓⚓⚓
Ausflüge/Programm	⚓⚓⚓⚓½
Gastronomie	⚓⚓⚓⚓½
Service	⚓⚓⚓⚓

Typisches Bild: Besuch von neugierigen Dorfbewohnern

Indochine

Trendziel Mekong: Südostasien, vom Wasser aus betrachtet

Zu den angesagten Flüssen Asiens gehört seit Jahren der Mekong. Überreich sind Flora und Fauna an seinen Ufern, vielfältig die Begegnungen mit Mensch und Geschichte in Vietnam und Kambodscha. Eines der vielen im typischen Holzdesign gebauten Passagierschiffe auf diesem Strom ist die Indochine von CroisiEurope. Mit ihrem komfortablen Ambiente versetzt sie ihre maximal 48 Gäste zurück in die Zeiten der französischen Kolonialherrschaft. Mit Blick auf die vorbeigleitenden Ufer spaziert man über die Rundum-Veranda, entspannt sich auf den Sonnendecks – oder zieht sich vor der Hitze in den klimatisierten Salon mit seiner Bar zurück. Die Ausstattung ist hochwertig, die Crew freundlich. Sie serviert europäische und asiatische Spezialitäten (auch vegetarisch), abends am Tisch, morgens und mittags als Buffet. Start der Reise ist in Ho Chi Minh City, dem einstigen Saigon; stromaufwärts geht es in Kambodschas Kapitale Phnom Penh und auf Ausflügen zum Binnensee Tonle Sap sowie zur legendären, vom 9. bis 13. Jahrhundert von Khmer-Königen erbauten Tempelstadt Angkor Wat.

Reiserouten 2017

Von Ho Chi Minh City nach Siem Reap: **10 Nächte, ab € 1.338** ohne Flüge.

DATEN & FAKTEN

Länge	51,00 m	**Crew-Mitglieder**	29
Breite	11,00 m	**Bordspr.**	Deutsch, Frz.
Tiefgang	1,60 m	**Passagierdecks**	3 + SD
Indienststellung	2008	**Restaurants**	1
Passagiere	48	**Bars**	1

Kabinen	24 Außenkabinen mit Fenstern zur umlaufenden Veranda, alle mit Klimaanlage, Safe, Föhn und zwei zusammenstellbaren Betten; Größen: ca. 16 m²
Sport & Wellness	Sonnendeck mit Liegestühlen, umlaufende Aussichtsveranda
Info-/Entertainment	abendliche Tanz- und Folkloreveranstaltungen im Salon, Gala-Dinner mit dem Kapitän
Dresscode	sportlich-leger bis elegant
Preis pro Nacht	ab € 134
Info	**CroisiEurope/Anton Götten Reisen**, Saarbrücken, Tel. (0681) 303 21 35 www.croisieurope.de

PROFIL

Kabinen/Raumangebot	⚓⚓⚓⚓
Ausflüge/Programm	⚓⚓⚓⚓
Gastronomie	⚓⚓⚓⚓
Service	⚓⚓⚓⚓

Pionierfahrt mit Pandaw: Begegnung am oberen Mekong

Laos Pandaw

China, Myanmar, Laos: Flussabenteuer auf dem oberen Mekong

Pandaw Cruises, 1995 von dem Schotten Paul Strachan in Burma gegründet, bleibt seinem Pionier-Image treu: Auch das neueste Schiff, die Laos Pandaw, erkundet Routen, auf die sich zuvor niemand traute. Seit 2016 kreuzt das mit besonders starken Maschinen ausgestattete Schiff auf dem oberen Mekong zwischen Vientiane in Laos und Jinghong in der chinesischen Provinz Yunnan. Unvergessliche Landschaftserlebnisse und Begegnungen sind dabei garantiert. Die Tempelstadt Luang Prabang, die Pak-Ou-Höhlen und das Goldene Dreieck (Myanmar/Laos/Thailand) zählen zu den Highlights der Route. Bei nur 19 Mitreisenden ist die Atmosphäre familiär. Perfekt, wie man es von Pandaw kennt, sind Service und Küche an Bord. Die Kabinen haben weder TV noch Internet, dafür Teak-Interieurs, bequeme Betten und den persönlichen Kimono im Schrank. Einzige Unbekannte dabei: Von Dezember bis März kann es wegen niedriger Wasserstände zu Änderungen im Fahrplan kommen. Zu einer „flexiblen Erwartungshaltung", so die Pandaw-Website, wird deshalb geraten.

Reiserouten 2017

Jan.–April und Sept.–Dez.: von Jinghong/China nach Vientiane/Laos (oder umgekehrt): **14 Nächte, ab € 4.550** ohne An- und Abreise.

DATEN & FAKTEN

Länge	44,50 m	**Crew-Mitglieder**	ca. 10
Breite	8,90 m	**Bordsprache**	Englisch
Tiefgang	1,20 m	**Passagierdecks**	1,5 + SD
Indienststellung	2014	**Restaurants**	1
Passagiere	20	**Bars**	1

Kabinen	10 Außenkabinen mit zu öffnenden Panoramafenstern, ausgestattet mit Safe, Föhn und Klimaanlage; Größe: ca. 17 m²
Sport & Wellness	Sonnendeck
Info-/Entertainment	landeskundliche Vorträge, Kochkurse und kulinarische Themenabende, bordeigene Reiseleitung
Dresscode	kein vorgeschriebener Dresscode
Preis pro Nacht	ab € 325
Info	**Pandaw Cruises**, London www.pandaw.com **Geoplan Reisen** Berlin, Tel. (030) 346 49 81-0 www.geoplan-reisen.de

PROFIL

Kabinen/Raumangebot
Ausflüge/Programm
Gastronomie
Service

aktuell noch nicht bewertet

Abends auf dem großen Strom

FOTO: J. Lemcke

Mahabaahu

Kultur & Natur: spektakuläre Fahrt auf dem Brahmaputra in Indien

Als einziges Schiff auf gehobenem Level bietet die Mahabaahu eine Fahrt auf dem Brahmaputra im indischen Bundesstaat Assam. Die Route durch den abgelegenen Nordosten des Riesenreichs steckt voller Höhepunkte. Nashornsafaris (im berühmten Kaziranga-Nationalpark) und Elefantenausritte werden ebenso geboten wie Ausflüge zu hinduistischen Tempeln, Palästen alter Herrscherdynastien, Teeplantagen und Dörfern kleiner Volksstämme. Das 2011 gebaute Schiff, das dem Touristikunternehmen Far Horizon und dem indischen Staat gehört, bietet maximal 46 Gästen den perfekten Rahmen, um das Programm entspannt genießen zu können. Die mit indischen Seidenstoffen und allen Annehmlichkeiten ausgestatteten Kabinen sind komfortable Rückzugsorte. Die öffentlichen Bereiche zeigen sich stilvoll und großzügig gestaltet. Hervorzuheben sind die gute, abwechslungsreiche Gastronomie, die auch europäische Gaumen anspricht, und der sympathische Rundum-sorglos-Service, der die Reise zum Wohlfühlerlebnis werden lässt.

Reiserouten 2017

Von Oktober bis Mai zwischen Jorhat und Guwahati auf dem Brahmaputra in Assam/Indien. **8 Nächte, ab € 2.240** ohne An- und Abreise.

DATEN & FAKTEN

Länge	55,00 m	**Crew-Mitglieder**	35
Breite	10,00 m	**Bordsprache**	Englisch
Tiefgang	1,65 m	**Passagierdecks**	4 + SD
Indienststellung	2011	**Restaurants**	1
Passagiere	46	**Bars**	1

Kabinen	23 Außenkabinen, davon 2 Suiten mit Balkon, 9 Superior-Kabinen mit Balkon, 12 Superior-Kabinen ohne Balkon, alle mit Bad, Minibar, Safe, Klimaanlage, Turndown-Service; Größen: 14–26 m²
Sport & Wellness	Pool auf dem teilüberdachten Sonnendeck, Spa-Bereich mit Sauna, Jacuzzi, Massage, Yoga
Info-/Entertainment	Lektorenvorträge, Kochkurs, traditioneller Abend, Tanzvorführungen, Bibliothek, Spiele
Dresscode	sportlich-leger
Preis pro Nacht	ab € 320 inkl. Ausflügen
Info	**Daktari Travel** Köln, Tel. (0221) 971 20 79 www.daktaritravel.de

PROFIL

Kabinen/Raumangebot	⚓⚓⚓⚓
Ausflüge/Programm	⚓⚓⚓⚓⚓
Gastronomie	⚓⚓⚓⚓
Service	⚓⚓⚓⚓½

Auch 2017 wieder mit Hunden an Bord

FOTO: M. Tragbar

Normandie

Ein außergewöhnliches Schiff: gefragt bei Radlern und Vierbeinern

Flexibilität ist die große Stärke der robusten Normandie. Ob als komfortabler „Raddampfer" für SE-Tours auf der Donau oder als „Hundekreuzer" für 1AVista Reisen – das Schiff ist in beiden Einsatzfeldern eine gute Wahl. Dank seiner schlanken Abmessungen kann es interessante Routen fahren: Die Gewässer der Niederlande, unter deren Flagge es fährt, erkundet es gern intensiv. Der gepflegte Zweidecker bietet gut ausgestattete Kabinen (u. a. TV, Safe und Föhn), dazu gesellen sich moderne Bäder. Das Bordambiente ist ungezwungen und sehr familiär. Französische Balkone sind nicht vorhanden. Dafür laden Lounge und teilüberdachtes Sonnendeck zum entspannten Verweilen ein. Eine Besonderheit: Es gibt Treppenlifte zum Restaurant und zum Sonnendeck. Sehr freundlich ist die kommunikative, junge Crew – es ist ein Schiff mit Herz. Die gute Verpflegung gehört bei den Reisen mit 1AVista zum bewährten All-inclusive-Paket. Übrigens schicken die Kölner 2017 mit der **Poseidon** ein zweites Schiff auf Hundekurs!

Reiserouten 2017

1AVista-Reise mit Hund im April auf dem Rhein nach Holland. **10 Nächte, ab € 1.633**. Main und Donau (von Frankfurt nach Passau) mit SE-Tours: **6 Nächte, ab € 699**

DATEN & FAKTEN

Länge	91,20 m	**Passagiere**	max. 100
Breite	10,00 m	**Crew-Mitglieder**	20
Tiefgang	1,60 m	**Bordsprache**	Deutsch
Indienststellung	1989	**Passagierdecks**	2 + SD
letzte Renovierung	2011	**Bars/Restaurants**	1/1

Kabinen	49 Zweibettkabinen (10–11 m²) und 2 Einzelkabinen (7 m²), feststehende Fenster, auf dem Oberdeck zu öffnen
Sport & Wellness	Sonnendeck, teilweise überdacht, diverse Fitnessgeräte, Treppenlifte
Info-/Entertainment	Quizveranstaltungen, Musik u. Ä. (abhängig vom Veranstalter)
Dresscode	sportlich-leger
Preis pro Nacht	€ 110 bis € 250; Durchschnitt € 190
Info	**SE-Tours**, Bremerhaven Tel. (0471) 483 88-0 www.se-tours.de **1AVista Reisen**, Köln Tel. (0221) 99 80 08 00 www.1avista.de

PROFIL

Kabinen/Raumangebot	⚓⚓⚓⚓
Ausflüge/Programm	abhängig vom Einsatz
Gastronomie	⚓⚓⚓½
Service	⚓⚓⚓½

Baugleich: das Schwesterschiff President No. 7

President No. 8

Dezenter Prunk, opulente Kabinen: ein Jumbo auf Chinas großem Strom

Neuer Partner auf dem Yangzi: Nach der **Century Paragon** von Century Cruises hat nicko cruises nun das jüngste Schiff des Konkurrenten President Cruises im Programm. Das Routenpaket mit fünf Tagen Kreuzfahrt plus Vor- und Nachprogrammen in Shanghai, Peking und Xi'an bleibt aber das bewährte. Und wie die Paragon ist die President ein Schiff, wie man es auf europäischen Flüssen nicht findet. Denn auf dem Yangzi ist nicht nur alles größer – bis zu 460 Passagiere fahren mit –, es ist auch deutlich glamouröser. Die riesige Lobby empfängt mit goldglitzernden Treppen, im Schiffsbauch ist Platz für einen Pool, diverse Shops und ein Spa. Die Kabinen, alle mit Balkon ausgestattet, bieten Luxus wie auf einem Hochseekreuzer. Sie sind gut 25 Quadratmeter groß und verfügen über zwei getrennte King-Size-Betten, TV, Safe und – im feuchtheißen Südchina eine Wohltat – eine Klimaanlage. Gespeist wird im über zwei Decks reichenden Panoramarestaurant, auf den Tisch kommen asiatische ebenso wie internationale Spezialitäten. Und gülden glänzen auch hier die Leuchter, die Teppiche, die Tische ...

Reiserouten 2017

China-Rundreise mit Vor-/Nachprogrammen in Shanghai, Peking und Xi'an; davon 5 Tage Kreuzfahrt: **14 N., ab € 1.999 inkl. Flügen**

DATEN & FAKTEN

Länge	147,00 m	**Crew-Mitglieder**	185
Breite	20,00 m	**Bordsprache**	Englisch, Mandarin
Tiefgang	2,80 m		
Indienststellung	2013	**Passagierdecks**	6 + SD
Passagiere	460	**Restaurants/Bars**	1/2

Kabinen	230 Außenkabinen mit Balkon, mit Klimaanlage, Sat-TV, Safe und Telefon; Größe: ca. 25,5 m²
Sport & Wellness	großer Innenpool, Wellnessbereich, Massagen, Sonnendeck, Bordarzt, 2 Aufzüge
Info-/Entertainment	Kurse (Tai-Chi, chinesische Heilkunst, Kalligrafie u. Ä.), Bibliothek, Brettspiele, Folklore, deustchspr. Reiseleitung
Dresscode	sportlich-leger bis elegant
Preis pro Nacht	ab ca. € 140 inkl. Flügen
Info	**nicko cruises** Stuttgart Tel. (0711) 24 89 80-44 www.nicko-cruises.de

PROFIL

Kabinen/Raumangebot
Ausflüge/Programm
Gastronomie
Service

aktuell noch nicht bewertet

Alte Bekannte im neuen Glanz

Primadonna

Donauwalzer auf zwei Rümpfen: per Katamaran nach Budapest und Wien

Ungewöhnlich ist einiges an diesem Schiff – seinen Namen trägt es also zu Recht. Angefangen mit der Bauweise: Die Primadonna ist ein Katamaran, kreuzt also auf zwei Rümpfen. Vorn zwischen diesen verbirgt sich unten das „Primatheatro", ein Ort der Begegnung und Zerstreuung – und darüber, hinter der neun Meter hohen Glaswand am Bug, die „Donauarena" für die freie Sicht voraus. *In* den Fluss schaut man gleich beim Einchecken: Der Boden vor dem Counter ist aus Glas. Großzügig werden Wellness-Bedürfnisse bedient, mit einem Whirlpool auf dem Sonnendeck und einem weiteren im Wellnessbereich unter Deck, wo es auch ein Kneippbecken und eine Sauna gibt. Alle Kabinen sind Außenkabinen mit viel Stauraum, unten mit nicht zu öffnenden Bullaugen, auf Ober- und Promenadendeck mit einem Balkon, der sogar Platz für eine Sitzbank bietet. Der Rad- und Schiff-Spezialist SE-Tours darf stolz sein, die Schönheit für sieben Reisen 2017 unter Vertrag zu haben. Sie führen auf der klassischen Donau-Route von Passau nach Budapest und retour.

Reiserouten 2017

7 Termine von Mai bis September. ab/bis Passau nach Melk, Wien, Budapest, Bratislava, Linz. **7 Nächte, ab € 599**

DATEN & FAKTEN

Länge	113,50 m	**Passagiere**	160
Breite	17,40 m	**Crew-Mitglieder**	47
Tiefgang	1,70 m	**Bordsprache**	Deutsch
Indienststellung	1998	**Passagierdecks**	3 + SD
letzte Renovierung	2015	**Restaurants/Bars**	1/2

Kabinen	78 Außenkabinen mit Klimaanlage, SAT-TV, Telefon und Minibar; Größen: 10–16,5 m²
Sport & Wellness	Sonnendeck mit kl. Whirlpool, Wellnessbereich mit gr. Indoor-Whirlpool, Kneippbecken, Sauna und Massage; Lift
Info-/Entertainment	Bordmusik, Themenabende im Bordtheater „Primatheatro"
Dresscode	leger, elegant zum Galaabend
Preis pro Nacht	€ 86 bis € 161; Durchschnitt € 148
Info	**SE-Tours**, Bremerhaven Tel. (0471) 483 88-0 www.se-tours.de **Donau Touristik**, Linz www.donaureisen.at

PROFIL

Kabinen/Raumangebot	4 von 5 Ankern
Ausflüge/Programm	3,5 von 5 Ankern
Gastronomie	aktuell noch nicht bewertet
Service	aktuell noch nicht bewertet

Auf der Elbe bei Torgau

Sans Souci

Der Eigner ist der Kapitän! Auf Elbe, Havel und Oder ist er zu Hause

Liebevoll kümmert sich Peter Grunewald um sein sommerliches Zuhause – die Sans Souci. Den Großteil der Saison steuert er das Flussschiff mit dem nachtblauen Rumpf auf den Wasserwegen im Osten Deutschlands höchstpersönlich und präsentiert seinen Passagieren die Schönheiten seiner Heimat. Im Winter investiert er regelmäßig in sein Schiff, etwa in moderne Wassertechnik, was sich in den Bädern positiv bemerkbar macht. Die Kabinen sind klein, aber gemütlich. Auf dem Oberdeck erstreckt sich eine Fensterfront über die gesamte Breite. Die Betten werden aus der Wand gezaubert, während die Passagiere beim rustikalen Abendessen sitzen. Das zierliche Schiff passt nicht nur unter niedrigen Brücken hindurch und in alle wichtigen Schleusen, es ist auch seetauglich. Und so fährt Grunewald auch mal bis ins Stettiner Haff oder ins Ijsselmeer. Langweilig wird sein Routenplan dank neuer Touren jedenfalls nie. 2017 stehen als Höhepunkte die Kieler Woche und die Cruise Days in Hamburg auf dem Programm.

Reiserouten 2017

Eine neue Route wird im Juli erkundet: von Bremen nach Amsterdam, **8 Nächte, ab € 1.289**. Von Berlin über Hiddensee nach Stralsund geht es ab 14.10.: **7 Nächte, ab € 1.489**

DATEN & FAKTEN

Länge	82,00 m	**Passagiere**	max. 81
Breite	9,50 m	**Crew-Mitglieder**	25
Tiefgang	1,60 m	**Bordsprache**	Deutsch
Indienststellung	2000	**Passagierdecks**	2 + SD
Renovierung	2014	**Restaurants/Bars**	1/1

Kabinen	41 Außenkabinen mit nicht zu öffnenden Panoramafenstern; Größe: ca. 13 m²
Sport & Wellness	Sonnendeck, Sauna (gegen Gebühr), Beautysalon, Fitnessgeräte
Info-/Entertainment	Bibliothek, TV mit Videoempfang, Tanzmusik
Dresscode	leger bis sportlich-elegant
Preis pro Nacht	€ 161 bis € 242; Durchschnitt ca. € 206
Info	**Plantours Kreuzfahrten**, Bremen Tel. (0421) 173 69-0 www.plantours-partner.de **Dertour**, Frankfurt, Tel. (069) 95 88-59 28, www.dertour.de

PROFIL

Kabinen/Raumangebot	⚓⚓⚓
Ausflüge/Programm	⚓⚓⚓½
Gastronomie	⚓⚓⚓⚓
Service	⚓⚓⚓⚓

Seit anderthalb Jahrzehnten im Dienst – und perfekt gepflegt

FOTO: M. Tragbar

Swiss Crown

Bei Indienststellung war sie eine Vorreiterin in der Premiumklasse

Nach über 15 Jahren im Dienst und ständigen Renovierungen präsentiert sich das schnittige Schiff bis heute in einem hervorragenden Pflegezustand. Gäste loben das unaufdringliche, luxuriöse Interieur und die dazugehörige sportlich-elegante Bordatmosphäre. Alle Passagierunterkünfte sind umfassend ausgestattet, u. a. mit Flat-Screen-TV, Radio, Minibar, Safe, Föhn und Klimaanlage. Ein Highlight sind die Kabinen auf dem oberen Deck: Sie verfügen zum größten Teil über echte Balkone. Panoramasalon und Restaurant (mit Skylight) haben große Fensterflächen und gefallen mit einer durchdachten Raumaufteilung. Zusätzlich gibt es eine maritim möblierte Bibliothek – der perfekte Rückzugsort für Leseratten. Wellnessfans können sich über Sauna, Dampfbad und Solarium freuen. Auf dem ansprechenden, teilüberdachten Sonnendeck ist ein Whirlpool vorhanden; daneben besteht die Möglichkeit, eine Partie Tischtennis zu spielen. Küche und Service liegen auf 4-Sterne-Niveau.

Reiserouten 2017

Z. B. Höhepunkte am Main-Donau-Kanal von Passau nach Köln: **9 Nächte, ab € 899**, Niederlande und Belgien ab/bis Köln: **9 Nächte, ab € 899**

DATEN & FAKTEN

Länge	110,00 m	**Passagiere**	max. 156
Breite	11,40 m	**Crew-Mitglieder**	36
Tiefgang	1,50 m	**Bordsprache**	Deutsch
Indienststellung	2000	**Passagierdecks**	2,5 + SD
Renovierung	regelmäßig	**Restaurants/Bars**	1/1

Kabinen	76 Außenkabinen, davon 29 mit Balkon (13–14 m²), 1 Minisuite (16 m²)
Sport & Wellness	Sauna, Dampfbad, Solarium, Sonnendeck mit Whirlpool und Tischtennisplatte
Info-/Entertainment	Livemusik in der Lounge und Bar, Folklore je nach Reiseroute, Bibliothek, Brett- und Kartenspiele
Dresscode	leger, zum Kapitänsabend elegant
Preis pro Nacht	€ 99 bis € 236; Durchschnitt ca. € 191
Info	**Phoenix Reisen** Bonn, Tel. (0228) 92 60-0 www.phoenixreisen.com

PROFIL

Kabinen/Raumangebot	⚓ ⚓ ⚓ ⚓
Ausflüge/Programm	⚓ ⚓ ⚓ ⚓
Gastronomie	⚓ ⚓ ⚓ ⚓
Service	⚓ ⚓ ⚓ ⚓

Viel Licht in Restaurant und Lounge

Thurgau Silence

Der neue Name spricht für sich: Die Bellevue ist 2017 bei Thurgau Travel

Der neue Name des bewährten Twin-Cruisers stellt eine der großen Stärken des Schiffs in den Mittelpunkt: Aufgrund der Trennung der Antriebseinheit von den Kabinen ist es besonders ruhig und ohne Vibrationen unterwegs. Eine weitere Stärke der Thurgau Silence ist der dank großer Panoramafenster eindrucksvolle Blick auf die Flussufer aus Lounge und Restaurant. Die meisten Kabinen haben einen französischen Balkon. Bis zur (Um-)Tauffahrt werden die meisten der durchschnittlich großen Kabinen modernisiert und mit Doppelbetten ausgestattet. Die schon bei Transocean und (zuletzt) Phoenix Reisen bewährten Bordeinrichtungen wie ein Wiener Café, eine Bibliothek, ein kleiner Fitnessraum und eine Sauna mit Flussblick bleiben erhalten. Das weitläufige Sonnendeck ist bei schönem Wetter Treffpunkt für viele Gäste, denn dort erwarten sie nicht nur Liegen, sondern auch ein beheizter Whirlpool und ein Shuffleboard. Auch künftig will man mit erstklassigem Service und schmackhafter Küche in angenehmer Atmosphäre punkten.

Reiserouten 2017

Z. B. Rhein ab/bis Basel: **4 Nächte, ab € 266, 8 Nächte, ab € 450**. Donau ab/bis Passau: **7 Nächte, ab € 909, 14 Nächte, ab € 1.827**

DATEN & FAKTEN

Länge	135,00 m	**Crew-Mitglieder**	44
Breite	11,40 m	**Bordsprache**	Deutsch
Tiefgang	1,35 m	**Passagierdecks**	2,5 + SD
Indienststellung	2006	**Restaurants**	1
Passagiere	max. 194	**Bars**	2

Kabinen	97 Außenkabinen mit Safe, TV, Klimaanlage, davon 92 mit französischem Balkon; Größe: ca. 12 m²
Sport & Wellness	Sonnendeck mit Whirlpool, Fitnessraum, Frühsport an Deck, Shuffleboard, Sauna
Info-/Entertainment	Livemusik, Crew-Show, Leseecke, Boutique
Dresscode	sportlich-leger, festlich zum Kapitänsempfang
Preis pro Nacht	ca. € 66 bis € 180
Info	**Thurgau Travel** Weinfelden, Schweiz Tel. +41 71 626 55 00 www.thurgautravel.ch

PROFIL

Kabinen/Raumangebot	⚓⚓⚓½
Ausflüge/Programm	⚓⚓⚓⚓
Gastronomie	⚓⚓⚓½
Service	⚓⚓⚓½

Der Twin-Cruiser von 1AVista

Vista Flamenco

Neu bei 1AVista: Komfortgewinn durch Twin-Cruiser-Technologie

Modernen Hotelkomfort für fast 200 Gäste bietet die Vista Flamenco auf unterschiedlich langen Donaureisen. Das preisgekrönte Twin-Cruiser-Konzept (Antriebseinheit getrennt vom Hoteltrakt) sorgt für ein besonders leises Fahrvergnügen. Und noch einen Vorzug hat die 135 Meter lange Riesin: Bis auf zwei Hauptdeckkabinen haben alle Passagierunterkünfte französische Balkone. Die Kabinen und öffentlichen Räume sind hell und modern ausgestattet. Die 43 Köpfe zählende Crew kümmert sich vorbildlich um das Schiff und seine Gäste: Die Servicequalität ist tadellos. Zu den Bordeinrichtungen gehören neben dem Panoramarestaurant im Bug nebst Bar auch ein Saunabereich mit zwei Heimtrainern. Ein Pluspunkt bei 1AVista: Auch auf diesem Schiff gilt das All-inclusive-Verpflegungskonzept der Kölner. Programmhöhepunkte des Jahres 2017 dürften die Reisen „Donau in Flammen“ (Feuerwerk bei Engelhartszell, Juni/August) und „Großes Feuerwerk zum ungarischen Nationalfeiertag“ (August) werden.

Reiserouten 2017

Z. B. „Donau total“ ab/bis Passau: **14 Nächte, ab € 1.899**; „Donau Spezial“ von Passau nach Tulcea (od. umgekehrt): **8 Nächte, ab € 1.549** inkl. Rückflug und 1 Übernachtung in Bukarest.

DATEN & FAKTEN

Länge	135,00 m	**Passagiere**	max. 196
Breite	11,40 m	**Crew-Mitglieder**	43
Tiefgang	1,60 m	**Bordsprache**	Deutsch
Indienststellung	2005	**Passagierdecks**	2,5 + SD
Renovierungen	fortlaufend	**Restaurants/Bars**	1/1

Kabinen	96 Kabinen auf Ober- und Mitteldeck mit frz. Balkonen, 2 Hauptdeckkabinen mit Bullaugen (3. oder 4. Person möglich); Größe: ca. 13 m²
Sport & Wellness	Sonnendeck, Saunabereich mit zwei Heimtrainern, Fahrradverleih an Bord
Info-/Entertainment	Themenabende mit Livemusik, Vorträge, Quizveranstaltungen
Dresscode	leger bis sportlich-elegant
Preis pro Nacht	€ 135 bis € 272; Durchschnitt ca. € 210
Info	**1AVista Reisen** Köln, Tel. (0221) 99 80 08 00 www.1avista.de

PROFIL

Kabinen/Raumangebot	⚓⚓⚓
Ausflüge/Programm	⚓⚓⚓½
Gastronomie	⚓⚓⚓⚓
Service	⚓⚓⚓⚓

Flussreisen – nur für Ältere? Mit „Schiff & Rad"-Angeboten versucht man, dem zu begegnen

Altbekanntes, neu Entdecktes

Donau, Douro, Wolga, Seine ... Rund 20 Gewässer kann man in Europa von der Reling aus entdecken. Ein Überblick der schönsten Reviere

Lange galten die Deutschen als „Flussreisen-Weltmeister", doch 2015 zogen die Amerikaner mit ihnen gleich. Rund ein Drittel der Gäste auf europäischen Flussschiffen kamen dem Branchenverband IG RiverCruise zufolge 2015 aus den USA oder Kanada – das zweite Drittel stellten die Deutschen und das dritte Drittel alle anderen Nationalitäten. Der Zuwachs bei den nordamerikanischen Passagieren spiegelt sich in reger Neubautätigkeit: US-Firmen wie Viking River Cruises, Avalon, Tauck oder AmaWaterways haben in den letzten Jahren neue Flussschiffe in Serie gebaut. Viking etwa taufte 2014 in Amsterdam gleich sechs neue „Longboats" auf einen Schlag.

Was aber auch zeigt: Die Anziehungskraft der Flüsse auf dem alten Kontinent ist so groß wie nie. Vor allem die Donau und der Rhein sind und bleiben populär. Die Beschreibung der wichtigsten Highlights an ihren Ufern, an

Von Portugal bis Russland: europäische Flussdestinationen im Überblick

der Donau bis hinunter ans Schwarze Meer, am Rhein bis nach Holland und Flandern, bildet deshalb den Auftakt der Revierbeschreibungen auf den nächsten Seiten. Ihnen folgt die Elbe, von der aus man auch auf die Oder und bis zu den Inseln der Ostsee kreuzen kann – und nach Süden auf die Moldau bis Prag.

Aber längst sind die Fans der Flussschiffe neugierig geworden auf Entdeckungen auch anderswo. In Frankreich etwa, wo Rhône und Seine mittlerweile Klassiker sind, erweitert um Neuentdeckungen wie das Mündungsdelta der Gironde oder sogar die Loire. Dank einer Wiederbelebung der uralten Schaufelradtechnik ist auch der besonders schwer zu navigierende „Fluss der Könige" jetzt auf einem Kabinenschiff zu erleben (S. 289). Etabliert haben sich auch der Douro im Norden Portugals und der Guadalquivir in Südspanien. Und mag die politische Lage das Interesse an Russland und der Ukraine vorübergehend gedämpft haben: Die Nachfrage, so heißt es, zieht wieder an, und deshalb sind auch Wolga und Newa, Don und Dnjepr weiterhin in diesem Jahrbuch vertreten. Allen Beschreibungen beigestellt sind wie immer Listen der bei deutschsprachigen Anbietern zu buchenden Schiffe. Leinen los – und bon voyage!

Neu entdeckt: die Loire in Frankreich

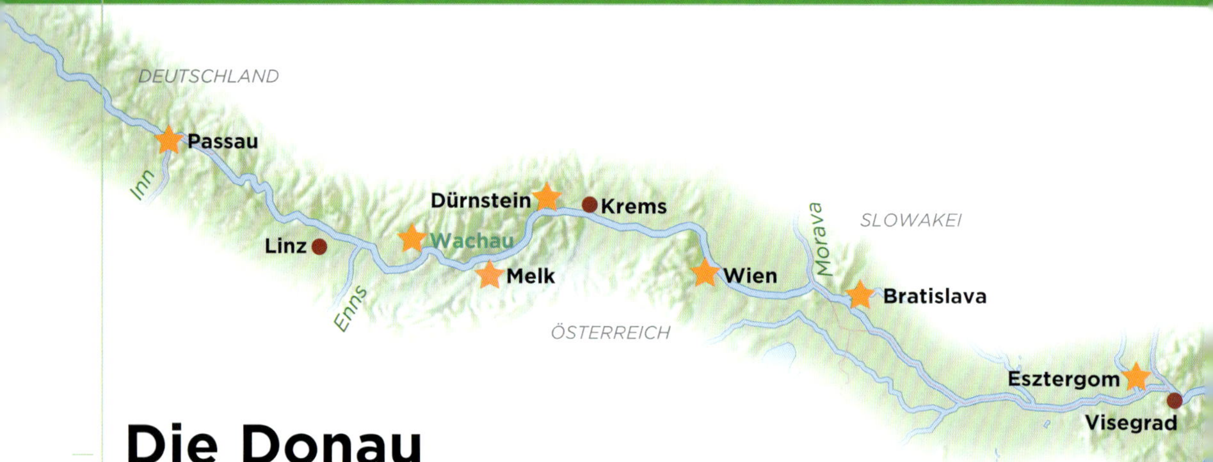

Die Donau

Kein Fluss hat so viele Anrainer: Auf der Reise von Passau bis ans Schwarze Meer durchquert man auf der Donau zehn Länder

Nach der Wolga ist die Donau mit 2.888 Kilometern Europas zweitlängster Strom – und das populärste Flussreisenrevier des Kontinents. Über 120 Passagierschiffe verkehren auf ihr, meist mit Passau als Ausgangspunkt; wegen der guten Fluganbindung ist auch Wien als Starthafen beliebt. Die meisten Schiffe bieten das Donauerlebnis in zwei Versionen an: Der Klassiker ist die (meist einwöchige) Fahrt von Passau nach Budapest und zurück. Die zeitaufwendigere Alternative ist die Fahrt bis ans Schwarze Meer und zurück; sie wird auch als „One-way-Route" angeboten, mit Rückflug ab Bulgarien oder Rumänien. Übrigens werden bei der Donau die Stromkilometer von der Mündung zur Quelle gezählt, von „Null" im Delta bis zu Kilometer 2.888 bei der Breg-Quelle im Schwarzwald. Die Saison für Donaureisen ist von Mai bis Oktober; beliebt sind aber auch Advents- und Weihnachtsreisen.

★ Höhepunkte an der Donau

Passau, die „Dreiflüssestadt" an Donau, Inn und Ilz, hat eine gut erhaltene Altstadt, überragt vom Dom St. Stephan, in dem Europas größte Orgel zu bewundern ist. Neben dem Anleger im Zentrum in **Lindau** (4 km entfernt), ein neuer Anleger gebaut. Die A-ROSA-Schiffe starten neuerdings im nahen **Engelhartszell** in Österreich.

Zwischen **Linz** und Wien mäandert der Strom durch die Weinanbaugebiete der **Wachau.** Dieser landschaftlich besonders schöne Abschnitt beginnt kurz hinter **Melk,** wo eine Stiftskirche aus dem 11. Jahrhundert steht, das Wahrzeichen der Wachau. Malerisch ist auch das Weinstädtchen **Dürnstein.**

In **Wien** hält man am Anleger Nußdorf oder am zentraleren Handelskai. Von dort aus lässt sich die Stadt gut auf eigene Faust erkunden. Top-Sehenswürdigkeiten sind Hofburg (u. a. mit der Spanischen Hofreitschule), Stephansdom und Schloss Schönbrunn. Wenn das Schiff über Nacht bleibt, gibt es meist einen Abendausflug zum Heurigen nach Grinzing.

Der Dom von Linz

Novi Sad in Serbien

Bratislava, die Hauptstadt der Slowakei, ist für viele eine Überraschung: Die kompakte Altstadt des ehemaligen Pressburg ist bestens restauriert und überaus lebendig. Beliebte Treffpunkte sind der Hauptplatz und die abzweigenden Gassen mit ihren Bars und Cafés. Vom Anleger geht man, vorbei am imposanten Opernhaus, bequem zu Fuß in die Altstadt.

Höhepunkte in Ungarn sind die nachts angestrahlte Basilika von **Esztergom,** das Donauknie bei **Visegrád** und natürlich **Budapest,** das eine der am schönsten gelegenen Städte Europas ist. In der Altstadt Buda am bergigen Westufer der Donau stehen die Matthiaskirche und das Habsburger Schloss. Nebenan am Gellértberg lohnt sich ein Besuch des nostalgischen Gellért-Bads. Auf der Pester Seite befinden sich das berühmte Parlamentsgebäude und viele Prachtbauten aus der Zeit der Donaumonarchie. Hier legen die Schiffe an; in die Fußgängerzone Váci utca sind es von dort nur Minuten. Stadtrundfahrten sind zu empfehlen, zumal Buda sehr hügelig ist.

Die südungarische Puszta erlebt man zwischen der barocken Bischofsstadt **Kalocsa** und **Mohács:** Rinderherden, akrobatisch gerittene Pferde, Paprikafelder – und die endlose Weite der Pannonischen Tiefebene.

„La Puszta Horse-Show" in Ungarn

Weiter stromabwärts besucht man das heute serbische **Novi Sad,** die Hauptstadt der Vojvodina. Sie erzählt von der wechselvollen Zeit der Türkenkriege, die in Architektur, Küche und Folklore zahlreiche Spuren hinterließ. In **Belgrad,** der lebhaften Metropole Serbiens, steht aber auch die zweitgrößte Basilika der orthodoxen Christenheit, St. Sava. Die 2.000-jährige Geschichte der heute 1,7 Millionen Einwohner zählenden Stadt kann man in der Festungsanlage Kalemegdan am Zusammenfluss von Save und Donau nacherleben.

Der landschaftliche Höhepunkt der unteren Donau ist die Kataraktenstrecke des **Eisernen Tors:** Über 100 Kilometer zwängt sich der Strom durch die bewaldeten Karpaten. An der engsten Stelle, dem „unteren Kazan", ist er nur 145 Meter breit – bei 90 Meter Wassertiefe. Bis zur Vollendung des Djerdap-Staudamms 1967 war das Eiserne Tor eine gefährliche Passage, die nur ortskundige Lotsen meistern konnten.

Heute ist die sechs Stunden dauernde Fahrt ein Naturerlebnis mit Fotomotiven wie dem **Kloster Mracuna** an der engsten Flussstelle und dem Felsenkopf des letzten Drakerkönigs aus spätrömischer Zeit.

Auf den unteren 940 Kilometern zieht der (bisher nicht regulierte) Strom gemächlich durch die walachische Ebene zum Delta. Malerisch sind die Ausblicke auf Sandbänke, grüne Ufer und kleine Dörfer. Man besucht das bulgarische **Vidin,** macht Ausflüge von **Rousse** ins mittelalterliche **Veliko Tarnovo** oder zum Schwarzmeerhafen **Constanta.** Reisehöhepunkt ist das **Delta** mit seinen stillen Wasserläufen und Seen, die man von **Tulcea** aus mit kleinen Booten erkundet. Der **Flusskilometer Null** am alten Leuchtturm von **Sulina** bildet meist den Abschluss der Reise. Bei One-way-Routen erfolgt der Rückflug in der Regel ab **Bukarest**, der Hauptstadt Rumäniens. Wer dort noch Zeit für Besichtigungen hat, erlebt eine Metropole, in der sich westeuropäische, osmanische und sozialistische Einflüsse bunt mischen. ►

Das Zentrum von Bratislava (links) und die Fischerbastei von Budapest (rechts)

Schiffe auf der Donau 2017

- Amadeus Brilliant (152 Gäste, Premium)
- Amadeus Classic (146 Gäste, Premium)
- Amadeus Elegant (152 Gäste, Premium)
- Amadeus Princess (160 Gäste, Premium)
- Amadeus Rhapsody (142 Gäste, Premium)
- Amadeus Royal (142 Gäste, Premium)
- ⚓ Amadeus Silver (168 Gäste, Premium)
- ⚓ Amadeus Silver II (168 Gäste, Premium)
- ⚓ Amadeus Silver III (168 Gäste, Premium)
- ⚓ Amadeus Symphony (146 Gäste, Premium)
- Amelia (220 Gäste, Premium)
- ⚓ Anesha (180 Gäste, Premium)
- Antonio Bellucci (140 Gäste, Premium)
- Ariana (158 Gäste, Premium)
- A-ROSA Bella (242 Gäste, Premium)
- A-ROSA Donna (242 Gäste, Premium)
- A-ROSA Mia (242 Gäste, Premium)
- A-ROSA Riva (242 Gäste, Premium)
- ⚓ A-ROSA Silva (186 Gäste, Premium)
- Asara (148 Gäste, Premium)
- Aurelia (158 Gäste, Premium)
- Beethoven (180 Gäste, Standard)
- Bellissima (134 Gäste, Standard)
- Belvedere (176 Gäste, Premium)
- Bolero (180 Gäste, Premium)
- Claude Monet (156 Gäste, Standard)
- ⚓ Crystal Mozart (154 Gäste, Premium)
- DCS Amethyst (178 Gäste, Standard)
- Dniepr Princess (260 Gäste, Standard)
- Edelweiss (180 Gäste, Premium)
- ⚓ Elegant Lady (128 Gäste, Standard)
- Excellence Melodia (178 Gäste, Premium)
- ⚓ Excellence Princess (186 Gäste, Premium)
- Heidelberg (110 Gäste, Premium)
- L'Europe (160 Gäste, Standard)
- Maxima (180 Gäste, Premium)
- Modigliani (180 Gäste, Standard)
- Nestroy (230 Gäste, Standard)
- ⚓ Primadonna (160 Gäste, Premium)
- Prinzessin Isabella (140 Gäste, Standard)
- Prinzessin Katharina (144 Gäste, Standard)
- Prinzessin Sisi (156 Gäste, Standard)
- Rousse Prestige (180 Gäste, Standard)
- Select Explorer (170 Gäste, Premium)
- Sofia (206 Gäste, Standard)
- ⚓ Swiss Crown (156 Gäste, Standard)
- Swiss Jewel (152 Gäste, Standard)
- ⚓ Thurgau Silence (194 Gäste, Standard)
- Thurgau Ultra (113 Gäste, Premium)
- Victor Hugo (180 Gäste, Standard)
- Viktoria (180 Gäste, Premium)
- Vista Fidelio (148 Gäste, Standard)
- ⚓ Vista Flamenco (196 Gäste, Standard)
- Vista Rousse (201 Gäste, Standard)
- Vivaldi (180 Gäste, Standard)
- WT Sonata (186 Gäste, Standard)

Der **Main-Donau-Kanal** verbindet die Donau mit dem Rhein: eine Route, entlang derer man Nürnberg, Bamberg oder Würzburg besucht – oder sogar quer durch Europa reisen kann, von Amsterdam bis ans Schwarze Meer. In fast voller Länge bieten dies auch 2017 wieder die **Amadeus-**Schiffe von Lüftner Cruises an. Auf dem Main und dem Kanal fahren 2017 u. a. die **A-ROSA Silva** von A-ROSA, die **Switzerland** und die **Anesha** von Phoenix Reisen, die **Elegant Lady** von Plantours, die **Thurgau Silence** von Thurgau Travel und die **Excellence Princess** vom Reisebüro Mittelthurgau.

Der Rhein

Der längste deutsche Fluss ist beliebt wie eh und je

Bernkastel an der Mosel

Mit 1.320 Kilometern Länge ist der Rhein der größte deutsche Strom – und zugleich der verkehrsreichste Europas. Städte wie Basel, Strasbourg, Mainz und Köln säumen die Ufer, und an den Hängen gedeiht der Wein, den die Römer hier einst heimisch machten. Im Herbst, zur Zeit der Weinfeste, wird er gefeiert: „German Gemütlichkeit", wie sie bei Rhein-Touristen aus aller Welt schon immer hoch im Kurs stand – und offenbar auch vom deutschen Publikum wiederentdeckt wurde: Mit neuen Schiffen haben die Veranstalter ihre Rhein-Angebote in den letzten Jahren kräftig erweitert. Und bei den Nebenflüssen wird, neben **Main** und **Mosel**, auch der **Neckar** auf neuen Routen erkundet.

★ Höhepunkte am Rhein

Als **Starthäfen** für Rheinreisen sind Köln, Düsseldorf oder auch Frankfurt ideal. Alle drei sind mit der Bahn bequem zu erreichen, und die Anleger befinden sich in Zentrumsnähe, so dass man Erkundungen auf eigene Faust unternehmen kann. In **Düsseldorf** spaziert man durch die Altstadt (die „längste Theke der Welt"), in **Frankfurt** besucht man Römer, Paulskirche, Goethehaus – und in **Köln** den Dom, das Römisch-Germanische und das Wallraff-Richartz-Museum. Oder das Museum Ludwig, wenn man Pop-Art liebt. Rheinaufwärts folgt **Koblenz** am „Deutschen Eck", das 2011 Heimat der Bundesgartenschau war. Ab hier biegt man zur **Mosel** ab, mit berühmten Winzerorten wie **Traben-Trarbach** und **Bernkastel** sowie der Römerstadt **Trier**. Oder man kreuzt durch das malerische **Mittelrheintal** mit seinen Burgen und Schlössern, mit **Rüdesheim** und seiner „Drosselgasse" – und mit dem legendären **Loreley-Felsen** bei St. Goarshausen. Ab **Mainz,** der Wein- und Karnevalsmetropole, werden die Ufer flacher. Bei Mannheim geht es den **Neckar** hinauf nach Heidelberg, sehenswert sind auch **Speyer** und **Worms** mit ihren Domen aus karolingischer Zeit.

Der nächste Höhepunkt liegt in Frankreich: **Strasbourg,** das als Sitz des EU-Parlaments als „zweite Hauptstadt Europas" gilt – und ein so prachtvolles gotisches Münster besitzt wie **Freiburg** im Breisgau, das Tor zum Schwarzwald. Wer lieber ins Elsass fährt, besucht die Fachwerkstadt **Colmar.** Und last, but not least folgt **Basel** im Dreiländereck mit seinen rund 40 (!) Museen. Und mit „Guggemusik" zur Fastnachtszeit, dem Schweizer Gegenstück zum rheinischen Karneval. ►

Im Rhein-Delta (Niederlande & Belgien)

Entdeckungen im Delta von Rhein und Maas und an der Schelde: Die Niederlande und der Norden Belgiens sind ein Wasserwander-Paradies

Über 891,20 Kilometer ist der Rhein schiffbar – davon verlaufen 171,20 Kilometer auf niederländischem Gebiet. Es vom Wasser aus zu erkunden drängt sich geradezu auf: Holland lebt am und mit dem Wasser wie kaum ein anderes Land. Lek, Maas und Waal, die Delta-Arme, in die der Rhein sich in den Niederlanden verzweigt, dazu das Ijsselmeer und eine Unzahl mal schmaler, mal breiter Nebengewässer: Vom fließenden Element ist man in Holland nirgends weit entfernt. Und über die Schelde und ein verzweigtes Gewirr von Kanälen ist das Rhein-Delta auch mit Flandern verbunden, der Nordprovinz des Nachbarlands Belgien. Dort liegen Brügge, Brüssel, Gent, Antwerpen: für Städtetrips ein perfektes Revier.

★ Höhepunkte in Holland & Flandern

Bei Rheinreisen Kurs Nord ist **Amsterdam** oft das Hauptziel. Die Schiffe liegen in unmittelbarer Nähe des Hauptbahnhofs. Wer will, kann dort gleich in die Grachtenschiffe umsteigen – die Rundfahrt ist immer noch die beliebteste Art, Amsterdam zu erleben. Weltniveau hat das Museumsangebot, u. a. mit Rijksmuseum, Van Gogh Museum und Rembrandthaus.
Schiedam vor den Toren **Rotterdams** ist der Ausgangspunkt für Ausflüge zu touristischen Klassikern: Man besucht **Delft** mit seiner Porzellanmanufaktur, **Den Haag** mit dem Regierungssitz und der Residenz der königlichen Familie, außerdem **Leiden,** die Geburtsstadt Rembrandts und ein fast perfektes Hollandidyll. Letzteres gilt auch für zwei Ziele am Rande: die Windmühlen von **Kinderdijk** bei Dordrecht und die Blumenmeere des **Keukenhofs** nahe Amsterdam. Ein

Niederländische Impressionen: der Parc Floral Keukenhof in Lisse und Amsterdam

Tipp ist auch **Nijmegen:** Die älteste Stadt des Landes hat sich zu einer jung-modernen Universitätsstadt entwickelt.
Im belgischen **Antwerpen,** das über die Schelde-Mündung angesteuert wird, legen die Schiffe in unmittelbarer Nähe der Altstadt an. Traditionelle Treffs sind dort der Grote Markt und der Groenplaats mit seinen Restaurants. In **Gent** stehen die schönsten Giebelhäuser am Vrijdagmarkt. Da sich der Liegeplatz außerhalb der Altstadt befindet, ist hier ein organisierter Ausflug zu empfehlen. Auf eigene Faust wiederum kann man **Brüssel** erkunden. Zumindest das historische Zentrum der EU-Kapitale lohnt die Entdeckung.

Schiffe auf dem Rhein 2017

Alemannia (184 Gäste, Standard)
Alina (220 Gäste, Premium)
Amadeus Princess (160 Gäste, Premium)
Amadeus Silver I, II & III (168 Gäste, Premium)
Amelia (220 Gäste, Premium)
Andante (84 Gäste, Standard)
Anesha (180 Gäste, Premium)
Antonio Bellucci (140 Gäste, Premium)
A-ROSA Aqua & A-ROSA Brava (202 Gäste, Premium)
A-ROSA Flora & A-ROSA Silva (186 Gäste, Premium)
Arlene (106 Gäste, Standard)
Asara (148 Gäste, Premium)
Aurelia (158 Gäste, Standard)
Beethoven (250 Gäste, Standard)
Bellejour (180 Gäste, Premium)
Bellriva (186 Gäste, Standard)
Belvedere (176 Gäste, Standard)
Botticelli (154 Gäste, Standard)
Calypso (90 Gäste, Standard)
Casanova (96 Gäste, Standard)
Charles Dickens (140 Gäste, Premium)
Claude Monet (156 Gäste, Standard)
Douce France (156 Gäste, Standard)
Edelweiss (180 Gäste, Premium)
Elegant Lady (128 Gäste, Standard)
Excellence Allegra (178 Gäste, Premium)
Gérard Schmitter (156 Gäste, Standard)
Heidelberg (110 Gäste, Premium)
Heinrich Heine (110 Gäste, Standard)
Inspire (142 Gäste, Premium)
L'Europe (160 Gäste, Standard)
La Bohème (162 Gäste, Standard)
Lafayette (88 Gäste, Premium)
Leonardo da Vinci (180 Gäste, Standard)
Modigliani (180 Gäste, Standard)
Mona Lisa (98 Gäste, Standard)
Nestroy (230 Gäste, Standard)
Normandie (100 Gäste, Standard)
Poseidon (100 Gäste, Standard)
Rhein Melodie (140 Gäste, Premium)
Rhein Prinzessin (140 Gäste, Premium)
River Art (130 Gäste, Standard)
Sans Souci (81 Gäste, Standard)
Sellect Bellejour (180 Gäste, Standard)
Serenade (136 Gäste, Premium)
Swiss Crown (156 Gäste, Standard)
Swiss Jewel (124 Gäste, Standard)
Swiss Ruby (88 Gäste, Standard)
Swiss Tiara (153 Gäste, Standard)
Switzerland II (104 Gäste, Standard)
Vivaldi (180 Gäste, Standard)
WT Sonata (186 Gäste, Standard)

Elbe, Havel und Oder

Über Moldau und Havel verbindet die Elbe Hamburg mit Prag und Berlin. Und über die Oder geht es weiter bis in die offene Ostsee

Den landschaftlich ursprünglichsten Teil der Elbe lassen die meisten Flussschiffe leider links – genauer gesagt: nördlich – liegen: die Elbtalaue zwischen Hitzacker und Lauenburg. Hier war der Strom jahrzehntelang Teil des Eisernen Vorhangs zwischen Ost und West – und mithin vergessenes Terrain. Der Vorteil: Längs der Grenze blieb eine natürliche Auenlandschaft erhalten, die seit der „Wende" als Naturpark unter Schutz steht. Wer ab Hamburg elbaufwärts fährt, kann dieses grüne Wunder erleben. Doch die meisten Schiffe befahren die Elbe weiter südlich: von Magdeburg über Dresden ins Elbsandsteingebirge und weiter auf der Moldau bis Prag, für viele Höhepunkt der Reise.

Und in der anderen Richtung? Geht's über die Havel nach Potsdam und weiter nach Berlin, zum „1. Kreuzfahrtterminal Spandau", der auch Ausgangspunkt für Flusstouren gen Ostsee ist: Über den Havel-Oder-Kanal können kleinere Schiffe zur Oder fahren. Und über das Stettiner Haff, vorbei an Usedom und Wollin, bis hinauf nach Stralsund und zur Insel Rügen. Ein Stückchen Hochseefahrt also – bei dem es schon mal kräftig schaukeln kann.

Die legendäre Semperoper in Dresden

Höhepunkte

Wer in **Hamburg** startet und die Stadt nicht kennt, sollte einen Tag vorher anreisen. Hafenrundfahrt und Musicalbesuch, Rathaus und Michel, HafenCity und Speicherstadt: Das „Tor zur Welt" bietet Sehenswertes in Fülle. Elbaufwärts geht es dann durch den **Naturpark Elbtalaue** (am Ostufer die Festung Dömitz) nach **Magdeburg** mit seinem gewaltigen Dom. Und über **Dessau**, wo die Bauhaus-Architekten wirkten, zur Lutherstadt **Wittenberg.** Vor ihren Toren liegt der bezaubernde **Wörlitzer Park.** In **Meißen**, der „Wiege Sachsens", sollte man neben Dom und Albrechtsburg auch die Porzellanmanufaktur besuchen; die Exponate sind atemberaubend.

Viel neuen Glanz hat **Dresden** erhalten – mit der restaurierten Semperoper, der wiedererrichteten Frauenkirche und dem Grünen Gewölbe des Zwingers, in dem überwältigende Kunstschätze ausgestellt sind. Ein besonderes Landschaftserlebnis bietet das **Elbsandsteingebirge** bei Bad Schandau, schon an der Grenze zur Tschechischen Republik. Hier bildet am Nebenfluss **Moldau** (tschechisch „Vltava") die „Goldene Stadt" **Prag** den krönenden Abschluss. Man wandelt auf den Spuren Kafkas, Mozarts oder des braven Soldaten Schwejk. Und genießt in den Gasthäusern die vielleicht besten Biere Europas.

Wer in **Potsdam** an der Havel startet, entweder mit Prag oder mit Rügen als Ziel, kann im Schloss Sanssouci dem Geist der Preußenkönige nachspüren und im Cecilienhof dem der „Potsdamer Konferenz" von 1945. In **Berlin**, seit 1999 wieder deutsche Hauptstadt (und zu groß, um hier auch nur skizziert zu werden), erlebt man die Politik von heute hautnah, zum Beispiel mit einem Besuch der Kuppel über dem Reichstag.

Weiter Richtung Oder: Am **Oder-Havel-Kanal** passiert man in **Niederfinow** mit dem zweitgrößten Schiffshebewerk der Welt ein technisches Meisterwerk der 1930er-Jahre. Ab **Lunow** fährt das Schiff auf der **Oder** und erreicht bald **Szczecin** (früher **Stettin**), wo die wechselvolle deutsch-polnische Geschichte lebendig bleibt. Über das Stettiner Haff geht es zur Insel **Usedom** mit den „Kaiserbädern" Ahlbeck und Heringsdorf. Und dann beginnt die kurze „Seefahrt" längs der Ostseeküste, durch den Greifswalder Bodden via **Stralsund** zur Insel **Rügen**. Das Seebad Binz, die Kreidefelsen im Nationalpark Jasmund und den Besuch der stillen (autofreien) Nachbarinsel **Hiddensee** sollte man dort nicht versäumen.

Bizarres Elbsandsteingebirge

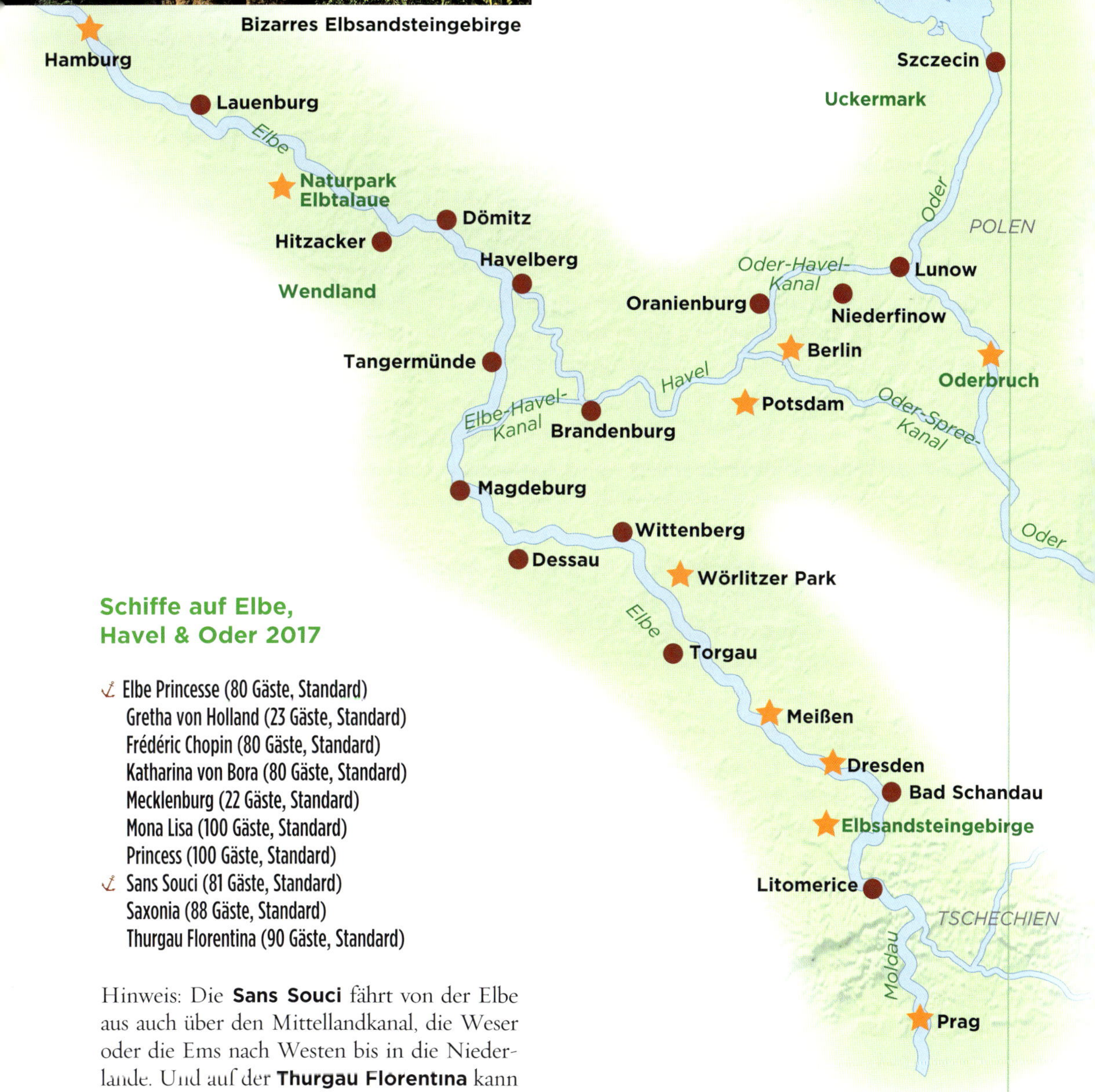

Schiffe auf Elbe, Havel & Oder 2017

- ⚓ Elbe Princesse (80 Gäste, Standard)
- Gretha von Holland (23 Gäste, Standard)
- Frédéric Chopin (80 Gäste, Standard)
- Katharina von Bora (80 Gäste, Standard)
- Mecklenburg (22 Gäste, Standard)
- Mona Lisa (100 Gäste, Standard)
- Princess (100 Gäste, Standard)
- ⚓ Sans Souci (81 Gäste, Standard)
- Saxonia (88 Gäste, Standard)
- Thurgau Florentina (90 Gäste, Standard)

Hinweis: Die **Sans Souci** fährt von der Elbe aus auch über den Mittellandkanal, die Weser oder die Ems nach Westen bis in die Niederlande. Und auf der **Thurgau Florentina** kann man in Tschechien von Prag aus auch die obere Moldau erkunden.

Rhône und Saône im Kartenüberblick – und Martigues nahe der Rhônemündung

Auf Frankreichs Flüssen

Die „Grande Nation", vom Wasser aus betrachtet: Das geht auf Rhône und Saône, auf der Seine, auf der Gironde – und neuerdings auch auf der Loire

Rhône und Saône: Per Schiff auf der Rhône und ihrem Nebenfluss Saône – auf angenehmere Art kann man die Schönheiten Südfrankreichs in einer Woche kaum erleben. Lyon, drittgrößte Stadt des Landes und per Bus, Bahn oder Flug bequem zu erreichen, ist meist der Ausgangspunkt. Sie lockt mit der Altstadt „Vieux-Lyon", prächtigen Renaissance-Bauten – und exquisiter Küche: Paul Bocuse ist hier zu Hause. Die Themen Wein und Küche begleiten den Reisenden weiter – nordwärts auf der Saône, die zu den Weinbergen des Burgund führt, südwärts über 310 Flusskilometer bis zur Mündung ins Mittelmeer bei Port-Saint-Louis. Avignon, Stadt der Päpste und berühmt geworden durch die St.-Bénézet-Brücke („Sur le pont d'Avignon"), versprüht trotz der vielen Touristen noch immer mittelalterlichen Charme; Mittelpunkt in Arles ist eine gewaltige römische Arena. Daneben warten Ausflüge zu den Schluchten des Verdon, zum Pont du Gard bei Nîmes und zu den Wildpferden der Camargue. Der interessanteste Ort an der Saône ist das pittoreske Marktstädtchen Chalon-sur-Saône.

Rund ein Dutzend Passagierschiffe verkehren auf Rhône und Saône. Einige bieten Themenreisen für Golfer, Gourmets oder Weinliebhaber an. Im Trend liegen auch längere Aufenthalte am Abend oder über Nacht in Avignon, Arles oder Lyon. Die Schiffe passieren auf der Rhône zwölf Schleusen; die mit 23

Porte Cailhau in Bordeaux, Clisson in der Region Pays de la Loire und Etretat in der Normandie

Metern höchste ist die Schleuse Bollène. Neben Frühjahr und Sommer ist der Herbst als Reisezeit zu empfehlen: die Zeit der Weinlese.

Amadeus Symphony (146 Gäste; Premium)
A-ROSA Luna (172 Gäste; Premium)
A-ROSA Stella (172 Gäste; Premium)
Bijou du Rhône (155 Gäste; Standard)
Camargue (146 Gäste; Standard)
Excellence Rhône (142 Gäste; Premium)
France (159 Gäste, Standard)
Gloria (150 Gäste; Standard)
Mistral (158 Gäste; Standard)
Rhone Countess (140 Gäste; Premium)
Swiss Corona (154 Gäste, Premium)
Van Gogh (156 Gäste, Stanard)

Seine: Frankreichs drittlängster Fluss fließt durch das Kernland der französischen Kultur. Von Paris aus fährt man durch die Gartenlandschaft der Normandie. In Giverny besucht man Monets Seerosenteich, in Rouen die prachtvolle Kathedrale und unweit der Flussmündung die Klippen von Étretat oder die malerische Hafenstadt Honfleur. Ertmals ist A-ROSA hier 2017 mit einem eigenen Schiff vetreten.

Amadeus Diamond (152 Gäste; Premium)
A-Rosa Viva (201 Gäste, Premium)
Botticelli (154 Gäste; Standard)
Excellence Royal (144 Gäste; Premium)
France (160 Gäste; Standard)
Renoir (160 Gäste; Standard)
Seine Comtesse (150 Gäste; Standard)
Seine Princess (134 Gäste; Standard)
Swiss Ruby (88 Gäste, Premium)

Gironde, Garonne & Dordogne: Ein Tipp für Kenner ist das Mündungsgebiet von Gironde, Garonne und Dordogne am Atlantik. Höhepunkte sind Bordeaux, das Tal der Dordogne mit seinen mittelalterlichen Burgen und die Weingüter von St.-Emilion. Seit 2011 von CroisiEurope angeboten, hat diese Route sich zu einem Publikumserfolg entwickelt. Seit 2013 setzen die Straßburger hier zwei Schiffe ein:

Cyrano de Bergerac (134 Gäste; Standard)
Princesse d'Aquitaine (134 Gäste; Standard)

Loire: Premiere für den „Fluss der Könige": Im Frühjahr 2015 ging hier das erste Kabinenschiff an den Start, der Neubau **Loire Princesse** von CroisiEurope. Er wurde eigens für das wegen seiner geringen Wassertiefe schwer navigierbare Gewässer mit einem Schaufelradantrieb konstruiert – und bietet seinen maximal 96 Gästen 6- oder 8-tägige Reisen ab/bis Nantes oder Orléans (Busanreise) an. Zwar kann das Schiff nicht weiter als bis Angers ins Landesinnere fahren. Die schönsten Schlösser der Loire liegen aber in Ausflugsnähe.

Weinberge am Douro. Daneben Spirit of Chartwell, Croisi Europe und das nächtliche Porto

Portugal, Spanien und Italien

Nordportugal und Südspanien, vom Fluss aus betrachtet: Auf dem Douro ist das kein Geheimtipp mehr – der Guadalquivir dagegen ist noch zu entdecken

Douro: Lissabon kennen viele. Aber Porto? Die Stadt, die sich gern als heimliche Hauptstadt Portugals sieht, liegt eine halbe Stunde vom Atlantik entfernt, blickt aber genauso landeinwärts wie zum Meer. Sie besitzt eine zauberhafte Altstadt mit malerischen, kachelgeschmückten Plätzen. Und sie ist Umschlagplatz des Portweins, der am Douro reift – dem Fluss, der wie kaum ein anderer in Europa in den letzten Jahren von Flussreisenden entdeckt wurde. Über 204 Kilometer führt die Reise von Porto aus hinauf bis an die Grenze zu Spanien, wo der Douro, spanisch **Duero**, entspringt. Fast immer führt ein Ausflug auch hinein ins Nachbarland, nach Salamanca, der schönsten und ältesten Universitätsstadt Spaniens. Flamenco und Fado also: Man hört beides an Bord. Spektakulär im Fahrtverlauf sind die steil ansteigenden Rebberge am Oberlauf des Flusses – und fünf bis zu 15 Meter hohe Schleusen. Früher gab es hier tückische Stromschnellen; erst in den 1970er-Jahren wurde der Douro für Kabinenschiffe befahrbar gemacht. Die schönste Reisezeit ist auch hier der Herbst, die Zeit der Lese. Kellereibesuche und Portweindegustationen gehören aber auch zu allen anderen Terminen zum festen Programm. Und: Wer wissen möchte, welche Stadt ihm besser gefällt, Porto oder Lissabon, der sollte den Lissabon-Nachaufenthalt buchen, der oft zum Paket gehört.

Ein halbes Dutzend Schiffe verkehrt aktuell auf dieser Strecke. Unter ihnen gilt die 2005 ge-

Iberische Reiseziele: das andalusische Ronda und der Torre de Belem in Lissabon

baute **Douro Cruiser** als eines der besten. Zumindest optisch stiehlt ihm aber seit 2013 die **Spirit of Chartwell** die Schau: Die schokobraune Barge fuhr früher auf der Themse und war 2012 bei der Parade zum Thronjubiläum der Queen mit von der Partie. Kurz darauf wurde sie von der portugiesischen Firma Douro Azul erworben. Über Lernidee Reisen kann man sie in Deutschland buchen.

- **Douro Cruiser (130 Gäste; Premium)**
  Douro Queen (130 Gäste; Standard)
  Douro Spirit (128 Gäste, Premium)
  Gil Eanes (132 Gäste; Standard)
  Infante Don Henrique (142 Gäste; Standard)
  Magellan (150 Gäste; Standard)
  Spirit of Chartwell (30 Gäste; Premium)
  Vasco Da Gama (142 Gäste; Standard)

Guadalquivir: Zwischen Land und Meer reist man auf dem Gudalquivir im Südwesten Spaniens. Von Sevilla aus kreuzt man dabei durch flaches Land und ein Stück längs der Küste bis Cádiz. Und erlebt auf Ausflügen Ziele wie Granada mit der Alhambra, Córdoba mit der Mezquita oder die „weißen Dörfer“ Andalusiens. Nur ein Schiff, die **Cadiz** (180 Gäste) von CroisiEurope, bietet die Reise an.

Po: Ein Nischendasein führt Italiens längster Fluss im Kreuzfahrtenmarkt. Das einzige größere Schiff, das hier Reisen anbietet, ist die **Michelangelo** von CroisiEurope. Sie stehen im Zeichen der Kunst; Städte wie Ferrara, Ravenna und Verona werden besucht. Den Großteil seiner Reise aber verbringt das Schiff in Venedig. Bis zu vier Tage liegt es in der Lagune, in Fußnähe zu Rialto-Brücke und Markusdom. Auf dem Po selbst fährt es nur ein kurzes Stück, über Chioggia und Taglio di Po bis nach Polesella kurz vor Ferrara und wieder retour. Wer weiter hinauf auf dem Po reisen möchte, der kann dies auf der (italienischsprachigen) **Vita Pugna** oder ihrer Mitstreiterin **Ave Maria** tun (je 25 Gäste; www.vitapugna.it): Sie können bis Mantua fahren. An Bord sind Fahrräder: Die meisten Ausflugsziele werden radelnd erkundet.

Ein Hinweis, der auch im Hochseekapitel stehen könnte, betrifft die andere Seite der Adria: Vor den Inseln und Küsten **Kroatiens** kreuzen mit der **Belle de l'Adriatique** (200 Gäste, CroisiEurope), den Motoryachten **Thurgau Dalmatia** (23 Gäste) und **Princess Eleganza** (36 Gäste) sowie dem Segelschiff **Paradis** (38 Gäste) vier Schiffe, die Salz- und Süßwasser verbinden – die letzen drei im Programm von Thurgau Travel aus der Schweiz.

Für Liebhaber: die Thurgau Dalmatia

Russische Flüsse: Wolga, Don und Lena

Der Klassiker in Russland heißt Moskau – St. Petersburg. Wer mehr möchte, kann auf der Wolga auch bis ans Kaspische Meer reisen

Per Schiff von Moskau nach St. Petersburg: Erst im 20. Jahrhundert wurde diese Passage von der **Wolga** zur **Newa** dank des **Moskau-Wolga-Kanals** und des **Wolga-Baltik-Kanals** möglich. Auf der beliebten Route, zu der auch die Fahrt über Europas größte Binnengewässer **Ladogasee** und **Onegasee** gehört, verkehren rund 60 Passagierschiffe. Die meisten wurden zu Sowjetzeiten in der DDR gebaut und werden von russischen Eignern verchartert. In den Programmen mehrerer deutscher Anbieter ist diese Strecke seit Jahren gesetzt – und nach Einbrüchen im Umfeld der Ukraine-Krise ab 2014 melden die Veranstalter für 2017 wieder eine erfeulich belebte Nachfrage. Deshalb dürfte das Schweizer Reisebüro Mittelthurgau einen günstigen Zeitpunkt gewählt haben für seinen Eintritt in diesen Markt mit der komplett umgebauten und unter eigener Regie geführten ⚓ **Excellence Katharina**.

Der Katharinen-Palast in St. Petersburg

Die Höhepunkte dieser Reise sind zweifellos die Aufenthalte in den beiden Metropolen zu Beginn und am Ende der Reise (sie wird in beiden Richtungen angeboten): In Moskau und St. Petersburg werden je zwei- bis dreitägige Vor- und Nachprogramme absolviert, mit Besichtigungen von Kreml und Eremitage, Besuchen im Bolschoi-Theater, im St. Petersburger Ballett und Ähnlichem mehr. Dem unbekannteren Russland begegnet man längs der Strecke: Sie führt durch die endlosen Wälder Kareliens, durch Stauseen und Schleusen aus stalinistischer Zeit und zu kulturellen Perlen wie der Klosterinsel Kishi im Onegasee oder den Zarenstädten Jaroslawl, Kostroma und Uglitsch.

Russland für Fortgeschrittene ist die „Große Wolga-Reise", die 2017 u.a. auf der **Alexander Bordin** von Phoenix oder der **Igor Stravinsky** von 1A Vista gebucht werden kann: Sie beginnt in St. Petersburg, führt auf der klassischen Strecke bis Jaroslawl – und dann im großen Bogen auf der Wolga über Nishni Nowgorod, Kazan und Wolgograd bis zur Mündung ins Kaspische Meer bei

Szenen am Fluss: die Holzkirchen von Kishi, die Basiliuskathedrale und „Stalin" in Moskau

Astrachan. Über den **Wolga-Don-Kanal** folgt noch eine Etappe bis Rostov am **Don**. 18 bis 20 Tage dauert diese Reise, und auch sie wird in beiden Richtungen angeboten. In einer kürzeren Variante mit Moskau als Start- (oder Ziel-) hafen steht sie 2017 im Plan der **Ivan Bunin**.

Wer es noch abenteuerlicher mag, bucht die **Lena** in der sibirischen Region Jakutien; Lernidee Reisen hat dafür die **Michail Svetlov** gechartert. Die 16-tägige Tour (mit Vorprogramm Moskau) führt über den Polarkreis zu den Lena-Felsen und weiter in die endlosen Weiten von Tundra und Taiga.

Alexander Borodin (224 Gäste, Standard)
Andrey Rublev (250 Gäste; Standard)
Chekhov (220 Gäste, Standard)
⚓ Excellence Katharina (182 Gäste, Premium)
Igor Stravinsky (212 Gäste, Standard)
Ivan Bunin (210 Gäste; Standard)
Mstislaw Rostropowitsch (260 Gäste; Premium)
Michail Svetlov (136 Gäste; Standard; fährt auf der Lena in Sibirien)
Peter Tschaikowsky (207 Gäste, Standard)
Tschitscherin (280 Gäste; Standard)
Volga Dream (100 Gäste; Premium)
Volga Dream II (100 Gäste; Premium)

Ukraine: Neustart auf dem Dnepr?

Seit 2014 schwelt der Konflikt zwischen Russland und der Ukraine. Unter anderem mit der Folge, dass eine bis dahin erfolgreiche Flussdestination weitestgehend aus den Katalogen verschwand: der **Dnepr**, den man von Kiew bis ans Schwarze Meer auf Flussschiffen befahren kann. Immerhin wagt sich ein deutscher Veranstlter nun mit einer Charter wieder in diesen Markt: An sechs Terminen von Mai bis September fährt die **Watutin** (280 Gäste) von Kiew nach Odessa und zurück. Die 16-tägige Reise steht bei 1A Vista Reisen aus Köln im Programm.

FOTOS: F. M. Frei (3)

Kurs Bullerbü: Im Sommer fährt die 142 Jahre alte Juno (Mitte) quer durch Schwedens Süden

Skandinavien & Schottland

Hätten Sie's gewusst? Das älteste Passagierschiff der Welt mit Übernachtungsmöglichkeit kreuzt nicht auf dem Meer, sondern auf einem Binnengewässer: Es ist die **Juno**, getauft 1874; ihr Fahrgebiet ist der **Götakanal** im Süden Schwedens. Im Wechsel mit ihren bauähnlichen Schwestern **Wilhelm Tham** (Bj. 1912) und **Diana** (Bj. 1931) verkehrt sie im Sommer auf dieser Strecke, die man eigentlich als „Wassertreppe" bezeichnen müsste: Über 58 (!) Schleusen führt sie von Göteborg nach Stockholm. Die nostalgischen Dampfer werden liebevoll gepflegt und sind echte Schmuckstücke für Liebhaber.

Etwas Vergleichbares, kaum bekannt, gibt es übrigens auch an der anderen Seite der Ostsee, in Finnland: Dort kreuzt die 1914 gebaute **Puijo** auf den Seen zwischen der Festivalstadt Savonlinna und Kuopio (www.mspuijo.fi). Und immerhin 18 Schleusen gilt es auch auf dem **Telemarkkanal** in Norwegen zu überwinden. Über 105 Kilometer verbindet er die Orte Skien und Dalen in der östlich von Oslo gelegenen Region Telemark. Auch hier verkehrt ein überaus fotogenes Oldtimer-Schiff, die 1882 vom Stapel gelaufene **Victoria**. Sie bietet meist nur rund elfstündige Tagesfahrten mit Rückkehr per Bahn nach Oslo an, zu diversen Terminen aber auch veritable kleine Kreuzfahrten mit einer Übernachtung an Bord.

Ausgewachsene 10-Tages-Programme erlebt man auf der **Lord of the Glens** in den schottischen Highlands: Mit 54 Gästen fährt sie auf dem **Caledonian Canal** vom Loch Ness bis zur schottischen Westküste. Begegnungen mit „Nessie" sind dabei jedoch nicht garantiert.

Victoria

Lord of the Glens

Neue Ufer in fernen Welten: Exotische Flussreiseziele finden sich auf allen Kontinenten

Abenteuer in aller Welt

Amazonas, Mississippi, Nil – und in Asien Yangzi, Mekong und Irrawaddy. Auch außerhalb Europas gibt es vom Fluss aus viel zu entdecken

Die jährliche Statistik des Deutschen Reiseverbands (DRV) fasst sie unter „Sonstige" zusammen. Weil nur um die 7.000 deutsche Passagiere sie pro Jahr buchen – keine zwei Prozent des gesamten Flussreisenmarktes. Gemeint sind damit alle „Exoten", die auf den folgenden Seiten behandelt werden. Alle bis auf einen: den Nil. Der allein nämlich bringt es – normalerweise – auf bis zu 100.000 Buchungen aus Deutschland pro Jahr, fast so viele wie der nach der Donau (über 140.000) zweitplatzierte Rhein. Doch „normal" ist die Lage am Nil seit 2011 nicht mehr: Wegen der ungewissen politischen Lage ist der Ägypten-Tourismus seit Jahren in der Krise. Auch unter der gegenwärtigen Militärregierung hat sich die Lage nicht wirklich gebessert. Doch weil der Nil eine magische Flussdestinationen ist und bleibt, bleibt er auch Teil dieses Buches.

Weitere Destinationen für Abenteurer liegen in Amerika (Mississippi und Amazonas) – und vor allem in Asien: der Yangzi, der Mekong und der Irrawaddy in Burma bzw. Myanmar sind die derzeit beliebtesten. Man bereist sie auf Schiffen, die so ganz anders daherkommen als bei uns in Europa: Riesengroß sind sie auf dem Yangzi – winzig und oft aus Teakholz gebaut auf dem Mekong und dem Irrawaddy.

Auf dem Nil

Von Kairo bis Assuan auf dem Strom der Pharaonen: Die politische Lage gibt Ausschlag darüber, ob dies ohne Risiken möglich ist

Weltwunder der Antike: die Pyramiden von Gizeh

Um das Auswärtige Amt kommt man nicht herum. So ist es leider auch bei Redaktionsschluss in diesem Jahr: Nur wenn alle Reisewarnungen, auch für Teilgebiete, gestrichen sind, darf Ägypten wieder hoffen, zu seiner alten Bedeutung als Reiseziel zurückzufinden. Seit 2011, als Präsident Mubarak gestürzt wurde, ist Ägypten kaum zur Ruhe gekommen, auch unter der jetzigen Regierung ist das Vertrauen nicht zurückgekehrt. Wiederholt gab es Terroranschläge, die Sicherheitslage bleibt instabil. Deshalb gilt: Bevor man eine Nilreise bucht, sollte man unter **www.auswaertiges-amt.de** prüfen, ob möglicherweise eine Teilreisewarnung für das Niltal besteht.

Für die Menschen, die in Ägypten im Tourismus arbeiten, ist diese Situation desaströs. Am Nil liegt eine der größten Flussflotten der Welt. Nilkreuzfahrten, meist angeboten in Kombination mit einem Badeurlaub am Roten Meer, steuern in ruhigen Zeiten einen erklecklichen Anteil zur Wirtschaftsleistung des Landes bei. Ob es jemals wieder so sein wird, ist ungewiss.

Einige deutsche Veranstalter halten dem Nil dennoch die Treue, voran der Ägypten-Spezialist Phoenix Reisen, aber auch 1AVista, Dertour oder nicko cruises. Das klassische Programm ist dabei die fünf bis sieben Tage dauernde Flussfahrt von Luxor nach Assuan (mit Ausflug nach Abu Simbel am Nasser-See), ergänzt um Vor- oder Nachprogramme in Kairo, Alexandria und/oder Badeorten wie Sharm el Sheikh oder Hurghada am Roten Meer. Die Schiffe werden landesüblich kategorisiert nach „Comfort Class", „Premium Class" oder „First Class".

Old Style: ein Herrensitz aus der Plantagenzeit und die Grand Staircase auf der American Queen

Mississippi & Amazonas

Mit über 6.500 Kilometern bilden der **Mississippi** und sein (längerer) Nebenfluss **Missouri** das viertgrößte Flusssystem der Erde. Auf diversen Routen kann man es erkunden – stilecht am besten auf einem jener Schaufelraddampfer, wie einst Mark Twain sie schilderte. Sie standen übrigens eine beträchtliche Zeitlang still: Die große Finanzkrise ab 2008 brachte das Geschäft zum Erliegen. Doch inzwischen hat sich das Blatt gewendet: Neue Schiffe wurden gebaut, und so sind Flussreisen auf dem „Ol' Man River" wieder ein lebendiges Geschäft. Als Europäer wird man dort, wie auch früher, immer in der Minderheit sein: Es ist fast ausschließlich amerikanisches Publikum unterwegs. Wer nicht nur das Land, sondern auch seine Menschen kennenlernen möchte, ist hier deshalb richtig. Für die schönsten Landschaftserlebnisse bucht man besser den Oberlauf und die Nebenflüsse **Ohio** und **Columbia River**. Die Schiffe begeistern allesamt mit viel Platz und opulenter Ausstattung. Und das Entertainment und überhaupt das gesamte Bordleben sind – sehr amerikanisch. Mehrere Neubauten amerikanischer Reedereien sind in Planung. In den Programmen deutscher Veranstalter (u. a. Dertour) finden sich 2017 die **American Empress** und die **American Queen**.

Der andere Amerika-Klassiker liegt im Süden des Doppelkontinents: Auf dem **Amazonas** haben Flussfahrten ungebrochen Konjunktur. Der nach dem Nil zweitlängste Fluss der Erde ist so gewaltig, dass sogar Hochseeschiffe wie die **Hanseatic** oder die **Hamburg** auf ihm fahren können, bis hinauf nach Manaus, der Stadt mit dem Opernhaus mitten im Dschungel, und sogar bis Iquitos in Peru (S. 72). Wer über die weitverzweigten Nebenflüsse noch tiefer in den Regenwald eindringen will, der kann Schiffe wie die **Amazon Dream**, die **Iracema** oder die **Amazon Discovery** buchen. Oder die **Amazon Clipper Premium**, die bei Phoenix Reisen und Lernidee angeboten wird. Sie haben geringen Tiefgang, klimatisierte Kabinen – und einheimische Crews, die auch schon mal Piranhas aus dem braunen Flusswasser angeln. Abenteuer pur!

Auf dem Mississippi

Die Mekong Prestige II fährt für nicko cruises. Rechts: Begegnung mit Kindern in Laos

Der Mekong in Südostasien

Mit 4.350 Kilometern Länge, von der Quelle in Tibet bis zur Mündung ins Südchinesische Meer, ist der Mekong Südostasiens mächtigster Strom. Seinen Anwohnern ist er heilig: Sie nennen ihn „Mutter aller Wasser“ oder „Buddhas eigenen Fluss“ – entsprechend dicht stehen die Tempel, Pagoden und Klöster an seinen teils noch von Urwäldern gesäumten Ufern. Noch intakt scheint auch das Ökosystem des Mekong: Er gilt als einer der fischreichsten Flüsse der Welt.

Und seit einigen Jahren hat er sich zu einem echten Trendziel im Flussreisenmarkt entwickelt. Die abenteuerlichen Fahrten auf den typischen Holzschiffen der Region bieten nicht nur Reisebilder wie aus einer anderen Zeit, sondern auch die Begegnung mit gleich vier Ländern: Vietnam, Laos, Kambodscha und Thailand. Verschiedene Routen sind dabei möglich: Mal wird nur ein kurzer Abschnitt in Laos befahren, wo die Königsstadt Luang Prabang der unbestrittene Reisehöhepunkt ist. Oder es geht über die ganze Strecke von Ho Chi Minh City (früher Saigon) über Phnom Penh bis hinauf nach Angkor Wat, der Tempelstadt mitten im Urwald, die nach Ansicht vieler allein schon eine Weltreise wert ist. Und bis hinauf nach China wagt sich die ⚓ **Laos Pandaw** von Pandaw Cruises.

Ein Erlebnis für sich sind die Schiffe auf dem Mekong: nostalgische (Teak-)Holzboote mit zwölf bis 50 Kabinen – und immer mit überaus freundlichen Crews. Neuere Schiffe wie die **Mekong Prestige** (**I** & **II**) oder die ⚓ **Indochine** sind 2016 bei CroisiEurope, Hansa Touristik oder nicko cruises zu finden. Die **Angkor Pandaw** bietet auch Törns in der Halong Bay vor der Küste Vietnams an.

Angkor Pandaw (26 Gäste)
Champa Pandaw
⚓ Indochine (48 Gäste)
⚓ Laos Pandaw (20 Gäste)
Lan Diep (44 Gäste)
Mekong Pandaw
Mekong Prestige (63 Gäste)
Mekong Prestige II (63 Gäste)
Mekong Sun (32 Gäste)
The Jayavarman (58 Gäste)
Toum Tiou II
Tonle Pandaw

Gehört CroisiEurope: die Indochine

Pagoden in der Bagan-Ebene, zu erleben auf Reisen mit Schiffen wie der Road To Mandalay

Der Irrawaddy in Myanmar

Burma, offiziell heute Myanmar, blickt in die Zukunft: Nachdem es seit 1962 von einer Generals-Junta regiert worden war, erhielt es 2011 nach langem Kampf einen zivilen Präsidenten, der den demokratischen Wandel einleitete. Bei der Parlamentswahl im November 2015 errang Oppositionsführerin Aung San Suu Kyi einen epochalen Sieg – ein Signal zum Aufbruch für das gesamte Volk. Und für den Tourismus: Burma ist zum angesagten Ziel nicht mehr nur der Traveller-Szene geworden. Das alte Kulturland mit seinen goldenen Pagoden zieht westliche Reisende magisch an. Die Heiligtümer der Bagan-Ebene etwa (und nicht nur sie) sind einzigartig auf der Welt.

Die bequemste Art, dies zu erleben, ist eine Flussreise auf dem Irrawaddy (auch: Ayeyarwady). Von Oktober bis März kann man ihn zwischen Mandalay und Bagan bereisen, auch bis Bhamo in Ober-Burma. Zu den Schiffen, die das Abenteuer ermöglichen, gehört mit der **Belmond Road To Mandalay** sogar ein ehemaliger Rheindampfer.

⚓ Belmond Orcaella (50 Gäste)
Belmond Road To Mandalay (82 Gäste)
Irrawaddy Explorer
Katha Pandaw (28 Gäste)
Kindat Pandaw
Kha Byooo Pandaw
Orient Pandaw
Pandaw & Pandaw II (32 Gäste)
Paukan 47 (32 Gäste)
Thurgau Exotic I, II & III (28 Gäste)

Empfang auf einem Belmond-Schiff

Blaue Stunde am Irrawaddy

Auf dem Yangzi

Schluchten, Geisterstädte, Staudämme – an Chinas längstem Strom

Auf dem Yangzi: kleine Schiffe, große Schiffe

Chang Jiang, „Langer Fluss", nennen die Chinesen den Yangzi: bei 6.300 Kilometern Länge wahrhaftig keine Übertreibung. Die Donau, zum Vergleich, misst 2.888 Kilometer von der Quelle bis zur Mündung – und Städte wie Chongching oder Shanghai gibt es an ihr nicht. Chongching? Mit über 30 Millionen Menschen in ihrem Einzugsgebiet ist sie eine der größten, wenn nicht bereits *die* größte Stadt der Welt! Ihr rasendes Wachstum hat sie seit der Flutung der Drei Schluchten (ab 2003) und den damit verbundenen Umsiedlungen erlebt; zuvor dämmerte sie als Provinzmetropole eher vor sich hin. Eine Reise auf dem Yangzi ist also auch eine Begegnung mit einem Land, das Entwicklungssprünge vollzieht, wie sie im alten Europa kaum vorstellbar sind.

Aber auch in die Vergangenheit führt die Reise: in die Geisterstadt Fengdu etwa mit dem Tempel des Höllenkönigs oder in die „Edelsteinfestung" von Shibaozhai, einer in den Fels gebauten Holzpagode. Und der **Drei-Schluchten-Damm**? Der über 2.300 Meter lange und 185 Meter hohe Staudamm ist das größte Wasserkraftwerk der Welt. 1,3 Millionen Menschen mussten für seinen (umstrittenen) Bau umgesiedelt werden, über 30 Milliarden Euro soll das Projekt gekostet haben. Auf ganz andere Weise atemberaubend sind da die bis zu 1.800 Meter hohen Huangshan-Berge am unteren Yangzi, Chinas ältestes Naturschutzgebiet. Und flussabwärts folgen noch die ehemalige Reichshauptstadt Nanjing, die Gartenstadt Suzhou – und Shanghai, die Metropole der Superlative und Baurekorde.

Weit über 30 Passagierschiffe sind auf dem Yangzi in Fahrt, meist auf zwei Routen: Die kurze führt von Yichang nach Chongching, die längere von Chongching nach Shanghai (oder umgekehrt). Oft werden die Kreuzfahrten in Kombination mit China-Rundreisen angeboten, mit Besuchen Pekings, der Großen Mauer und der Kaiserstadt Xi'an.

Auf deutschsprachige Gäste vorbereitet sind die ⚓ **President No. 8** und die **Victoria Anna**. Sie sind bei nicko cruises bzw. Phoenix Reisen 2017 auf dem Yangzi unter Vertrag. ■

SEESCHIFFE

FLUSSSCHIFFE

REEDEREIEN & VERANSTALTER

planet c
Corporate Content by HANDELSBLATT Media Group

Uwe Bahn, Johannes Bohmann
Kreuzfahrt Guide 2017

Autoren

Uwe Bahn, Dr. Johannes Bohmann (Hauptautoren), Christoph Assies, Peggy Günther, Thomas P. Illes, Barbara Kolb, Christian Kolb, Jutta Lemcke, Carin Müller, Susanne Müller, Jochen Müssig, Franz Neumeier, Anja Rüweling, Marc Tragbar, Mike Witte, Michael Wolf

Chefredaktion Claus-Peter Haller
Redaktion Dr. Johannes Bohmann
Grafik Claudia Spring
Litho TiMe GmbH, Mülheim an der Ruhr
Bildredaktion Dr. Johannes Bohmann, Christian Oldendorf
Schlussredaktion Lektornet (www.lektornet.de), Heike Heijnk
Karten Axel Kock (www.AxelKock.de), Jochen Schäfers (www.gecko-graphics.de)

Verlag

planet c GmbH
Dorotheenstraße 64, 22301 Hamburg
Tel. +49 (0)40 696 595-0
Fax +49 (0)40 696 595-399
E-Mail info@planetc.co
Internet www.kreuzfahrtguide.com
Geschäftsführung Andrea Wasmuth
Gesamtleitung Media
Marketing Sebastian Schurz
Media Service Andreas Schröder
Key Account Mangement Katrin Kessler

Druck Buersche Druck- und Medien GmbH, Bottrop

Vertrieb

GEO CENTER Touristik
Medienservice GmbH
Schockenriedstraße 44
70565 Stuttgart
Tel. +49 (0)711 78 19 46 10

DPV Deutscher Pressevertrieb GmbH
Postfach 57 04 12
22773 Hamburg
Tel. +49 (0)40 37 84 50

Fotonachweis

Wir bedanken uns für die freundliche Genehmigung zum Abdruck der Fotos aus den Archiven der Reedereien, Veranstalter und Fremdenverkehrsämter. Von ihnen oder aus dem Archiv des Verlags stammen, soweit nicht anders vermerkt, sämtliche Fotos in diesem Band.

Die für die Recherche erforderlichen Reisen, die in diesem Buch geschildert werden, fanden statt mit freundlicher Unterstützung der Reedereien und Veranstalter.

1. Auflage 2016
ISBN 978-3-9813349-7-5
Pressecode 73486